Kompetenzmanagement in Organisationen

Simone Kauffeld, Institut für Psychologie, Technische Universität Braunschweig, Braunschweig, Niedersachsen, Deutschland   *Reihenherausgeber*
Inga Truschkat, Institut für Sozial- und Organisationspädagogik, Stiftung Universität Hildesheim, Hildesheim, Niedersachsen, Deutschland   *Reihenherausgeber*
Ralf Knackstedt, Institut für Betriebswirtschaft und Wirtschaftsinformatik, Stiftung Universität Hildesheim, Hildesheim, Niedersachsen, Deutschland   *Reihenherausgeber*

Bände in der Reihe „Kompetenzmanagement in Organisationen": Kauffeld, Frerichs: Kompetenzmanagement in kleinen und mittelständischen Unternehmen, ISBN 978-3-662-54829-5 | Ahrens, Molzberger: Kompetenzentwicklung in analogen und digitalisierten Arbeitswelten, ISBN 978-3-662-54955-1 | Janneck, Hoppe: Gestaltungskompetenzen für gesundes Arbeiten, ISBN 978-3-662-54949-0 | Bornewasser: Vernetztes Kompetenzmanagement, ISBN 978-3-662-54953-7 | Hasebrook, Zinn, Schletz: Lebensphasen und Kompetenzmanagement, ISBN 978-3-662-55157-8 | Bullinger-Hoffmann: Zukunftstechnologien und Kompetenzbedarfe, ISBN 978-3-662-54951-3 | Leimeister, David: Chancen und Herausforderungen des digitalen Lernens, ISBN 978-3-662-59389-9 | Knackstedt, Kutzner, Sitter, Truschkat: Grenzüberschreitungen im Kompetenzmanagement, ISBN 978-3-662-59542-8 | Knackstedt, Truschkat, Häußling, Zweck: Betriebliches Kompetenzmanagement im demografischen Wandel, ISBN 978-3-662-59544-2

Weitere Bände in der Reihe ▶ http://www.springer.com/series/15234

Ralf Knackstedt
Kristin Kutzner
Miriam Sitter
Inga Truschkat
(Hrsg.)

Grenzüberschreitungen im Kompetenzmanagement

Trends und Entwicklungsperspektiven

Hrsg.
Ralf Knackstedt
Institut für Betriebswirtschaft und
Wirtschaftsinformatik, Stiftung Universität
Hildesheim, Hildesheim
Niedersachsen, Deutschland

Kristin Kutzner
Institut für Betriebswirtschaft und
Wirtschaftsinformatik, Stiftung Universität
Hildesheim, Hildesheim
Niedersachsen, Deutschland

Miriam Sitter
Institut für Sozial- und
Organisationspädagogik, Stiftung
Universität Hildesheim, Hildesheim
Niedersachsen, Deutschland

Inga Truschkat
Institut für Sozial- und
Organisationspädagogik, Stiftung
Universität Hildesheim, Hildesheim
Niedersachsen, Deutschland

ISSN 2522-8110   ISSN 2522-8102 (electronic)
Kompetenzmanagement in Organisationen
ISBN 978-3-662-59542-8   ISBN 978-3-662-59543-5 (eBook)
https://doi.org/10.1007/978-3-662-59543-5

Die Deutsche Nationalbibliothek verzeichnet diese Publikation in der Deutschen Nationalbibliografie; detaillierte bibliografische Daten sind im Internet über http://dnb.d-nb.de abrufbar.

© Springer-Verlag GmbH Deutschland, ein Teil von Springer Nature 2020
Das Werk einschließlich aller seiner Teile ist urheberrechtlich geschützt. Jede Verwertung, die nicht ausdrücklich vom Urheberrechtsgesetz zugelassen ist, bedarf der vorherigen Zustimmung des Verlags. Das gilt insbesondere für Vervielfältigungen, Bearbeitungen, Übersetzungen, Mikroverfilmungen und die Einspeicherung und Verarbeitung in elektronischen Systemen.
Die Wiedergabe von allgemein beschreibenden Bezeichnungen, Marken, Unternehmensnamen etc. in diesem Werk bedeutet nicht, dass diese frei durch jedermann benutzt werden dürfen. Die Berechtigung zur Benutzung unterliegt, auch ohne gesonderten Hinweis hierzu, den Regeln des Markenrechts. Die Rechte des jeweiligen Zeicheninhabers sind zu beachten.
Der Verlag, die Autoren und die Herausgeber gehen davon aus, dass die Angaben und Informationen in diesem Werk zum Zeitpunkt der Veröffentlichung vollständig und korrekt sind. Weder der Verlag, noch die Autoren oder die Herausgeber übernehmen, ausdrücklich oder implizit, Gewähr für den Inhalt des Werkes, etwaige Fehler oder Äußerungen. Der Verlag bleibt im Hinblick auf geografische Zuordnungen und Gebietsbezeichnungen in veröffentlichten Karten und Institutionsadressen neutral.

Springer ist ein Imprint der eingetragenen Gesellschaft Springer-Verlag GmbH, DE und ist ein Teil von Springer Nature.
Die Anschrift der Gesellschaft ist: Heidelberger Platz 3, 14197 Berlin, Germany

Vorwort der Reihenherausgeber/-innen

Der demografische Wandel führt zu einer Veränderung der Altersstruktur in Deutschland. Die erwerbsfähige Bevölkerung wird abnehmen, die Belegschaften älter und heterogener (z. B. hinsichtlich ihres Qualifizierungshintergrunds und demografischer Merkmale). Eine über die Berufsausbildung hinausgehende, kontinuierliche Weiterentwicklung und Qualifizierung von Beschäftigten wird zur zentralen Aufgabe für Unternehmen, Gesundheitseinrichtungen, öffentliche Institutionen, soziale Dienste, Handwerksbetriebe etc., um ihre Wettbewerbsfähigkeit zu erhalten. Neben dem demografischen Wandel führen technologische Veränderungen sowie die zunehmende Digitalisierung zu veränderten Aufgabenfeldern.

Das betriebliche Kompetenzmanagement ermöglicht es, künftige Kompetenzbedarfe frühzeitig zu erkennen und geeignete Maßnahmen zu planen. Anwendungsorientierte Forschung stellt Unternehmen bereits heute zahlreiche Methoden (z. B. für die Kompetenzmessung in Unternehmen unterschiedlicher Größen und Wirtschaftszweige) und Modelle (z. B. in Form von Kompetenzkatalogen für digitalisierte Arbeitsbereiche) zur Verfügung, die Unternehmen unterstützen, die Herausforderungen des betrieblichen Kompetenzmanagements zu bewältigen. Die Bände in unserer Reihe *Kompetenzmanagement in Organisationen* dokumentieren die Bedeutung aktueller Forschungsergebnisse nachdrücklich. Um dem betrieblichen Kompetenzmanagement auch in Zukunft hohe Innovationskraft zu sichern, erscheint es unerlässlich, bereits heute Richtungen für die Fortentwicklung des betrieblichen Kompetenzmanagements aufzuzeigen. Ein besonders aussichtsreichen Ansatz, um dem betrieblichen Kompetenzmanagement weiterführende Impulse zu verleihen, besteht darin, bisher weitgehend unverbundene Bereiche des Kompetenzmanagements gezielt miteinander zu verbinden und somit systematisch Möglichkeiten von Grenzüberschreitungen zu identifizieren, diese zu konzipieren und ihre Potenziale und Grenzen zu bewerten.

Genau dieser Innovationsstrategie – dem Entwickeln von Neuen durch das Verbinden von mehr oder weniger Bekanntem bzw. Vorhandenem – ist der Band *Grenzüberschreitungen im Kompetenzmanagement – Trends und Entwicklungsperspektiven* gewidmet. Vielen der behandelten Grenzüberschreitungen kommt bereits heute ganz offensichtlich eine sehr hohe Praxisrelevanz zu. Beispielsweise wird erörtert, wie die konsistente Abstimmung von operativem und strategischem Kompetenzmanagement gelingen kann. Als weitere Integrationsdimension wird an einem Beispiel aus dem Gesundheitswesen das fachdisziplinübergreifende Management von Kompetenzen vorgestellt. Vor dem Hintergrund des häufig beklagten Fachkräftemangels und der festzustellenden Flexibilisierung von Berufsbiografien erscheint es vordringlich, dass sich ein weiterer Beitrag speziell mit dem Übergang von beruflicher Bildung zur Hochschulbildung auseinandersetzt. Neben solchen allerorten relevanten Grenzüberschreitungen widmen sich die Kapitel aber auch spezielleren Betrachtungen, die besonders inspirierend sind, da ihnen das Potenzial innewohnt, neue Forschungsfelder aufzuzeigen. Zu den wissenschaftlich bisher unterrepräsentiert betrachten Fragestellungen, denen in diesem Band nachgegangen wird, zählen die Kompetenzvernetzung zwischen Sport und Wirtschaft sowie die kritische Betrachtung von Alter und Altersbildern in Wissenschaftsorganisationen.

Indem der Band anhand von Grenzüberschreitungen wichtige Entwicklungsperspektiven für das betriebliche Kompetenzmanagement aufzeigt, wird die Reihe *Kompetenzmanagement in Organisationen* um einen weiteren spezifischen Beitrag ergänzt. Die Bezugnahme auf konkrete betriebliche Beispiele stellt dabei sicher, dass die Anregungen nicht nur wissenschaftlich fundiert sind, sondern auch hohe praktische Relevanz aufweisen.

Simone Kauffeld
Inga Truschkat
Ralf Knackstedt
Braunschweig und Hildesheim
März 2019

Vorwort der Bandherausgeber/-innen

Die Bedeutung des Kompetenzmanagements darf vor dem Hintergrund des digitalen Wandels und der damit einhergehenden Verschiebung der Bedeutung einzelner Kompetenzen für den Erfolg von Individuen und Unternehmen nicht unterschätzt werden. Damit Kompetenzmanagement auch zukünftig wesentliche Beiträge leisten kann, um relevante Kompetenzen frühzeitig zu erkennen und Maßnahmen zu deren Entwicklung wirksam einleiten zu können, bedarf es beständig neuer Impulse für die Weiterentwicklung des Kompetenzmanagements. Zu bedeutsamen Perspektiven für die Zukunft des Kompetenzmanagements zählen die Abstimmung der Kompetenzmanagementinstrumente auf agile Arbeitsorganisationen, die Vertiefung des Verständnisses von Lernen in Arbeitsprozessen und die kritische sowie multiperspektivische Reflexion neuer Arbeits- und Organisationsformen. Die Verbindung von bisher nicht oder unzureichend verbundenen Konzepten des Kompetenzmanagements stellt einen Ansatz dar, dem besondere Innovationskraft innewohnt.

Innovative Lösungen zu entwickeln, bedeutet aus diesem Blickwinkel betrachtet, alte Strukturen aufzubrechen, Grenzen zu überschreiten, scheinbar Getrenntes zusammenzubringen und damit neue Potenziale zu erschließen. Der vorliegende Band greift daher verschiedene Diskussionslinien der Vernetzung von Kompetenzen auf und zeigt, wie durch die Überwindung tradierter Grenzen Innovationen im Kompetenzmanagement im demografischen Wandel hervorgebracht werden. Orientierung bei der Identifikation von zu überwindenden Grenzen bietet die grobe Unterscheidung von fünf Bereichen: Beiträge in diesem Band untersuchen 1) wie sich Kompetenzen einzelner Individuen zu deren und zum Vorteil betrieblicher Belange neuartig verbinden lassen. Weiterhin werden 2) Entwicklungen grenzüberschreitender Kompetenzmanagementansätze zum Aufbau erfolgreicher Kooperationen zwischen Organisationen und 3) die Nutzung und Sicherung von Kompetenzen im Übergang von Lebensphasen betrachtet. Ausgewählte Beiträge 4) widmen sich speziell der Veränderung des Kompetenzmanagements im Wandel seiner Umwelt. Eine besondere Rolle spielt 5) die Zusammenführung von Forschungsergebnissen, -disziplinen und -projekten zum Kompetenzmanagement.

In diesem Sinne ist auch der vorliegende Band selbst ein Grenzobjekt zwischen disziplinären Sichten und analytischen Perspektiven auf das Kompetenzmanagement. Vor diesem Hintergrund möchten wir allen Autorinnen und Autoren dieses Bandes danken, die durch ihre innovativen Zugänge dazu beigetragen zu haben, dieses interdisziplinäre und damit Grenzen überschreitende Buchprojekt zu realisieren.

Ralf Knackstedt
Kristin Kutzner
Miriam Sitter
Inga Truschkat
Hildesheim
September 2018

Förderhinweis

Die Herausgabe dieses Bandes wurde im Rahmen des Verbundprojektes „Vernetzung und Zukunftsorientierung in der Erforschung des betrieblichen Kompetenzmanagements im demografischen Wandel" (InDeKo.Navi) des Hildesheimer Teilvorhabens „Weiterentwicklung von internetbasierten Forschungslandkarten und Identifikation von Deutungsmustern" mit Mitteln des Bundesministeriums für Bildung und Forschung (BMBF) im Programm „Arbeiten – Lernen – Kompetenzen entwickeln. Innovationsfähigkeit in einer modernen Arbeitswelt" im Förderschwerpunkt „Betriebliches Kompetenzmanagement im demografischen Wandel" (Förderkennzeichen: 01FK14001) gefördert. Die Verantwortung für den Inhalt dieser Veröffentlichung liegt bei den Autorinnen und Autoren.

GEFÖRDERT VOM

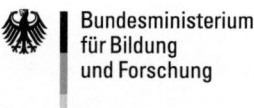

Inhaltsverzeichnis

1   Grenzüberschreitungen im Kompetenzmanagement –
      Einleitung 1
      Ralf Knackstedt, Kristin Kutzner, Miriam Sitter und Inga Truschkat

Teil I   Kompetenzmanagement im Spannungsfeld der Ansprüche von Organisation und Individuum

2   Die transitorische Grenze zwischen betrieblicher
      Karriere und beruflicher Weiterbildung 13
      Daniela Ahrens und Gabriele Molzberger

3   Diversity-Management als grenzüberschreitender
      Prozess in Organisationen? 25
      Claudia Muche

Teil II   Überwindung von Grenzen zum Aufbau erfolgreicher Kooperationen

4   Berufsgruppen- und hierarchieübergreifende
      Weiterbildung in der Praxis: Interprofessionelle
      Bildungsinitiative in der Geriatrie 41
      Daisy Hünefeld, Gertrud Bureick, Barbara Elkeles,
      Sibyll Rodde und Joachim Hasebrook

5   Kinder in ihrer Trauer nicht nur multiprofessionell
      begleiten – ein sozialer Dienst als Beispiel für eine
      entgrenzte Kompetenzvernetzung 59
      Miriam Sitter

6   Erfahrungsbasiertes Kontextwissen: Organisationale
      Grenzen unterwandern statt überschreiten 75
      Stefan Sauer und Annegret Bolte

Teil III   Nutzung und Sicherung von Kompetenzen im Übergang von Lebensphasen

7   Kompetenzerwerb im Sport 91
      Thomas Apitzsch, Stephan Coester und Sebastian Rüdiger

8   Alter(n) in Wissenschaftsorganisationen – Wissenschaftskarriere
      eine Frage von Altersgrenzen? 109
      Wibke Frey und Svea Korff

Teil IV Veränderung des Kompetenzmanagements im Wandel seiner Umwelt

9 **Demografie, Arbeitsmarkt und „neue Arbeitnehmerinnen und Arbeitnehmer" in Ostdeutschland – Werden die Grenzen des Kompetenzmanagements verschoben?** 129
   Ingo Singe

10 **Kompetenzmanagement 4.0 – Kompetenz und Kompetenzentwicklung in einer digitalisierten Arbeitswelt** 145
   Bernd Dworschak, Alexander Karapidis, Helmut Zaiser und Anette Weisbecker

Teil V Zusammenführung von Forschungsergebnissen, -disziplinen und -projekten

11 **Ein modellbasierter Vergleich von softwaregestützten Kompetenzmanagementsystemen** 161
   Kristin Kutzner, Andrea Lübke, Julien Hofer und Ralf Knackstedt

12 **Kompetenzen in der Unternehmensmodellierung – Konstruktion eines Bezugsmodells zur Förderung einer grenzüberschreitenden Entwicklung** 181
   Anna Kaufhold, Jennifer Kolomitchouk, Kristin Kutzner und Ralf Knackstedt

Herausgeber- und Autorenverzeichnis

Über die Herausgeber

Prof. Dr. Ralf Knackstedt
ist Universitätsprofessor für Wirtschaftsinformatik am Institut für Betriebswirtschaft und Wirtschaftsinformatik der Stiftung Universität Hildesheim und leitet die Abteilung „Informationssysteme und Unternehmensmodellierung" (ISUM). Seine aktuellen Arbeitsschwerpunkte in der Forschung und Lehre liegen in den Bereichen Geschäftsprozessmanagement, Unternehmensmodellierung, betriebliche Informationssysteme, integrierte Produktion und Dienstleistung (hybride Wertschöpfung), Green Business Engineering, Design Thinking sowie Wissens- und Kompetenzmanagement.

Kristin Kutzner
ist wissenschaftliche Mitarbeiterin (M. Sc.) am Institut für Betriebswirtschaft und Wirtschaftsinformatik an der Stiftung Universität Hildesheim. Sie forscht in den Bereichen Unternehmensmodellierung und digitale Transformation kultureller Artefakte, unter Anwendung unterschiedlicher Verfahren des maschinellen Lernens.

Dr. Miriam Sitter
ist wissenschaftliche Mitarbeiterin am Institut für Sozial- und Organisationspädagogik an der Stiftung Universität Hildesheim.

Prof. Dr. Inga Truschkat
ist Universitätsprofessorin am Institut für Sozial- und Organisationspädagogik an der Stiftung Universität Hildesheim.

Autorenverzeichnis

Dr. Daniela Ahrens
Institut Technik & Bildung, Universität Bremen, Deutschland

Prof. Dr. Thomas Apitzsch
Fakultät für Sportmanagement, Hochschule für angewandtes Management, Ismaning, Deutschland

Dr. Annegret Bolte
Insititut für Sozialwissenschaftliche Forschung e.V. München, ISF München, München, Deutschland

Gertrud Bureick
St. Franziskus-Stiftung Münster, Münster, Deutschland

Stephan Coester
KODE GmbH, München, Deutschland

Bernd Dworschak
Kompetenzmanagement, Fraunhofer-Institut für Arbeitswirtschaft und Organisation IAO, Stuttgart, Deutschland

Barbara Elkeles
Klinik Maria Frieden Telgte, Telgte, Deutschland

Wibke Frey
Institut für Sozial- und Organisationspädagogik, Stiftung Universität Hildesheim, Schauenburg, Deutschland

Joachim Hasebrook
zeb.business school, Münster (Westfalen), Deutschland

Julien Hofer
Institut für Betriebswirtschaft und Wirtschaftsinformatik, Stiftung Universität Hildesheim, Hildesheim, Deutschland

Dr. Daisy Hünefeld
St. Franziskus-Stiftung Münster, Münster, Deutschland

Alexander Karapidis
Fraunhofer-Institut für Arbeitswirtschaft und Organisation IAO, Stuttgart, Deutschland

Anna Kaufhold
Institut für Betriebswirtschaft und Wirtschaftsinformatik, Stiftung Universität Hildesheim, Hannover, Deutschland

Prof. Dr. Ralf Knackstedt
Institut für Betriebswirtschaft und Wirtschaftsinformatik, Stiftung Universität Hildesheim, Hildesheim, Deutschland

Jennifer Kolomitchouk
Grund- und Schwerpunktschule Bitburg Süd, Trier, Deutschland

Dr. Svea Korff
Institut für Sozial- und Organisationspädagogik, Stiftung Universität Hildesheim, Hildesheim, Deutschland

Kristin Kutzner
Institut für Betriebswirtschaft und Wirtschaftsinformatik, Stiftung Universität Hildesheim, Hildesheim, Deutschland

Andrea Lübke
Abteilung Marketing, Recruiting, Finance, iProCon GmbH, Diekholzen, Deutschland

Prof. Dr. Gabriele Molzberger
Fakultät für Human- und Sozialwissenschaften, Bergische Universität Wuppertal, Wuppertal, Deutschland

Dr. Claudia Muche
Lehrstuhl für Erziehungswissenschaft mit dem Schwerpunkt Berufs- und Weiterbildung, Stiftung Universität Hildesheim, Hildesheim, Deutschland

Sibyll Rodde
zeb.business school, Münster (Westfalen), Deutschland

Herausgeber- und Autorenverzeichnis

Sebastian Rüdiger
Hochschule für angewandtes Management, Erding, Deutschland

Dr. Stefan Sauer
Department Sozialwissenschaften und Philosophie, Friedrich-Alexander Universität Erlangen-Nürnberg, Nürnberg, Deutschland

Ingo Singe
Zentrum für Arbeit und Politik, Universität Bremen, Bremen, Deutschland

Dr. Miriam Sitter
Institut für Sozial- und Organisationspädagogik, Stiftung Universität Hildesheim, Hildesheim, Deutschland

Prof. Dr. Inga Truschkat
Institut für Sozial- und Organisationspädagogik, Stiftung Universität Hildesheim, Hildesheim, Deutschland

Prof. Dr. Anette Weisbecker
Fraunhofer-Institut für Arbeitswirtschaft und Organisation IAO, Stuttgart, Deutschland

Helmut Zaiser
Fraunhofer-Institut für Arbeitswirtschaft und Organisation IAO, Stuttgart, Deutschland

Grenzüberschreitungen im Kompetenzmanagement – Einleitung

Ralf Knackstedt, Kristin Kutzner, Miriam Sitter und Inga Truschkat

1.1 Das Management von Kompetenzen als Grenzüberschreitung – 2

1.2 Aufbau des Bandes – 5

Literatur – 8

© Springer-Verlag GmbH Deutschland, ein Teil von Springer Nature 2020
R. Knackstedt, K. Kutzner, M. Sitter, I. Truschkat (Hrsg.), *Grenzüberschreitungen im Kompetenzmanagement*, Kompetenzmanagement in Organisationen,
https://doi.org/10.1007/978-3-662-59543-5_1

Zusammenfassung

Kompetenzmanagement stellt ein ebenso wichtiges wie vielschichtiges Konzept dar, um den aktuellen und zukünftigen Herausforderungen einer modernen Arbeitswelt zu begegnen. Die Einleitung in den Band zeigt auf, dass das Kompetenzmanagement das Potenzial hat, bislang eher als trennend erlebte Grenzen zu überwinden und verschiedene Sichtweisen und Bedarfe zu verbinden. Anhand der Erläuterung der Gliederung des Bandes werden in der Einleitung fünf Grenzen exemplarisch thematisiert: die Grenzen zwischen Individuum und Organisation, zwischen Organisationen, zwischen Übergängen in Erwerbsbiografien, zwischen alten und neuen Konzepten des Kompetenzmanagements und zwischen Wissenschaft und Praxis. Gerade durch die Überschreitung dieser Grenzen kann das Kompetenzmanagement zu einer zukunftsfähigen Gestaltung der Arbeitswelt beitragen.

1.1 Das Management von Kompetenzen als Grenzüberschreitung

Aktuelle Erkenntnisse der Arbeits- und Organisationsforschung verweisen stärker denn je darauf, dass sich sowohl die individuellen als auch organisationalen Ansprüche an Arbeit verändern. Diesbezüglich betont die Arbeitsforschung bereits seit gut 20 Jahren, dass sich Arbeit vor allem zeitlich und räumlich entgrenzt (Voß 1998). Durch die zunehmende Digitalisierung vieler Arbeitsbereiche einschließlich veränderter Informationstechnologien werden diese klassisch diskutierten Entgrenzungsphänomene sogar noch verschärft (Hoppe et al. 2015; Clauß et al. 2016). So lässt sich insbesondere in der Erwerbsarbeit beobachten, wie beispielsweise das Internet sowie mobile Endgeräte zeit- und ortsunabhängiges Arbeiten ermöglichen und dabei permanente Erreichbarkeit befördern.

Eine ganz ähnliche Logik verdeutlicht die Diskussion um die Subjektivierung der Arbeit. Die Formulierung „Subjektivierung von Arbeit" bezeichnet in der arbeitssoziologischen Debatte ganz allgemein eine Intensivierung von „individuellen", d. h. die Subjektivität involvierenden Wechselverhältnissen zwischen Person und Betrieb, bzw. betrieblich organisierten Arbeitsprozessen. Dies kann einmal heißen, „dass Individuen von sich aus mehr Subjektivität in die Arbeit hineintragen, aber auch, dass die Arbeit immer mehr Subjektivität von den Individuen fordert. In beiden Fällen ist der zunehmende Stellenwert von Subjektivität mit einem relativen Rückgang von eindeutig vorstrukturierten, die Subjektivität beschränkenden Situationen verbunden" (Kleemann et al. 2002, S. 57 f.). Als plausibles Beispiel für diese Tendenz lässt sich Pfeiffers (2012, S. 16) Hinweis nennen, dass immer mehr Beschäftigte „selbst gesteuert und teils selbst finanziert mobile Geräte und webbasierte Tools zur Kompensation des auf ihnen lastenden Drucks" nutzen. Auch diese Diskussion um die Dilemmata einer vermeintlich nützlichen Technik aufgrund zunehmender Flexibilität wird seit Langem geführt (Moldaschl und Voß 2002; Baethge 1991) und verschafft dem aktuellen Diskurs um die disparaten Veränderungen der Arbeitswelt zusätzliche Aufmerksamkeit und eine neue Kontur. Denn mit den Veränderungen der Arbeitswelt gehen zeitgleich neue Heraus- und Anforderungen an die Beschäftigten hervor. Die neue Arbeitswelt des 21. Jahrhunderts birgt damit keineswegs nur Chancen und Optionen, sondern ebenfalls eine Reihe an Gefahren und neuen Herausforderungen für „ihre" Subjekte.

Während Projektarbeit und Prozessorientierung mittlerweile schon fast zu den vertrauten Arbeitsformen zu zählen sind (Senderek et al. 2015; Bolte 2000), werden aktuell Methoden und Konzepte des agilen Arbeitens diskutiert, die bestehende Arbeitsabläufe und Arbeitsorganisationen explizit durchbrechen sollen, beispielsweise die Scrum-Methode, die mittlerweile in vielen Unternehmen Anwendung findet (Scherber et al. 2015; Gloger 2010). Zentral ist hierbei, dass die Verantwortung für die Arbeitsprozesse und -ergebnisse nicht allein beim Management liegt, sondern bei den zuständigen Arbeitsteams. Die Teams übernehmen die Verantwortung für ihr eigenes Handeln, wodurch das Management eine vollkommen andere Rolle einnimmt. Aus Kontrolle und Anleitung wird Unterstützung und Ermutigung der Mitarbeitenden. Insgesamt scheint auch dieser Prozess in besonderer Weise durch die Möglichkeiten eines räumlich und zeitlich ungebundenen Arbeitens durch digitale Medien (Bornewasser und Pütz-Bonnéhs 2015) befördert worden zu sein.

Sich diesen neuen Veränderungen zu stellen, geht daher stets mit einem hohen Maß an Veränderungs- und Anpassungsbereitschaft vonseiten sowohl der Unternehmen wie auch der Beschäftigten einher. Oftmals stehen hierbei allerdings die neuen Anforderungen an die individuellen Kompetenzen der Beschäftigten im Zentrum der Diskussion. So ist eine zunehmende Aufmerksamkeit für individuelle Kompetenzen und entsprechende Konzepte der Kompetenzentwicklung zu erkennen. Richtungsweisend für die Diskussion waren vor allem die Erkenntnisse, die im Rahmen des Forschungsprogramms „Lernkultur Kompetenzentwicklung" des BMBF entstanden sind (ABWF 2006). Hier wurden vor allem Fragen der Etablierung einer neuen Lernkultur in unterschiedlichen gesellschaftlichen Bereichen berücksichtigt und damit die Schaffung einer Struktur zur Förderung individueller Kompetenzen. Die Diskussion hat sich jedoch zunehmend dahin weiterentwickelt, dass der Begriff sowie das Konzept des „Kompetenzmanagements" in den Fokus der Aufmerksamkeit gerückt ist. Mit diesem Konzept wird die Sicht auf die Förderung des Lernens, der Selbstorganisation und der Entwicklung von Kompetenzen auf individueller Ebene um eine Perspektive der Kompetenzentwicklung und -planung auf organisationaler Ebene erweitert. Kompetenzmanagement wird somit zu einem Teilbereich des strategischen Managements in Organisationen. In dieser Hinsicht soll Kompetenzmanagement Kompetenzen beschreiben, transparent machen und den Transfer, die Nutzung und die Entwicklung von Kompetenzen sicherstellen. Vier Aufgabenbereiche stechen dabei heraus: Dazu gehört erstens die Repräsentation von Kompetenzen mit dem Ziel einer „strukturierte[n] Analyse des Kompetenzbestandes" (North und Reinhardt 2005, S. 16) und zweitens die Reflexion der Kompetenzbestände mit dem Ziel ihrer Bewertung. Drittens lässt sich die Verteilung und Verbreitung der Kompetenzen in der Organisation benennen und viertens die Entwicklung und „Verbesserung der organisationalen und personellen Lernprozesse" (North und Reinhardt 2005, S. 16).

Die zunehmende Bedeutung eines solchen Kompetenzmanagements spiegelt sich nicht zuletzt darin wider, dass es sowohl in der Forschung als auch in der Praxis besondere Relevanz erhält.

Exemplarisch für diese Kombination steht der Forschungsschwerpunkt „Betriebliches Kompetenzmanagement im demografischen Wandel" mit seinen insgesamt 31 Verbundprojekten. Alle Projekte wiesen – entlang der vorgesehenen Verbundstruktur – ein sowohl auf die Forschung als auch die Praxis konzentriertes Erkenntnisinteresse auf. Diese Kombination macht deutlich, dass die besonderen Forschungs- und Entwicklungsbedarfe im Kompetenzmanagment das Verhältnis von Wissenschaft und Praxis nutzen und genau damit ein Grenzdenken zwischen diesen beiden Bereichen zu vermeiden versuchen. Das Zusammendenken dieser beiden durchaus eigenständigen Handlungsfelder zeigt zugleich die Breite der Thematik auf: Die Projekte adressierten daher nicht nur unterschiedlichste Felder, in denen das Kompetenzmanagement relevant wird (z. B. Industrie, Gesundheits- und Sozialwesen, Dienstleistung, Selbstständigkeit etc.), sondern sie fokussierten sich auch auf verschiedene Herausforderungen eines innovativen Kompetenzmanagements. So zielten die Projekte auf die Erforschung und Entwicklung eines Kompetenzmanagements, das individuelle und organisationale Interessen verbindet, das Übergänge zwischen verschiedenen Lebensphasen gestaltet, das zukunftsfähig über Organisationsgrenzen hinweg organisiert ist und das ganz grundlegend zukünftigen gesellschaftlichen Herausforderungen gerecht wird.

Die Besonderheit eines dergestalt konzipierten Kompetenzmanagements scheint gerade darin zu liegen, dass es ein Konzept ist, das Grenzen und Grenzdenken zu überschreiten versucht, d. h. Grenzen zwischen Individuum und Organisation, zwischen Organisationen, zwischen unterschiedlichen Lebensphasen, zwischen Wissenschaft und Praxis, zwischen verschiedenen Disziplinen und nicht zuletzt zwischen Altem und Neuem. Infolge der Anforderungen, Kompetenzen in der Arbeitswelt des 21. Jahrhunderts sinnvoll, effizienzsteigernd – und vieles mehr – zu managen, obliegt ihm die Aufgabe, sich für Grenzen, Grenzbereiche und ihre Eigenschaften zu öffnen. Schließlich sind zu planende Arbeitsweisen und -prozesse sowie die Organisation eines Kompetenzmanagements niemals beziehungslos und ohne wechselseitige Bezüge zu verstehen. Ganz im Gegenteil: Wer Kompetenzen zu managen versucht, hat es immer auch mit den Interessen und Herausforderungen der anderen zu tun. An einer gewissen Grenze trifft daher das eigene Interesse auf das der anderen. Kompetenzmanagement kommt damit die Rolle eines Grenzobjektes zu, wie es Star und Griesemer (1989, S. 393) in einem gänzlich anderen Forschungsbereich analysierten:

> Boundary objects are both plastic enough to adapt to local needs and constraints of several parties employing them, yet robust enough to maintain a common identity across sites.

Kompetenzmanagement als Grenzobjekt wird somit über verschiedene Themen, Disziplinen, Handlungs- und Forschungsbereiche hinweg wirksam, weil es hier wie da eine identifizierbare Bedeutung besitzt (Hörster et al. 2013, S. 15), die sich übersetzen lässt. Es ist gerade dieses Potenzial an Übersetzbarkeit, durch die das Kompetenzmanagement in besonderer Weise aktuellen Herausforderungen gerecht zu werden scheint. Dem Kompetenzmanagement wohnt damit eine gewisse „interpretative Flexibilität" inne (Hörster et al. 2013, S. 15); genau diese ermöglicht es den unterschiedlichen sozialen Akteurinnen und Akteuren, sich auf diese zu beziehen und sich wechselseitig darüber zu verständigen.

Eine Grenze kann damit zweierlei: Sie kann trennen, aber auch verbinden. Um das Potenzial des Kompetenzmanagements durch eine Grenzüberschreitung ausschöpfen zu können und den aktuellen Herausforderungen der Arbeitswelt zu begegnen, braucht es somit eine Sensibilisierung für das Verbindende.

Wer Grenzen erkennen will, so formuliert es Marianne Gronemeyer (2018, S. 19), „muss ein Gespür für das Angrenzende kultivieren, nicht eine Strategie der Abgrenzung entwickeln. Er muss hören, nicht wirken; schauen, nicht bauen". Die Grenze sollte daher nicht ausschließlich als die bekannte Demarkationslinie begriffen werden, mit der sich gesellschaftliche Arrangements etc. regelmäßig „auf die Logik der eindeutigen Unterscheidung" (Dopheide 2019, S. 3) beziehen. Vielmehr kann eine Grenze auch als eine

Zone „des fließenden Übergangs" (Dopheide 2019, S. 3) verstanden werden, die Vorteile impliziert. Der vorliegende Band zielt deshalb darauf, eben diesen fließenden Übergang in seinen Potenzialen zu betrachten und Kompetenzmanagement als verbindendes Grenzobjekt und für verschiedene Perspektiven auszuloten. Damit kann zeitgleich die Bedeutung von **Grenzüberschreitungen** durch Kompetenzmanagement für eine zukunftsfähige Gestaltung der Arbeitswelt sichtbar gemacht werden.

1.2 Aufbau des Bandes

Die Kapitel des Bandes zeigen das vielfältige Verständnis von Kompetenzen und Kompetenzmanagement auf und addressieren jeweils exemplarisch zentrale Entwicklungsperspektiven für die Erforschung und Praxis des Kompetenzmanagements. Gleichwohl werden in allen Kapiteln eben jene grenzüberschreitenden Aspekte, durch die das Kompetenzmanagement den aktuellen und zukünftigen Herausforderungen einer modernen Arbeitswelt begegnen kann, diskutiert. Einige Kapitel thematisieren durchaus mehrere Grenzen im Kompetenzmanagement; insgesamt lassen sich die Kapitel aber in fünf thematische Abschnitte gliedern, die im Folgenden vorgestellt werden.

- **Kompetenzmanagement im Spannungsfeld der Ansprüche von Organisation und Individuum**

Teil I des Bandes führt Kapitel zusammen, in denen die Grenze zwischen Organisation und Individuum im Vordergrund steht. Sie zeigen auf, dass ein fortschrittliches Kompetenzmanagement seine Konzepte und Maßnahmen immer sowohl aus Sicht der Organisation als auch entlang der jeweiligen Ansprüche des Individuums betrachten und gestalten sollte, um zu einseitige Schwerpunktsetzungen zu überwinden. In anderen Worten bedeutet dies, dass die Ansprüche und Erwartungen der Organisation und des Individuums an das Kompetenzmanagement einerseits und die Anforderungen des Kompetenzmanagements an die Organisation und an das Individuum andererseits von einem fortschrittlichen Kompetenzmanagement in Gänze in den Blick genommen werden sollten.

Daniela Ahrens und Gabriele Molzberger thematisieren diesen Anspruch in dem ▶ Kap. 2 „Die transitorische Grenze zwischen betrieblicher Karriere und beruflicher Weiterbildung". Letztere definieren sie als einen grenzziehenden Ordnungs- und Referenzrahmen im Feld des Kompetenzmanagements. Entlang dieser Definition führen die Autorinnen den Interessenkonflikt zwischen Betrieb und Individuum aus und verdeutlichen, dass es für die Gestaltung von betrieblicher Kompetenzentwicklung wichtig ist, dass sie sich weder auf eine reine Anpassungsqualifizierung reduziert noch, dass sie allein in die Verantwortung des Subjekts gelegt wird.

Ein weiteres Beispiel für die Grenze zwischen Organisation und Individuum diskutiert Claudia Muche im Kontext der Frage „Diversity-Management als grenzüberschreitender Prozess in Organisationen?" (▶ Kap. 3). Sie hebt hierfür den Anspruch des Diversity-Managements hervor, grenzüberschreitend in Bezug auf Kompetenzen und Ressourcen in Organisationen zu sein, und stellt das Dilemma heraus, dass Diversity-Management damit immer auch zu Grenzziehungen in Organisationen führen kann.

- **Überwindung von Grenzen zum Aufbau erfolgreicher Kooperationen**

Die Kapitel in dem **Teil II** des Bandes widmen sich der Herausforderung, tradierte Grenzen hinsichtlich der Zusammenarbeit und des Austausches zwischen Trägerinnen und Trägern spezifischer Kompetenzen zu überwinden, indem man sie sich nützlich macht. Mit dieser Form der Überwindung von Grenzen zwischen Organisationen, Disziplinen, Abteilungen etc. werden die Voraussetzungen geschaffen, komplexe Problemlösungen realisieren zu können. Dies erfordert eine Zusammenführung von Kompetenzen, die heute traditionell auf unterschiedliche Kompetenzträgerinnen und -träger verteilt sind.

Am Beispiel der umfassenden und zu koordinierenden Versorgung von älteren Menschen, die eine Vielzahl unterschiedlicher Kompetenzen erfordert, machen Daisy Hünefeld, Gertrud Bureick, Barbara Elkeles, Sibyll Rodde und Joachim Hasebrook diese Herausforderungen anschaulich. Im ▶ Kap. 4 „Berufsgruppen- und hierarchieübergreifende Weiterbildung in der Praxis: Interprofessionelle Bildungsinitiative in der Geriatrie" verdeutlichen die Autorinnen und Autoren, wie sich in diesem medizinischen Feld tradierte Grenzen der Zusammenarbeit überwinden lassen.

Auch Miriam Sitter diskutiert in dem ▶ Kap. 5 „Kinder in ihrer Trauer nicht nur multiprofessionell begleiten – ein sozialer Dienst als Beispiel für eine entgrenzte Kompetenzvernetzung" die Herausforderungen und Vorteile einer verschiedene Professionen bzw. Disziplinen übergreifenden Zusammenarbeit. Ihr Kapitel zeichnet sich insbesondere dadurch aus, dass am Beispiel der Trauerbegleitung von Kindern aufgezeigt werden kann, wie die Einbindung von ehrenamtlich engagierten Menschen einen bedeutenden Faktor für eine erfolgreiche, weil entgrenzte Kompetenzvernetzung darstellen kann.

Speziell der Kooperation zwischen Kompetenzträgern und -trägerinnen einzelner Abteilungen einer Organisation widmen sich Stefan Sauer und Annegret Bolte in dem ▶ Kap. 6 „Erfahrungsbasiertes Kontextwissen: Organisationale Grenzen unterwandern statt überschreiten". Sie machen deutlich, dass sich Kompetenzmanagement zur Förderung des Kompetenzaustausches nicht (allein) auf formale Strukturen wie Meetings verlassen, sondern den Kompetenzaustausch im alltäglichen Handeln in den Blick nehmen sollte.

- **Nutzung und Sicherung von Kompetenzen im Übergang von Lebensphasen**

Während die vorangegangenen Teile des Bandes die Grenzen zwischen verschiedenen Individuen sowie zwischen Individuen und Organisationen fokussieren, wird in den Kapiteln in **Teil III** betont, dass ein fortschrittliches Kompetenzmanagement nicht an den Grenzen zwischen verschiedenen Lebensphasen ein und desselben Individuums haltmachen sollte. Traditionell spezialisiert sich die institutionalisierte Kompetenzentwicklung auf einzelne Lebensphasen; dadurch gehen Potenziale eines gezielt lebensphasenübergreifend gestalteten Kompetenzmanagements verloren.

Im ▶ Kap. 7 „Kompetenzerwerb im Sport" zeigen Thomas Apitzsch, Stephan Coester und Sebastian Rüdiger am Beispiel prominenter Spitzensportlerinnen und -sportler auf, welche Kompetenzen Menschen im Leistungssport aufbauen, die auch in der anschließenden Phase der Berufstätigkeit höchste Wirksamkeit entfalten können. Aktuell erscheint die Nutzung des Kompetenzaufbaus im Sport von Profis, aber auch von Amateuren und von ehrenamtlich oder nebenberuflich Engagierten für betriebliche Belange in der Praxis des Kompetenzmanagements nicht als Potenzial erkannt zu werden.

Der Gefahr der Vergeudung von aufwendig aufgebauten Kompetenzen im Laufe verschiedener Phasen des Arbeitens im Wissenschaftssystems widmen sich Wibke Frey und Svea Korff in dem ▶ Kap. 8 „Alter(n) in Wissenschaftsorganisationen – Wissenschaftskarriere eine Frage von Altersgrenzen?" Die Autorinnen sensibilisieren am Beispiel von Wissenschaftskarrieren dafür, dass Kompetenzmanagement für die Konstituierung kritischer Übergangsphasen verantwortlich sein kann und auf diese Verantwortung durch gezielte Weiterentwicklungen reagieren sollte.

- **Veränderung des Kompetenzmanagements im Wandel seiner Umwelt**

Kompetenzmanagement selbst darf nicht stehen bleiben, sondern muss fortwährend weiterentwickelt und an veränderte Rahmenbedingungen und Ansprüche angepasst werden. Die Kapitel in dem **Teil IV** des Bandes widmen sich schwerpunktmäßig dem Übergang von einem Kompetenzmanagement einer bestimmten vorhergehenden Ausrichtung zu einem Kompetenzmanagement einer aktualisierten Ausprägung. Für die Forschung und Praxis des Kompetenzmanagements erscheint es vordringlich, sich diesem Grenzübergang in Form der Transformation des Kompetenzmanagements einer Organisation selbst stärker zu widmen.

Das ▶ Kap. 9 von Ingo Singe „Demografie, Arbeitsmarkt und ‚neue Arbeitnehmerinnen und Arbeitnehmer' in Ostdeutschland – Werden die Grenzen des Kompetenzmanagements verschoben?" liefert ein Beispiel dafür, wie man sich dieser Fragestellung auf – grob eingeordnet – eher volkswirtschaftlicher Ebene widmen kann. Am Beispiel der wirtschaftlichen Entwicklung des Bundeslandes Thüringen diskutiert der Autor, auf welche Veränderungsimpulse sich das betriebliche Kompetenzmanagement in den letzten Jahren eingestellt hat bzw. hätte einstellen sollen.

Eine – wiederum grob eingeordnet – eher betriebswirtschaftliche Perspektive auf die Veränderung des Kompetenzmanagements nehmen Bernd Dworschak, Alexander Karapidis, Helmut Zaiser und Anette Weisbecker in dem ▶ Kap. 10 „Kompetenzmanagement 4.0 – Kompetenz und Kompetenzentwicklung in einer digitalisierten Arbeitswelt" ein. Am Beispiel der Digitalisierung in Industriebetrieben zeigen die Autorin und die Autoren u. a. auf, dass betriebliche Kompetenzmanagementsysteme möglichst modularisiert gestaltet sein sollten, um flexibel an den Wandel der betrieblichen Umwelt angepasst werden zu können.

- **Zusammenführung von Forschungsergebnissen, -disziplinen und -projekten**

Im Gegensatz zu den Kapiteln der vorangegangenen Teile widmen sich die Kapitel in **Teil V** nicht der Durchführung und Gestaltung des Kompetenzmanagements selbst, sondern stellen auf die Konsolidierung von Ergebnissen, die Überwindung von Grenzen zwischen Disziplinen und die Förderung von Synergieeffekten zwischen Projekten in der Forschung zum Kompetenzmanagement ab. Damit werden Ziele adressiert, die prägend für die wissenschaftliche Begleitforschung in jeweiligen Forschungsfeldern sind. Da wissenschaftliche Begleitforschung selbst wiederum als eine Form des Kompetenzmanagements aufgefasst werden kann, sind auch Ansätze zu Grenzüberschreitungen in der Forschung von Relevanz für diesen Band. Die folgenden Kapitel ergänzen das Methodenspektrum aus dem Band *Betriebliches Kompetenzmanagement im demografischen Wandel* (Knackstedt et al. 2019), der – wie der vorliegende Band auch – in der Reihe *Kompetenzmanagement in Organisationen* herausgegeben wurde.

In dem ▶ Kap. 11 „Ein modellbasierter Vergleich von softwaregestützten Kompetenzmanagementsystemen" regen Kristin Kutzner, Andrea Lübke, Julien Hofer und Ralf Knackstedt an, sich für den systematischen Vergleich von Forschungsergebnissen im Kompetenzmanagement (auch) grafischer Modellierungsansätze zu bedienen, die insbesondere in der Wirtschaftsinformatik weite Verbreitung gefunden haben. Das präsentierte Anwendungsbeispiel legt nahe, dass der modellgestützte Vergleich hilfreich sein kann, die Reflexion möglicher Synergien zwischen Forschungsprojekten zu forcieren.

Der disziplinübergreifenden Zusammenführung von Forschungsergebnissen widmen sich Anna Kaufhold, Jennifer Kolomitchouk, Kristin Kutzner und Ralf Knackstedt in dem ▶ Kap. 12 „Kompetenzen in der Unternehmensmodellierung – Konstruktion eines Bezugsmodells zur Förderung einer grenzüberschreitenden Entwicklung". Als Anwendungsbeispiel verwenden die Autorinnen und der Autor die Entwicklung eines Kompetenzmodells für die Unternehmensmodellierung. Der Anwendungsfall zeigt, dass die Entwicklung eines Bezugsmodells zu Beginn einer Kompetenzmodellkonstruktion die Integration von Konzepten unterschiedlicher Disziplinen unterstützen kann.

> **Fazit**
> Die Einleitung zeigt die Bedeutung der Grenzüberschreitung im und durch das Kompetenzmanagement für eine zukunftsfähige Gestaltung einer modernen Arbeitswelt auf. Exemplarisch wurden dabei fünf verschiedene Grenzen thematisiert, die im Folgenden im Rahmen der Kapitel ausführlich diskutiert werden. So gestaltet sich ein modernes Kompetenzmanagement an den Grenzen von Individuum und Organisation sowie an der Grenze zwischen Organisationen. Es sichert aber auch die Grenzübergänge in beruflichen Biografien und stellt sich durch eine permanente Weiterentwicklung den eigenen Grenzen. Um dies zu tun, bedarf es schließlich einer Grenzüberschreitung von Wissenschaft und Praxis, die einen interdisziplinären Blick auf die aktuellen und zukünftigen Herausforderungen eröffnet. Insgesamt wird deutlich, dass die Veränderungen in der modernen Arbeitswelt einer solchen Öffnung der Perspektiven bedürfen, die die Interessen unterschiedlicher Akteurinnen und Akteure in der Forschung und Praxis des Kompetenzmanagements berücksichtigt und zu integrieren versteht.

Literatur

ABWF Arbeitsgemeinschaft Betriebliche Weiterbildungsforschung e. V./Projekt Qualifikations- Entwicklung-Management. (Hrsg.). (2006). *Kompetenzentwicklung 2006. Das Forschungs- und Entwicklungsprogramm „Lernkultur Kompetenzentwicklung". Ergebnisse – Erfahrungen – Einsichten.* Münster: Waxmann.

Baethge, M. (1991). Arbeit, Vergesellschaftung, Identität – Zur zunehmenden normativen Subjektivierung der Arbeit. *Soziale Welt, 42*(1), 6–19.

Bolte, A. (2000). *Kooperation zwischen Entwicklung und Produktion. Beschäftigte im Spannungsfeld von formellen und informellen Kooperationsbeziehungen.* München: ISF.

Bornewasser, M., & Pütz-Bonnéhs, C. (2015). Kompetenzmanagement in der digitalisierten Arbeitswelt: Praxisnah und Vernetzt. *Praeview, 2,* 28–39.

Clauß, E., Hoppe, A., Schachler, V., & Dettmers, J. (2016). Erholungskompetenz bei Berufstätigen mit hoher Autonomie und Flexibilität. *Personal Quarterly, 16*(2), 22–27.

Dopheide, C. (2019). Grenzerfahrungen. Über Orientierung in einer digitalisierten Welt und den Wert der Sozialen Arbeit. *Blätter der Wohlfahrtspflege, 166*(1), 3–7.

Gloger, B. (2010). Scrum: Der Paradigmenwechsel im Projekt- und Produktmanagement. Eine Einführung. *Informatik Spektrum, 33*(2), 195–200.

Gronemeyer, M. (2018). *Die Grenze. Was uns verbindet, indem es uns trennt. Nachdenken über ein Paradox der Moderne.* München: Oekom.

Hoppe, A., Janneck, M., Helfer, M., Dettmers, J., Hoppe, A., Janneck, M., et al. (2015). Flexibel, mobil und unabhängig: Neue Kompetenzanforderungen bei individualisierten Arbeitsformen. *Praeview, 2,* 8–9.

Hörster, R., Köngeter, S., & Müller, Burghard. (2013). Grenzobjekte und ihre Erfahrbarkeit in sozialen Welten. In Dies. (Hrsg.), *Grenzobjekte. Soziale Welten und ihre Übergänge* (S. 11–36). Wiesbaden: Springer VS.

Kleemann, F., Matuschek, I., & Voß, G. G. (2002). Subjektivierung von Arbeit. Ein Überblick zum Stand der soziologischen Diskussion. In M. Moldaschl & G. G. Voß (Hrsg.), *Subjektivierung von Arbeit* (S. 53–100). München: Hampp.

Knackstedt, R., Truschkat, I., Häußling, R., & Zweck, A. (Hrsg.). (2019). *Betriebliches Kompetenzmanagement im demografischen Wandel – Orientierung für Wissenschaft und Praxis.* Berlin: Springer (im Druck).

Moldaschl, M., & Voß, G. G. (2002). *Subjektivierung von Arbeit.* München: Hampp.

North, K., & Reinhardt, K. (2005). *Kompetenzmanagement in Der Praxis. Mitarbeiterkompetenzen systematisch identifizieren, nutzen und entwickeln. Mit vielen Fallbeispielen* (1. Aufl.). Wiesbaden: Gabler.

Pfeiffer, S. (2012). Die technologischen Grundlagen der Entgrenzung: Chancen und Risiken. In B. Badura, A. Ducki, H. Schröder, J. Klose, & M. Meyer (Hrsg.), *Fehlzeiten-Report 2012* (S. 15–21). Berlin: Springer.

Scherber, S., Coldewey, J., & Lang, M. (Hrsg.). (2015). *Agile Führung: vom agilen Projekt zum agilen Unternehmen.* Düsseldorf: Symposion Publ.

Senderek, R., Mühlbradt, T., & Buschmeyer, A. (2015). Demografiesensibles Kompetenzmanagement Für Die Industrie 4.0. In S. Jeschke, A. Richert, F. Hees, & C. Jooß (Hrsg.), *Exploring Demographics* (S. 281–295). Wiesbaden: Springer Fachmedien Wiesbaden.

Star, S. L., & Griesemer, J. R. (1989). Institutional ecology, ‚Translations' and boundary objects: Amateurs and professionals in Berkeley's museum of vertebrate zoology, 1907–1939. *Social Studies of Science, 19,* 387–420.

Voß, G. G. (1998). Die Entgrenzung von Arbeit Und Arbeitskraft. *Mitteilungen Aus Der Arbeitsmarkt-Und Berufsforschung, 31*(3), 473–487.

Weiterführende Literatur

Das Potenzial von Grenzüberschreitungen als Weiterentwicklungsperspektive für die Forschung und betriebliche Praxis des Kompetenzmanagements wird auch in dem Kap. 10 „Thesen für die Zukunft des betrieblichen Kompetenzmanagements" des Bandes *Betriebliches Kompetenzmanagement im demografischen Wandel – Orientierung für Wissenschaft und Praxis* (Knackstedt et al. 2019) aufgezeigt. In diesem Kapitel werden die Grenzüberschreitungen in eine Reihe mit weiteren relevanten Perspektiven gestellt, die als zusätzliche Impulse für die Weiterentwicklung des betrieblichen Kompetenzmanagements ebenfalls von hoher Bedeutung sind.

Der oben genannte Band in der Reihe *Kompetenzmanagement in Organisationen* stellt zudem weitere Instrumente und Ansätze für die Orientierung im Feld des Kompetenzmanagements im demografischen Wandels vor, die in Form von Diskurs-, Trend-, Netzwerk- und Forschungsportalanalysen ausführlich herausgearbeitet und veranschaulicht werden.

Prof. Dr. Ralf Knackstedt (Hrsg.) ist Universitätsprofessor für Wirtschaftsinformatik am Institut für Betriebswirtschaft und Wirtschaftsinformatik der Stiftung Universität Hildesheim und leitet die Abteilung „Informationssysteme und Unternehmensmodellierung" (ISUM). Seine aktuellen Arbeitsschwerpunkte in der Forschung und Lehre liegen in den Bereichen Geschäftsprozessmanagement, Unternehmensmodellierung, betriebliche Informationssysteme, integrierte Produktion und Dienstleistung (hybride Wertschöpfung), Green Business Engineering, Design Thinking sowie Wissens- und Kompetenzmanagement.

Kristin Kutzner (Hrsg.) ist wissenschaftliche Mitarbeiterin (M. Sc.) am Institut für Betriebswirtschaft und Wirtschaftsinformatik an der Stiftung Universität Hildesheim. Sie forscht in den Bereichen Unternehmensmodellierung und digitale Transformation kultureller Artefakte, unter Anwendung unterschiedlicher Verfahren des maschinellen Lernens.

Dr. Miriam Sitter (Hrsg.) ist wissenschaftliche Mitarbeiterin am Institut für Sozial- und Organisationspädagogik an der Stiftung Universität Hildesheim.

Prof. Dr. Inga Truschkat (Hrsg.) ist Universitätsprofessorin am Institut für Sozial- und Organisationspädagogik an der Stiftung Universität Hildesheim.

Kompetenzmanagement im Spannungsfeld der Ansprüche von Organisation und Individuum

Inhaltsverzeichnis

Kapitel 2   Die transitorische Grenze zwischen betrieblicher Karriere und beruflicher Weiterbildung – 13
Daniela Ahrens und Gabriele Molzberger

Kapitel 3   Diversity-Management als grenzüberschreitender Prozess in Organisationen? Weiterbildung – 25
Claudia Muche

Die transitorische Grenze zwischen betrieblicher Karriere und beruflicher Weiterbildung

Daniela Ahrens und Gabriele Molzberger

2.1 Grenzen als soziale Gegenseitigkeitsverhältnisse – 14

2.2 Betriebliche und berufliche Weiterbildung als ein über Kompetenzentwicklung vermitteltes Gegenseitigkeitsverhältnis – 14

2.3 Kompetenzmanagement infolge entgrenzter Arbeit – Subjektivierung ohne Ende? – 16

2.4 Beispiele alternativer betrieblicher Lern- und Weiterbildungspraxis – 17

2.5 Ausblick: Kompetenzmanagement quo vadis? – 22

Literatur – 23

© Springer-Verlag GmbH Deutschland, ein Teil von Springer Nature 2020
R. Knackstedt, K. Kutzner, M. Sitter, I. Truschkat (Hrsg.), *Grenzüberschreitungen im Kompetenzmanagement,* Kompetenzmanagement in Organisationen,
https://doi.org/10.1007/978-3-662-59543-5_2

Zusammenfassung

Für die Gestaltung von betrieblicher Kompetenzentwicklung ist es entscheidend, dass sie sich weder auf eine reine Anpassungsqualifizierung reduziert noch allein in die Verantwortung des Subjekts gelegt wird. Von dieser Annahme ausgehend wird in diesem Kapitel die analytische Unterscheidung zwischen der Sphäre betrieblicher und beruflicher Weiterbildung, die über Kompetenzmanagement sowohl aufgeweicht und verschoben als auch rekonstituiert werden kann, erörtert. Anhand von zwei Entwicklungsprojekten werden Bedingungen der Möglichkeit von betrieblicher Kompetenzentwicklung diskutiert, die über die Anpassung an sich wandelnde technologische und arbeitsorganisatorische Erfordernisse hinausgeht und Transitionen zur beruflichen Weiterbildung eröffnet.

2.1 Grenzen als soziale Gegenseitigkeitsverhältnisse

Mit dem Thema „Grenzüberschreitungen im Kompetenzmanagement" dieses Bandes stellen die Herausgeberinnen und Herausgeber vorhandene Grenzen als Ordnungs- und Referenzrahmen für betriebliches Kompetenzmanagement infrage. Grenzen sind keine räumlichen Tatsachen mit sozialen Wirkungen, sondern drücken soziale Gegenseitigkeitsverhältnisse aus (Simmel 1983, S. 229). Grenzen werden bewusst oder unbewusst, antizipierend, augenblicklich oder rekonstruierend wahrgenommen. Ihre Überschreitung kann eine Überwindung von Limitierung bedeuten oder eine Missachtung, gar Verletzung sein und entsprechend erwünscht oder gefürchtet werden. Wenn von Grenzen die Rede ist, geht es immer auch um Schließungsprozesse, um Fragen des Innen und Außen, der Zugehörigkeit, der Reichweite sozialen Handelns. Grenzüberschreitung im Kompetenzmanagement kann je nach Standpunkt als eine (inakzeptable) Anmaßung oder (willkommene) Verselbständigung erfahren werden. In jedem Falle deutet sich mit dem Titel dieses Bandes an, dass bestehende Grenzen in der Handhabung, d. h. im Management, von Kompetenz zur Disposition gestellt werden.

2.2 Betriebliche und berufliche Weiterbildung als ein über Kompetenzentwicklung vermitteltes Gegenseitigkeitsverhältnis

Einen bedeutenden grenzziehenden Ordnungs- und Referenzrahmen im Feld des Kompetenzmanagements bildet die Weiterbildung. Diese lässt sich analytisch in betriebliche und berufliche Weiterbildung unterscheiden und jeweiligen institutionellen Räumen des Beschäftigungs- und Bildungswesens mit einer je eigenen Handlungslogik zuordnen (Harney 1999).

Betriebliche Weiterbildung folgt in marktwirtschaftlich ausgerichteten Wirtschaftssystemen vornehmlich ökonomischen Handlungslogiken, wohingegen die berufliche Weiterbildung prinzipiell an der Logik einer an Standards ausgerichteten, lernenden Aneignung von Wissen, Fähigkeiten und Fertigkeiten Erwachsener orientiert ist. Eine anerkannte berufliche Weiterbildung ist gemäß dem Formprinzip der Beruflichkeit immer einzelbetriebsunabhängig. Als Beruflichkeit wird das den empirischen Berufsphänomenen, also den „real existierenden" Berufen, jeweils zugrunde liegende Formprinzip der Reproduktion und Innovation des gesellschaftlichen Arbeitsvermögens bezeichnet (Kutscha 2008). Berufliche Weiterbildung stellt eine „Währung" für die Beschäftigten dar, die auf betrieblichen Facharbeitsmärkten eingetauscht werden kann, aber nicht an einen einzelnen Betrieb gebunden ist.

Über viele Jahrzehnte der Nachkriegsgeschichte galten berufsfachlich geprägte betriebliche Karrieren als besonderes Merkmal des deutschen Wirtschafts- und Gesellschaftsmodells. Um einen solchen berufsfachlichen Arbeitsmarkt anstelle eines betriebsinternen Arbeitsmarktes zu gewährleisten, war ein berufliches Weiterbildungssegment mit einem gewissen Grad an Standardisierung, Strukturierung und Systematisierung der beruflichen Bildungsgänge und Weiterbildungsprofile Voraussetzung. Aus biografischer Perspektive galt, etwas „von der Pike auf" gelernt zu haben und sich auf der „betrieblichen Karriereleiter hochzuarbeiten" als Garant für Erfolg und Sicherheit in der Lebensplanung. In der Nachkriegsgeschichte basierten sowohl die nationalen Arbeitsmärkte als auch die betrieblichen Rekrutierungsmuster auf der „Dominanz des Fachprinzips" (Georg 2008, S. 99).

Die in und von Betrieben veranlasste Weiterbildung hat sich seit den 1980er-Jahren zunehmend zum Einfallstor für die „Pädagogisierung des Lebenslaufs" (Harney 2006) entwickelt. Zugleich ist die Berufsform von Arbeit und Weiterbildung durch Arbeitskraftunternehmertum, Entrepreneurship und Employability als Leitprinzip gesellschaftlicher Arbeitsteilung und -organisation herausgefordert (worden). Die traditionelle Strukturierung der Facharbeitsmärkte entlang von anerkannten Berufsprofilen und der klassische Facharbeiteraufstieg, die sog. „Kaminkarriere", haben dadurch an Verlässlichkeit verloren. Karrieren folgen nicht mehr vorgezeichneten Strukturen und einer stringenten Aufwärtslogik. Im Zuge umfassender Deregulierungen und unterbliebener Systembildung im institutionellen Ordnungszusammenhang wurde und wird die Verantwortung für den beruflichen Aufstieg und die Karriere vornehmlich in die Hand der Beschäftigten gelegt. Entsprechend hat sich das seit den 1970er-Jahren postulierte strukturelle Recht auf Weiterbildung seit den 1990er-Jahren programmatisch in eine individuelle Pflicht zum Lernen transformiert. Im Zuge der Diskussion um Fachkräftemangel, Digitalisierung und lebenslanges Lernen wird Nichtteilnahme an Weiterbildung und Nichtlernen gar „als individuell verschuldete Selbstvernachlässigung" (Büchter 2016, S. 1) angesehen.

Die angesprochene Trennung zwischen den institutionellen Räumen betrieblicher und beruflicher Weiterbildung ist analytisch. In der empirischen Bildungsberichterstattung sind die abstrahierenden Differenzierungen kaum in valide und reliable Erhebungsinstrumente überführbar. Nichtsdestotrotz bemüht sich die empirische Forschung um eine entsprechende Erfassung von Weiterbildungsaktivitäten und verzeichnet nach einer Stagnationsphase zwischen 1997 und 2010 aktuell wieder steigende Teilnahmequoten in der Weiterbildung, die vor allem auf die höhere Beteiligung an betrieblicher Weiterbildung zurückzuführen ist (Autorengruppe Bildungsberichterstattung 2018). Ähnliche Trends zeigt der Datenreport zum Berufsbildungsbericht auf. Demnach beteiligt sich seit 2011 über die Hälfte der Betriebe an betrieblicher Weiterbildung (BIBB 2016, S. 295). Zudem weist die betriebliche Weiterbildung mit 71 % die höchste Teilnahmequote auf. Zur betrieblichen Weiterbildung zählen hier Kurse und Lehrgänge ebenso wie kurzfristige Bildungsveranstaltungen in Form von Vorträgen, Schulungen, Workshops und Seminaren. Zudem hängt die betriebliche Weiterbildung nach wie vor maßgeblich von Unternehmensmerkmalen ab, und zwar insbesondere von der Betriebsgröße und der Innovationsintensität. Die beachtlichen Zahlen einschränkend muss erwähnt werden, dass die hohe Weiterbildungsquote nicht automatisch einem hohen Weiterbildungsvolumen entspricht, da Betriebe vornehmlich in Maßnahmen investieren, die von geringer zeitlicher Dauer sind.

2.3 Kompetenzmanagement infolge entgrenzter Arbeit – Subjektivierung ohne Ende?

Die veränderten Ansprüche und Erwartungen betrieblicher Kompetenzentwicklung seit Mitte der 1990er-Jahre drücken sich darin aus, dass sie nicht nur auf die Notwendigkeit individuellen Lernens verweisen – anstelle der (institutionellen) Schaffung von Möglichkeiten –, sondern auch auf die Bedeutung des beiläufigen, informellen Lernens. Lag in den 1970er-Jahren der Fokus betrieblicher Weiterbildung auf der Arbeitsgestaltung unter sozialpolitischen Vorgaben, verlagerte sich in den 1990er-Jahren der Schwerpunkt auf das Subjekt und das Lernen im Prozess der Arbeit.

Die Modellversuchsreihe zum Thema „Dezentrales Lernen" (1991–1996) startete, um neue Formen arbeitsplatzbezogenen Lernens, neue Lernortkombinationen sowie didaktisch-methodische Ansätze zu entwickeln und zu erproben – dabei insbesondere didaktische Konzepte zu Lernstationen und Lerninseln (Dehnbostel 1993). Als räumliche, zeitliche und institutionelle Entgrenzung beruflicher Bildung in zentralen Bildungsstätten konzentrierten sich die Modellversuche auf vier Schwerpunkte:

- Organisationsformen arbeitsplatzbezogenen Lernens und neue Lernortkombinationen
- Funktion, Kooperation und Qualifizierung des Bildungspersonals im Hinblick auf das Lernen am Arbeitsplatz
- Qualität des Lernorts Arbeitsplatz, Lernergiebigkeit
- Gütekriterien und didaktisch-methodische Ansätze im Hinblick auf das Lernen am Arbeitsplatz

Der Anspruch dezentralen Lernens bezog sich nicht nur auf die räumliche Dimension der Lernorte im Rahmen anerkannter beruflicher Ausbildung, sondern auch auf die Rolle und den Stellenwert des Subjekts.

Die ambivalente Stärkung der Selbstorganisation sowie die Berücksichtigung individueller Lernbiografien waren und sind bis heute zentrale Stichworte bei der Umsetzung beruflicher und betrieblicher Weiterbildung. Es ging und geht um einen neuen Typus von Weiterbildung in Form von betrieblicher Kompetenzentwicklung, der sich von einem umfassenden und kontextüberschreitenden Lernen zugunsten der Generierung von Lerninhalten und -anreizen aus den jeweiligen Arbeitsprozessen heraus verabschiedet. Der kompetenzorientierte Typus wurde mit der angeblich neuen Kritik an der Praxisferne institutionalisierter, anforderungsorientierter Weiterbildung und mit dem strukturellen Wandel in den Unternehmen in Richtung einer Prozessorientierung in Verbindung gebracht (Baethge et al. 2003). Voraussetzungen für die Wirksamkeit eines formalisierten beruflichen Weiterbildungssystems wurden nicht zuletzt in der Prognostizierbarkeit der beruflichen Anforderungen gesucht, die durch zunehmende Wissensbasierung der Arbeit sowie neue Produktionskonzepte erschwert wurde. Die sich abzeichnenden Konturen einer post-tayloristischen Arbeitsorganisation gingen folglich zunächst mit der Suche nach Schlüsselqualifikationen einher und später mit der Bestimmung von Kompetenzen, definiert als Disposition, auf unterschiedliche Anforderungssituationen adaptiv und flexibel reagieren zu können. Kompetenz als Handlungsfähigkeit umfasst bis heute das Vermögen der Problemlösung, Flexibilität, Selbstständigkeit, Selbstorganisationsfähigkeit und Koordinierungs- sowie Kommunikationsfähigkeit.

Einem weitreichenden bildungs- und förderpolitischen Paradigmenwechsel entsprach das in den 1990er-Jahren gestartete Programm der Arbeitsgemeinschaft betrieblicher Weiterbildungsforschung (ABWF). In Abgrenzung zur institutionalisierten Weiterbildung lag der Schwerpunkt auf dem Lernen im Prozess der Arbeit. Als eine Reaktion auf die Transferproblematik formaler Weiterbildungsformate und den Paradigmenwechsel von der Weiterbildung zur Kompetenzentwicklung waren die zentralen Bezugshorizonte des Forschungsprogramms die Hinwendung zum informellen, tätigkeitsintegrierten Lernen und das bildungspolitische Postulat des lebenslangen Lernens. Allerdings wurde in den Arbeiten der Arbeitsgemeinschaft Qualifikations-Entwicklungs-Management (AG QUEM) in den 1990er-Jahren versäumt, die strukturellen Prämissen einer umfassenden Kompetenzentwicklung zu thematisieren, sodass sich Kompetenzentwicklung vornehmlich auf die Brauchbarkeit und Verwertung von Qualifikationen in Unternehmen reduzierte und sich der Begriff der Lernkultur in erster Linie an dem Betriebsklima und der Profitausrichtung orientierte (Faulstich 2008, S. 312). Die Erfahrungen seit den 1990er-Jahren zeigten, dass Vereinseitigungen im Bereich des betrieblichen Kompetenzmanagements mit erheblichen Folgewirkungen auf den Facharbeitsmärkten und angrenzenden Feldern des Bildungs- und Sozialsystems einhergehen.

2.4 Beispiele alternativer betrieblicher Lern- und Weiterbildungspraxis

Im Folgenden werden anhand von zwei Beispielen aktuelle Herausforderungen betrieblicher Kompetenzentwicklung diskutiert. Es handelt sich um zwei Entwicklungsprojekte, die im Rahmen des BMBF-Förderprogramms „Zukunft der Arbeit. Innovationen für die Arbeit von morgen" im Förderschwerpunkt „Betriebliches Kompetenzmanagement im demografischen Wandel" durchgeführt wurden. Beide Projekte zeigen, dass ein „Outsourcen" der Kompetenzentwicklung an Beschäftigte ebenso wenig erfolgreich ist wie ein betriebliches Kompetenzmanagement, das sich primär an den Erfordernissen des Marktes und Wettbewerbs orientiert. Die Beispiele veranschaulichen erstens, wie Grenzen zwischen pädagogischen und wirtschaftlichen Ansprüchen im betrieblichen Kompetenzmanagement gestaltet werden können. Zweitens zeigen sie, dass Beschäftigte erst dann Subjekte von Kompetenzentwicklung sein können, wenn in der Betriebsorganisation entsprechende Möglichkeiten und Handlungsfelder des Lernens geschaffen werden.

2.4.1 Risiko der Dequalifizierung in automatisierten Fertigungsprozessen: Kompetenzentwicklung durch die Umgestaltung lernfeindlicher Arbeitsprozesse

Das erste Beispiel skizziert, wie durch Arbeits- und Lernprojekte auf die Gefahr der Dequalifizierung beruflich qualifizierter Personen im Zuge fortschreitender Automatisierung in Fertigungsprozessen reagiert werden kann und welche Rolle die

Lernprozessberatung dabei spielt. Das Konzept der Lernprozessberatung reagiert erstens darauf, dass sich die Frage der Kompetenzentwicklung nicht allein über die Motivation der Beschäftigten beantworten lässt. Beschäftigte wissen heute um die Notwendigkeit des Lernens, aber insbesondere Beschäftigten mit mittlerem oder niedrigem Bildungsabschluss mangelt es vielfach an notwendiger Unterstützung im Unternehmen (Vodafone Stiftung 2016). Nicht das „Ob", sondern das „Wie" verhindert erfolgreiches Lernen. Dabei geht es um Fragen wie etwa: Wie setze ich mir Lernziele? Wie manage ich meine Lernzeit? Wie setze ich neu Gelerntes in meiner Arbeit um? Antworten auf diese Fragen lassen sich nur im Zusammenspiel zwischen individuellen Handlungen, berufsbiografischen Erfahrungen und betrieblichen Strukturen finden. Zweitens lassen sich in automatisierten Arbeitskontexten lernförderliche Kriterien wie Handlungsspielraum der Beschäftigten, soziale Einbindung und Kompetenzerleben vielfach nicht ohne Weiteres identifizieren. Geraten diese Kontexte dann ins Abseits bei der Umsetzung arbeitsprozessorientierten Lernens?

Dem BMBF-Projekt „Berufliche Professionalität im produzierenden Gewerbe" liegt die Ausgangsthese zugrunde, dass sich durch den Einsatz neuer Technologien die Arbeitsprozesse und die Arbeitsorganisation verändern und infolgedessen Fragen der Kompetenzentwicklung virulent werden. Durch Expertinnen- und Experteninterviews, Arbeitsplatzbeobachtungen und Interviews mit Fachkräften, Meisterinnen und Meistern, Ingenieurinnen und Ingenieuren sowie Vertreterinnen und Vertretern des Betriebsrats wurde der Frage nachgegangen, welche Kompetenzanforderungen sich an Fachkräfte in technologie- und wissensbasierten Produktionsprozessen heute stellen. Dazu gehören beispielsweise die Planung der Auftragsabfolge sowie die Sicherstellung des laufenden Fertigungsprozesses. Die Arbeitsplatzbeobachtungen wurden mit dem Betriebsrat abgestimmt und erfolgten offen mithilfe eines Beobachtungsleitfadens. Sie fanden halb- oder ganztägig statt. Die Beobachtungen konzentrierten sich auf das konkrete Vorgehen des Mitarbeitenden im Arbeitsprozess und hier insbesondere auf den Umgang mit Störungen (notwendige Arbeitsgegenstände, Kommunikation mit Kolleginnen und Kollegen). Für die Fachkräfte liegt die Anforderung darin, komplexe Anlagen am Laufen zu halten. Wesentliche Themenfelder der Interviews waren Veränderungen der Arbeitsaufgaben durch Automatisierung und Digitalisierung sowie der Umgang mit Störungen und damit einhergehenden Zuständigkeiten bei der Störungsanalyse und -bewältigung.

Die Untersuchung zeigt, dass hoch automatisierte Anlagen von den Fachkräften vielfach als eine Art „Geistermaschine" empfunden werden, bei der sie zwar die Bedienelemente nutzen, ohne jedoch immer über das entsprechende Kontextwissen zu verfügen. Diese Beobachtungen knüpfen an die von Bainbridge (1983) bereits Anfang der 1980er-Jahre formulierten „Ironien der Automatisierung" an: Die Fachkräfte stehen vor der Herausforderung, dass durch die Automatisierung die konkreten Prozessschritte für sie vielfach intransparent bleiben, sodass sich die „funktionale und informationelle Distanz" (Hirsch-Kreinsen 2015, S. 14) vergrößert, sie gleichzeitig jedoch ein „Anlagenwissen" benötigen, d. h. ein Wissen darüber, wie die elektronischen, mechanischen, informationstechnischen Komponenten zusammenspielen und wo potenzielle Fehlerquellen liegen, um Störungen beheben oder diesen adaptiv vorbeugen zu können. Angesprochen ist hier beispielsweise die Kompetenz, visuelle Signale aus der Maschinensteuerung – etwa digitale Fehleranzeigen oder Anzeigen der Prozessvisualisierung – zu interpretieren, zu priorisieren und entsprechende Aktionen einzuleiten. Dies beinhaltet beispielsweise auch, Anlagenfehler gemeinsam mit der Rufbereitschaft zu finden und zu beheben. Voraussetzung hierfür ist jedoch eine Einschätzung des Problems. Dafür muss die Fachkraft nicht nur die Symptome der Störung über das Telefon nachvollziehbar beschreiben, sondern auch die mündlichen Hilfestellungen an der Anlage umsetzen können. Damit verändern sich die Aufgabenzuschnitte bei den Bearbeitungsstrategien von Fehlern, Abweichungen vom Sollzustand und der Antizipation von Unwägbarkeiten.

Unsere Untersuchungen zeigen, dass die beruflich qualifizierten Fachkräfte bei der Störungsbewältigung insbesondere dann auf die Ingenieurinnen und Ingenieure angewiesen sind, wenn sich die Fehlerursache nicht eindeutig lokalisieren lässt oder wenn der Fehler in der Anlagensteuerung liegt. Für das Aufgabenspektrum der Fachkräfte bedeutet dies, dass die Bedienung der Anlagen, deren Inbetriebnahme und Aufgaben der Umrüstung nach wie vor in ihren Kompetenzbereich fallen, sich die Prozessverantwortung und Bewältigung von Störungen jedoch zunehmend zu einer ingenieurswissenschaftlichen Aufgabe entwickeln (Ahrens 2016).

Für die Entwicklung eines besseren ganzheitlichen Prozessverständnisses wurde deshalb gemeinsam mit den Beschäftigten das Arbeits- und Lernprojekt „Anlagenverständnis" entwickelt. Da aufgrund der Automatisierung Fertigungsprozesse sehr schnell oder für das menschliche Auge nicht sichtbar ablaufen, erfolgt die Aufbereitung der Lerneinheiten durch Videoeinheiten. Zwei Aspekte sprechen für den Einsatz von Videos: Angesichts der Bildhaftigkeit der meisten digitalen Medien erfolgt Kommunikation heute zunehmend visuell oder audiovisuell. Texte sind nicht länger das primäre Medium für die Wissensvermittlung. Neben der bildhaften Vermittlung von Wissen können durch Videos schwer zugängliche Fertigungsprozesse visualisiert werden. Zudem können komplexe Fertigungsprozesse als Bewegtbildsequenzen modelliert werden, und zwar entsprechend den Kompetenzbedarfen der Beschäftigten. Auf diese Weise gelingt es, Fachkräfte im Zuge der Digitalisierung nicht zu bloßen „Knöpfchendrückenden" einer für sie als „Geisteranlage" anmutenden Fertigung zu degradieren. Während sich Schulungsvideos von Herstellenden an der Erklärung der technischen Funktionalität und der Maschinenbedienung orientieren, liegt der didaktische Mehrwert in der Verknüpfung von Arbeits- und Lernaufgaben und Videosequenzen.

Die Kompetenzentwicklung erfolgt über mobile Endgeräte (Tablets) in Form von Mikrolerneinheiten. Als kurze Lerneinheiten lassen sie sich im Vergleich zu Schulungen, Seminaren und Workshops in den Arbeitsalltag „nebenbei" und „zwischendurch" integrieren. Während klassische „Macrolearning-Konzepte" von einem Lehrplan mit klar definierten Lernzielen ausgehen, liegt der Schwerpunkt bei dieser Art des Microlearning auf der Vermittlung kontextbezogener, problemorientierter Lerneinheiten. Diese Konzeptionierung des Arbeits- und Lernprojekts richtet sich auf die Stabilisierung und Förderung der Beschäftigungsfähigkeit der Fachkräfte. Das Arbeits- und Lernprojekt versetzt die Beschäftigten in die Lage, sich an die verändernden Gegebenheiten am Arbeitsplatz anzupassen und hat damit eine „Sicherheitsnetzfunktion" (Ebner und Ehlert 2018), indem es die Beschäftigten dabei unterstützt, notwendige Kompetenzen in vermeintlich lernfeindlichen digitalisierten Fertigungsprozessen zu entwickeln. Diese Anpassung an sich wandelnde Arbeitsanforderungen erfolgt vornehmlich aus einer betriebszentrierten Perspektive. Um den Brückenschlag zu den Beschäftigten zu leisten, ist eine Lernprozessberatung notwendig.

- **Lernprozessberatung als Gestaltungselement betrieblicher Kompetenzentwicklung**

Lernprozessberatende sind in der beruflichen Weiterbildung keine Neuigkeit mehr. Neu ist allerdings, dass sich die Felder der Lernberatung von der Befassung mit Lernproblemen hin zur Förderung der Selbstorganisationsfähigkeit verschieben und sich nicht auf eine Unterstützungsleistung in Problemsituationen reduzieren lassen. Der Lernberatende unterstützt den Lernenden darin, die Lernprozesse zu gestalten und Methoden des Lernens individuell sinnvoll und dem eigenen Lerntyp und -stil entsprechend einzusetzen (Agentur Q 2008). Der Lernberatende muss den Beschäftigten insbesondere darin beraten, welche konkreten Lernmöglichkeiten in der Organisation vorhanden sind. Dies setzt eine genaue Kenntnis der lokalen Organisationsstruktur und ihrer Lernmöglichkeiten voraus (z. B. betriebliche Dokumente, Ansprechpartnerinnen und -partner, Intranet).

Die Lernprozessberatung ist eine methodische Antwort auf die Herausforderungen der Arbeitswelt und die stärkere Verankerung der subjektiven Aspekte des Lernens in den Arbeitsprozess. Als verstehens- und beobachtungsbasierte Handlung operiert die Lernprozessberatung an der Schnittstelle betrieblicher Strukturen und individueller (Karriere-)Perspektiven und Motivationslagen (Schiersmann 2011). Indem sie gleichermaßen die individuellen Dispositionen und die betriebliche Lernkultur adressiert, ist diese Beratungsform nicht additiv, sondern fungiert in zweierlei Hinsicht als Intervention für Gestaltungspotenziale: Erstens verweist die Lernprozessberatung darauf, dass Kompetenzentwicklung nicht allein an das Subjekt ausgelagert werden kann, sondern sich als relationaler Begriff auf die wechselseitigen Beziehungen zwischen individuellen Dispositionen und betrieblichen Anforderungen bezieht. Zweitens geht die Lernprozessberatung von der Annahme aus, dass Unternehmen nicht nur ihre Produktions- und Kapitalflüsse organisieren müssen, sondern als soziale Systeme auch die Kommunikation von Wissen.

Durch das prozessuale Schaffen von Bedingungen zielt die Lernprozessbegleitung auf die Förderung und Erweiterung der Beruflichkeit der Beschäftigten ab und auf die Identifizierung von Gestaltungsmöglichkeiten in der Arbeitsorganisation, um vermeintlich lernfeindliche Arbeitsprozesse lernhaltig zu gestalten. Ohne die Lernprozessberatung läuft das Lernen im Arbeitsprozess Gefahr, als eine pragmatische Reaktion auf sich wandelnde Arbeitsanforderungen nicht über eine betrieblich orientierte Anpassungsqualifizierung hinauszugehen.

2.4.2 Kompetenzentwicklung durch betriebliche Lernprojekte

Ausgehend von der Annahme, dass Betriebe relevante Instanzen für die berufliche Weiterbildung von Beschäftigten sind, wurde im Forschungs- und Entwicklungsprojekt „iLInno – informelles Lernen als Innovationsmotor" gemeinsam mit kleinen und mittleren Unternehmen der Metallbranche ein Konzept zur betrieblichen Kompetenzentwicklung entwickelt. Zudem wurde aus der Projektarbeit heraus ein Modell zur universitären Weiterbildung von betrieblichen Weiterbildungsverantwortlichen aus technischen Berufen abgeleitet.

Im Mittelpunkt dieses Konzeptes zur betrieblichen Bildungsarbeit steht das gemeinsame Lernen an betrieblichen Arbeitsaufgaben und Innovationsbeispielen. In heterogenen Konstellationen (altersgemischt, qualifikationsgemischt, abteilungsübergreifend) wird demnach an einem jeweiligen „gemeinsamen neuen Dritten" (GeNeDri) gelernt und gearbeitet. Das gemeinsame neue Dritte ist Gegenstand und Medium des Lernprozesses. Als gemeinsamer Bezugspunkt steht dieses „Dritte" für den jeweiligen Erfahrungszuwachs und die Kompetenzerweiterung in der lernenden Auseinandersetzung mit einer beruflichen Aufgabe oder einem unternehmensbezogenen Prozess. Das „Neue" steht für die Eigenlogik der Sache, deren Aneignung nicht banal, sondern mit Problemen und Irritationen verbunden ist. Durch die Bearbeitung innerhalb eines geteilten Erfahrungsraumes arbeiten und lernen die Beschäftigten „gemeinsam". Das Arbeitsumfeld muss deshalb die Mitgestaltung und diskursive Aushandlung des Lerngegenstandes (also des „Dritten") auf der Basis von vertrauensvoller Kooperation auf Augenhöhe gewährleisten.

Die erfolgreiche Gestaltung solcher betrieblicher Lernprojekte ist voraussetzungsreich. Gerade kleine und mittlere Unternehmen verfügen aber in der Regel nicht über entsprechende Weiterbildungsabteilungen, die arbeitsintegrierte Kompetenzentwicklung anstoßen, begleiten und einbinden könnten. In dem Projekt wurde deshalb untersucht, wie eine „professionelle Handlungsbefähigung" (ProHa) zu betrieblicher Kompetenzentwicklungsbegleitung modellhaft zu gestalten ist. Die erprobten Verfahren und Prinzipien von betrieblicher Kompetenzentwicklung werden derzeit in ein weiterbildendes Zertifikatsstudienangebot für betriebliche Weiterbildungsverantwortliche aus technischen Berufen überführt. Dadurch werden die Projektergebnisse branchenübergreifend transferierbar und verstetigt.

Wie in kaum einem anderen Bildungsbereich ist in der betrieblichen Weiterbildung die Heterogenität der Lernenden konstitutiv. Zugleich wird die Verschränkung von Personal- und Organisationsentwicklung zum Bestandteil professionalisierter betrieblicher Bildungsarbeit und prägt auch die Handlungsspielräume von betrieblichen Aus- und Weiterbildungsverantwortlichen.

Die Professionalisierung von betrieblichen Weiterbildungsverantwortlichen innerhalb des komplexen Spannungsfeldes zwischen den Unternehmensinteressen einerseits und einer anwaltlichen Parteinahme für die weiterbildungsinteressierten Beschäftigten andererseits setzt sowohl eine explizite Verantwortungsübertragung vonseiten der Unternehmensleitung (Lizenz) als auch eine mit den Beschäftigten immer wieder neu herzustellende Vertrauensbeziehung (Mandat) in der Gestaltung betrieblicher GeNeDri-Projekte voraus. Für die Kompetenzentwicklungsbegleitung stehen Weiterbildungsverantwortlichen zwei polar verortete Rollen und Funktionen offen (Heid 2017): Sie können sich dafür einsetzen, dass Beschäftigte immer genau das zu tun und zu wollen bereit sind, was die Unternehmensführung erwartet oder verlangt. Oder sie können auf eine betriebliche Praxis hinwirken, in der Faktoren einer erfolgreichen und gewollten beruflichen Aufgabenerfüllung ausgehandelt werden. Zu diesen Faktoren zählen sowohl die zu wählenden Lernprojekte als auch die Wege zur Bearbeitung. Im Handlungsrahmen pädagogischer Professionalität betrifft dies sowohl die Wahl der Lerninhalte als auch die Wege der Aneignung und somit methodische Entscheidungen. Die mit der Implementierung von GeNeDri verbundenen Entscheidungen sind potenziell konflikthaft besetzt, da sich Machtstrukturen gerade auch im kleinräumlichen Arbeitsalltag niederschlagen.

> » Die Aushandlung von Interessenkonflikten bleibt deshalb ein unabschließbares Projekt, dem man sich entweder entziehen oder stellen kann. (Heid 2017, S. 68)

Diejenigen, die GeNeDri-Projekte begleiten, müssen über ein erhebliches Maß an pädagogischer Professionalität verfügen, um situativ angemessene und begründete Entscheidungen zur Gestaltung und Durchführung der Lernprojekte in heterogenen Lernkonstellationen fällen zu können. In den Fallstudien im Projekt iLInno wurden Lernformen, beispielsweise der berufsbiografisch orientierte Kompetenzspiegel, eine Heterogenitätsmatrix oder maschinenbauspezifische Arbeitshilfen, eingesetzt. Darüber hinaus wurden spezifische Gesprächsformate wie Gruppendiskussionen, Reflexionsgespräche, kollegiale Beratungen und Fallanalysen erprobt.

Pädagogisch professionell agierende Kompetenzentwicklungsbegleitende in GeNeDri-Projekten sind wichtige Türöffner – sowohl im Hinblick auf die betrieblichen Karrieren als auch im Hinblick auf die berufliche Weiterbildung. Die Beschäftigten wiederum nutzen arbeitsintegrierte Kompetenzentwicklung in GeNeDri-Projekten auf höchst unterschiedliche Weise, z. B. als Sprungbrett für eine betriebliche Aufstiegsqualifizierung, zur mikropolitischen Selbstbehauptung, als Raum für berufliche Persönlichkeitsentwicklung oder als Weg berufsgruppenübergreifender Professionalisierung und fachlicher Erweiterung (Molzberger et al. 2018). Dabei kommt es zu neuen Überschneidungen zwischen beruflichen und betrieblichen Identitäten.

2.5 Ausblick: Kompetenzmanagement quo vadis?

Die dargelegten Beispiele im Kontext betriebsstruktureller Voraussetzungen und Bedingungen liefern mit ihren jeweiligen spezifischen Grenzziehungen zwischen subjekt- und betriebsorientierter Kompetenzentwicklung Hinweise auf deren Gestaltung als einen transitorischen Prozess. Hierbei geht es um die folgende Frage: Wie lässt sich Kompetenzentwicklung so gestalten, dass die betriebliche Logik spezifischer Anforderungen und die einzelbetriebsübergreifende Logik subjektbezogener Anforderungen in ihrer Relationalität anerkannt werden und das Spannungsverhältnis der verschiedenen Sinnhorizonte (Arbeit und Subjekt) nicht einseitig zugunsten einer Ökonomisierung und Anpassungsqualifizierung aufgelöst wird?

Anstelle der Reduzierung von Kompetenzentwicklung auf funktionale Kriterien gilt es, Kompetenzmanagement so zu betreiben, dass auf dem Kontinuum zwischen Subjekt- und Strukturorientierung die wechselseitigen Bezüge zwischen den betriebsspezifischen Eigenlogiken und den individuellen Bedarfen und Perspektiven als kontingente Grenzziehungen transparent werden. Dies ist eine zentrale Voraussetzung dafür, dass betriebliche Lern- und Bildungspraxis diskursiv und wirksam werden kann. Eine Lern- und Bildungspraxis, die beide Logiken aneinander anschließt, muss sich auf dem Kontinuum von Subjekt- und Strukturorientierung formieren. Die skizzierten Entwicklungsprojekte zeigen, dass sich diese weder allein aus den betrieblichen alltäglichen Praktiken noch aus den subjektiven Perspektiven des Wollens und Könnens ableiten lässt, sondern Interventionen benötigt, wie sie in diesem Beitrag vorgestellt wurden.

Durch diese Interventionen werden zusätzlich zu den Anpassungsanforderungen an betriebliche und technologische Entwicklungen die betrieblichen Praxen kontingent gesetzt, d. h., auf ihre Bedingungen der Möglichkeiten für Aneignungs- und Reflexionsprozesse geprüft. Durch Interventionen können zudem Anschlüsse an berufliche Weiterbildung herstellt werden.

> **Fazit**
> Die Projektbeispiele zeigen, dass es einer Intervention durch Lernprozessberatung oder Kompetenzentwicklungsbegleitende bedarf, um im betrieblichen Kompetenzmanagement die jeweiligen beruflichen und lebenslaufbezogenen Interessen der Beschäftigten nicht außen vor zu lassen. Das bedeutet, dass die Differenzen (Grenzziehungen) zwischen betrieblicher Logik und Weiterbildungslogik nicht als gegeben zu begreifen, sondern auf ihre Gestaltungsmöglichkeiten und -notwendigkeiten zu prüfen sind, ohne die eine gegen die andere auszuspielen.

Literatur

Agentur Q. (Hrsg.). (2008). *Lernberater für das Lernen im Prozess der Arbeit. WAP Leitfaden 4.* Stuttgart. ▶ http://www.agenturq.de/wp-content/uploads/heft4.pdf. Zugegriffen: 1 Juni 2018.

Ahrens, D. (2016). Neue Anforderungen im Zuge der Automatisierung von Produktionsprozessen: Expertenwissen und operative Zuverlässigkeit. *Arbeits- und Industriesoziologische Studien, 9*(1), 43–56.

Ahrens, D., & Molzberger, G. (Hrsg.). (2018). *Betriebliche Kompetenzentwicklung in analogen und digitalisierten Arbeitswelten – Gestaltung sozialer, organisationaler und technologischer Innovationen.* Berlin: Springer.

Autorengruppe Bildungsberichterstattung. (Hrsg.). (2018). *Bildung in Deutschland 2014. Ein indikatorengestützter Bericht mit einer Analyse zu Wirkungen und Erträgen von Bildung.* Bielefeld. ▶ https://www.bildungsbericht.de/de/bildungsberichte-seit-2006/bildungsbericht-2018/pdf-bildungsbericht-2018/bildungsbericht-2018.pdf. Zugegriffen: 5. Sept. 2018.

Autorengruppe Projekt iLInno. (Hrsg.). (2017). *Betriebliche Kompetenzentwicklung in heterogenen Lernkonstellationen gestalten. Eine Handreichung für betriebliche Weiterbildungsverantwortliche.* Wuppertal. ▶ https://www.ilinno.uni-wuppertal.de. Zugegriffen: 1 Juni 2018.

Baethge, M., Baethge-Kinsky, V., Holm, R., & Tullius, K. (2003). *Anforderungen und Probleme beruflicher und betrieblicher Weiterbildung. Expertise im Auftrag der Hans-Böckler-Stiftung.* Arbeitspapier 76. Düsseldorf.

BIBB. (2016). *Datenreport zum Berufsbildungsbericht 2016. Informationen und Analysen zur Entwicklung der beruflichen Bildung.* Bonn: BIBB.

Büchter, K. (2016). Berufliche Weiterbildung im Dilemma von Ungleichheit, Fremdbestimmtheit und Subjektorientierung. Berufsbildung. *Zeitschrift für Praxis und Theorie in Betrieb und Schule, 161,* 1.

Dehnbostel, P. (1993). Lernen im Arbeitsprozess und neue Lernortkombinationen. In Bundesinstitut für Berufsbildung (Hrsg.), *Umsetzung neuer Qualifikationen in die Berufsbildungspraxis. Entwicklungstendenzen und Lösungswege* (S. 163–168). Nürnberg: BW Bildung und Wissen.

Dehnbostel, P. (2009). Kompetenzentwicklung in der betrieblichen Weiterbildung als Konvergenz von Bildung und Ökonomie? In A. Bolder & R. Dobischat (Hrsg.), *Eigen-Sinn und Widerstand. Kritische Beiträge zum Kompetenzentwicklungsdiskurs* (S. 207–219). Wiesbaden: Springer.

Ebner, C., & Ehlert, M. (2018). Weiterbilden und Weiterkommen? Non-formale berufliche Weiterbildung und Arbeitsmarktmobilität in Deutschland. *Kölner Zeitschrift für Soziologie und Sozialpsychologie, 70*(2), 213–235.

Faulstich, P. (2008). Kompetenzentwicklung als Weiterbildungsperspektive. *Hessische Blätter für Volksbildung, 4,* 306–314.

Georg, W. (2008). Studium und Beruf. Zum Wandel des Verhältnisses von Hochschule und Berufsausbildung. In W. Jäger & H. Abels (Hrsg.), *Universität und Lebenswelt* (S. 84–117). Wiesbaden: Springer.

Harney, K. (1999). Berufliche und betriebliche Weiterbildung. *Grundlagen der Weiterbildung Zeitschrift, 10*(1), 10–12.

Harney, K. (2006). Betrieb. In H.-H. Krüger & C. Grunert (Hrsg.), *Wörterbuch Erziehungswissenschaft* (2. Aufl., S. 57–63). Opladen: UTB.

Heid, H. (2017). Was haben betriebliche Qualifikationsanforderungen mit Bildung zu tun? In J. Schlicht & U. Moschner (Hrsg.), *Berufliche Bildung an der Grenze zwischen Wirtschaft und Pädagogik* (S. 59–70). Wiesbaden: Springer.

Hirsch-Kreinsen, H. (2015). *Digitalisierung von Arbeit: Folgen, Grenzen und Perspektiven*. Soziologisches Arbeitspapier Nr. 43/2015, Dortmund.

Kutscha, G. (2008). *Beruflichkeit als regulatives Prinzip flexibler Kompetenzentwicklung – Thesen aus berufsbildungstheoretischer Sicht*. ▶ http://www.bwpat.de/ausgabe14/kutscha_bwpat14.pdf. Zugegriffen: 10. Sept. 2018.

Molzberger, G., Weiß, U., & Kukuk, A. (2018). Falltypiken und Konstellationsparameter der Implementierung und Begleitung betrieblicher Lernprojekte als „Gemeinsames neues Drittes". In: G. Molzberger (Hrsg.), *Betriebliche Kompetenzentwicklung in heterogenen Lernkonstellationen gestalten. Erfahrungen und Erkenntnisse zu den Möglichkeiten arbeitsintegrierter betrieblicher Weiterbildung*. (S. 77–108). Münster: Waxmann.

Molzberger, G. (2016). Informelles Lernen in der Berufsbildung. In M. Rohs (Hrsg.), *Handbuch Informelles Lernen* (S. 89–106). Wiesbaden: Springer Fachmedien.

Schiersmann, C. (2011). Beratung im Kontext lebenslangen Lernens. In R. Tippelt & A. von Hippel (Hrsg.), *Handbuch Erwachsenenbildung/Weiterbildung* (S. 747–767). Wiesbaden: Springer.

Simmel, G. (1983). Soziologie des Raumes (1903). In H.-J. Dahme & O. Rammstedt (Hrsg.), *Georg Simmel: Schriften zur Soziologie. Eine Auswahl* (S. 221–243). Frankfurt a.M.: Suhrkamp.

Stiftung, Vodafone (Hrsg.). (2016). *Gebrauchsanweisung fürs Lebenslange Lernen. Erkenntnisse zur Weiterbildung und wie Betriebe sowie Mitarbeiter sie einsetzen können*. Düsseldorf.

Dr. Daniela Ahrens ist Senior Researcher an der Universität Bremen und arbeitet am Institut Technik und Bildung. Ihre Arbeitsschwerpunkte liegen in den Bereichen Wandel der Arbeitswelt, mediengestützte Lernprozesse, soziale Ungleichheiten, Übergangsforschung und Kompetenzentwicklung.

Prof. Dr. Gabriele Molzberger ist seit 2011 Professorin für Erziehungswissenschaft mit dem Schwerpunkt Berufs- und Weiterbildung in der Fakultät für Human- und Sozialwissenschaften sowie seit 2012 zugleich Wissenschaftliche Direktorin des Zentrums für Weiterbildung an der Bergischen Universität Wuppertal.

Diversity-Management als grenzüberschreitender Prozess in Organisationen?

Claudia Muche

3.1 Diversity-Management in Organisationen: Entstehungskontext und Verständnisweisen – 26

3.2 Elemente des Diversity-Managements in der Praxis – 29

3.3 Herausforderungen in der Umsetzung grenzüberschreitenden Diversity-Managements – 31

3.4 Diversity-Management als grenzüberschreitender oder grenzziehender Prozess in Organisationen? – 33

Literatur – 35

© Springer-Verlag GmbH Deutschland, ein Teil von Springer Nature 2020
R. Knackstedt, K. Kutzner, M. Sitter, I. Truschkat (Hrsg.), *Grenzüberschreitungen im Kompetenzmanagement,* Kompetenzmanagement in Organisationen,
https://doi.org/10.1007/978-3-662-59543-5_3

Zusammenfassung

Diversity-Management steht für ein Handlungskonzept in Organisationen, mit dem die Vielfalt der Organisationsmitglieder nicht nur respektiert und zugelassen, sondern ausdrücklich gewünscht und gefördert wird. Hervorgehoben werden die mit Diversity-Management einhergehenden Vorteile für Organisationen, die lange Zeit primär aus originär betriebswirtschaftlicher Sicht betrachtet wurden. In jüngerer Zeit wird auch der gesamtgesellschaftliche Nutzen betont, und Diversity-Management wird in diesem Kontext u. a. als wirksames Mittel im Zuge von Veränderungsprozessen wie etwa dem demografischen Wandel beschrieben. Beim Diversity-Management geht es somit darum, Grenzen und Barrieren innerhalb von Organisationen angesichts einer zunehmend heterogenen Mitarbeiterschaft – etwa in Bezug auf die Herkunft, das Alter und das Geschlecht – zu überwinden. Vielfalt in Organisationen erfordert neue Ansätze und Konzepte einer in mehrfacher Hinsicht grenzüberschreitenden Verknüpfung unterschiedlichster Kompetenzen und Ressourcen. So gibt es zahlreiche Handlungsempfehlungen für Organisationen, zugleich gibt es aber auch große Zweifel an der Umsetzbarkeit von Diversity-Management. In diesem Beitrag sollen daher Chancen und Möglichkeiten des Diversity-Managements im Sinne eines grenzüberschreitenden Prozesses in Organisationen verdeutlicht und zugleich Schwierigkeiten bei der Implementierung auf der Grundlage theoretischer und empirischer Einsichten aufgezeigt werden. Dabei wird von der Überlegung ausgegangen, dass Diversity-Management zwar den Anspruch hat, grenzüberschreitend – etwa in Bezug auf Kompetenzen und Ressourcen – in Organisationen zu sein, diese Grenzüberschreitungen aber eine organisationale Herausforderung darstellen, und Diversity-Management nicht zuletzt auch selbst zu neuen Grenzziehungen in Organisationen führen kann.

3.1 Diversity-Management in Organisationen: Entstehungskontext und Verständnisweisen

Diversity-Management ist ein vielfach gebräuchlicher Begriff in organisationalen Kontexten, wobei jedoch häufig unklar ist, was genau darunter zu verstehen ist. Im Allgemeinen wird hierunter zumeist die Ausgestaltung, Förderung und Entwicklung – und damit auch positive Bewertung – von Heterogenität und Vielfalt der Mitarbeiterschaft in Organisationen verstanden. Mit Diversity-Management verbindet sich eine spezifische Entwicklungsgeschichte, die zum heutigen Verständnis wesentlich beigetragen hat. In der umfangreichen Literatur zum Thema wird häufig geschildert, dass die Wurzeln des Konzeptes in den USA liegen, genauer in der US-amerikanischen Bürgerrechtsbewegung der 1950er- und 1960er-Jahre (z. B. Vedder 2006, S. 2 ff.; Aretz 2006; Vedder 2009). Vor allem der Kampf gegen Rassendiskriminierung in den USA führte zu einer allmählichen Schaffung und rechtlichen Festschreibung von weitreichenden Gleichbehandlungs- und Antidiskriminierungsgesetzen der US-Regierung. Bekannt sind vor allem die in diesem Zuge entstandenen „Affirmative-Action-Programme", mit denen gegen die Ausgrenzung in den Bereichen Bildung und Arbeitswelt vorgegangen werden sollte. Damit verbunden ist eine Form der „positiven Diskriminierung", indem bislang benachteiligte Bevölkerungsgruppen eine gezielte Förderung in Unternehmen und Organisationen erhalten sollten (Vedder 2009, S. 118 ff.). Parallel dazu rückten die organisationalen Vorteile und Nutzenabwägungen in Bezug auf eine an unterschiedlichen Bedarfen und

Ressourcen orientierte Unternehmenspolitik in den Fokus. So wurden z. B. gemischte Teams zunehmend als nutzbare Wissens- und Kompetenzressource betrachtet oder eine heterogene Unternehmensausrichtung Erfolg versprechend im Hinblick auf neue Absatzmärkte eingeschätzt (Fereidooni und Zeoli 2016, S. 10). Es erfolgte dann im Zeitverlauf eine immer stärkere Verschiebung hin zu einer Effizienzorientierung in der Förderung von Vielfalt in organisationalen Kontexten. Diversity-Management wurde zunehmend zu einem strategischen Mittel zur Erzielung von Wettbewerbsvorteilen (z. B. Haselier und Thiel 2005; Becker und Seidel 2006). So verweist auch Vedder (2006, S. 6 f.) auf zwei unterschiedliche Orientierungen, die sich in ihrer Grundausrichtung gegenüberstehen: die ökonomisch ausgerichtete „Business-Perspektive" und die (menschen-)rechtlich orientierte „Equity- bzw. Gerechtigkeitsperspektive".

Diversity-Management gilt in den USA als sehr weitverbreitet und wurde etwa seit Mitte der 1990er-Jahre in Deutschland im Sinne einer Personal- und Managementstrategie zunächst von einigen größeren Unternehmen aufgegriffen (Süß und Kleiner 2006). Zuvor wurden in Deutschland unter der Prämisse der Gleichbehandlung vor allem speziell an Frauen gerichtete Programme entwickelt. Der Begriff „Gender-Mainstreaming" wurde ab den 1980er-Jahren zunehmend zu einer politischen Leitlinie (Salzbrunn 2014, S. 114 ff.). Mittlerweile scheint der Begriff vom positiv besetzteren Diversity-Diskurs aufgesogen zu sein. Seit Mitte der 2000er-Jahre wird Diversity-Management in Deutschland politisch gefördert und mit politischen Maßnahmen, z. B. dem Allgemeinen Gleichbehandlungsgesetz (AGG) aus dem Jahr 2006 hinterlegt. Weiterhin trägt die bundespolitische Kampagne „Vielfalt als Chance" zur Bekanntmachung von Diversity-Management bei, in deren Mittelpunkt die „Charta der Vielfalt" steht. Mit dieser Initiative aus dem Jahr 2006 können sich Unternehmen per Unterschrift zur Einhaltung der in der Charta dargelegten unternehmerischen Anforderungen an Diversity-Management bekennen und verpflichten. Auch in Deutschland wird im Kontext dieser Maßnahmen eine stetige Zunahme der Bedeutung des Konzeptes beschrieben (Schönfeld 2017, S. 40 f.). Letztlich seien es vor allem die gesellschaftlichen „Großtrends" wie Wertewandel und (welt-)gesellschaftlicher Strukturwandel mit Globalisierung, Internationalisierung (z. B. Aretz 2006), demografischem Wandel usw., die auf die Notwendigkeit der Beschäftigung mit Diversity-Management aus organisationaler Sicht verweisen.

Trotz der eingangs dargestellten dichotomen Motivlagen und Begründungen in der Entstehungsgeschichte von Diversity-Management im Spannungsfeld von betriebswirtschaftlicher Marktlogik und Gerechtigkeitsaspekten wird eine Hinwendung zum Konzept oft „multifaktoriell begründet" (Dobusch 2015, S. 23; siehe auch Ostendorp 2009). Häufig verwiesen wird in diesem Kontext auf drei bis vier grundlegende **Ausrichtungen des Diversity-Managements** (im Folgenden Leenen et al. 2006, S. 53; siehe auch Ely und Thomas 2001; Vedder 2006, S. 18 f.; Becker 2006, S. 18 ff.; Aretz und Hansen 2003, S. 14 ff.), wobei die dritte und vierte Perspektive eine Art Vermittlungsfunktion einnehmen:

- **Schaffung von Zugängen für Minderheiten** (auch Fairness-and-Discrimination-Ansatz): Organisationen erkennen Aspekte der Diskriminierung und schaffen Zugänge durch entsprechende Regelungen.
- **Ausrichtung am Markt** (auch Access-and-Legitimacy-Ansatz): Organisationen platzieren sich am Markt durch ein „diverseres Image" und größere Kundennähe.

- **Nutzung von Ressourcen** (auch Integration-and-Learning-Ansatz): in Organisationen steht ein wechselseitiger Lernprozess im Vordergrund, um die Organisationskultur langfristig zu ändern und Vielfalt als organisationale Ressource zu nutzen; entsprechend werden Kompetenzen und Potenziale in der heterogenen Mitarbeiterschaft gefördert und ausgeschöpft.
- **Ausgestaltung von Freiräumen:** Organisationen betonen die Individualität jeder/jedes einzelnen Mitarbeitenden und fördern Individualität und Selbstverwirklichung vor dem Hintergrund organisationaler Interessen (wie einer langfristigen Bindung an die Organisation).

Übereinstimmung findet dabei in den Ansätzen des Diversity-Managements eine zunehmende Orientierung (wenn auch in unterschiedlichem Ausmaß) am Leitbild der „multikulturellen Organisation" (Cox 1991). Im Kontext von Diversity-Management wird davon die „alte Idee" der „monokulturellen Organisation" abgegrenzt. Organisationen waren lange geprägt durch eine dominante Gruppe bzw. eine homogene Vorstellung der sog. „Normalarbeitnehmerschaft" (für die BRD: deutscher Mann in Vollzeitbeschäftigung im mittleren Alter). Dieser Typus galt als normal, Abweichungen von der Norm wurden als Differenz bewertet und abgegrenzt (z. B. Krell 1996, S. 340; Stuber 2009, S. 86 ff.; Rastetter und Dreas 2016, S. 319).

Solche „Grenzziehungen" werden dabei nicht nur gegenüber dem Außen bzw. der Umwelt der Organisation beschrieben, vielmehr werden Trennlinien auch im Inneren zwischen unterschiedlichen Gruppen und Merkmalskategorien eingezogen (Krell 1996, S. 335). Grundsätzlich werden in der Debatte um Diversity-Management unterschiedliche Diversity-Dimensionen beschrieben bzw. in unterschiedlicher Weise systematisch dargestellt.

> » Üblicherweise werden *soziodemografische* Diversitätsdimensionen (insbesondere Geschlecht, Alter, Ethnizität und/oder Nationalität, sexuelle Orientierung) von organisationalen Dimensionen (Ausbildung, Funktion, Position, Dauer der Unternehmenszugehörigkeit u. ä.) unterschieden. (Rastetter und Dreas 2016, S. 320; Hervorh. i. O.)

Diversity-Management kann vor diesem Hintergrund als eine Aufweichung von Grenzziehungen im Sinne von Merkmalszuschreibungen und Zusammenführung sowie produktive Verknüpfung vielfältiger Kompetenzen, Fähigkeiten und Sichtweisen verstanden werden. Hingewiesen wird dabei mit Blick auf den Begriff „Diversity" auf die größere Spannweite des Begriffs der „Vielfalt" im Gegensatz zur Übersetzung als „Unterschiedlichkeit":

> » Während aus der Perspektive der Unterschiedlichkeit voneinander abgegrenzte Einheiten in den Blick kommen und das sie Trennende betont wird, lenkt die Diversitätsperspektive auf das Vorhandensein von Unterschieden *und* Ähnlichkeiten in einer Grundgesamtheit. (Leenen et al. 2006, S. 45; Hervorh. i. O.)

Im Kern geht es mit Diversity also um Anknüpfungen, Vernetzungsstrategien und gemeinsames Gestalten in Organisationen vor dem Hintergrund der Überwindung von Abgrenzung, Ausschluss und Diskriminierung. Diversity kann damit auch als

„komplexe, sich ständig erneuernde Mischung von Eigenschaften, Verhaltensweisen und Talenten" (Thomas 2001, S. 27) aufgefasst werden.

3.2 Elemente des Diversity-Managements in der Praxis

Was bedeutet Diversity-Management nun ganz konkret in praktischen Bezügen? Auffällig sind zunächst die zahlreichen Beschreibungen der Vorteile und Nutzeneffekte für Organisationen, die Diversity-Management betreiben. Dabei werden häufig an erster Stelle ökonomische Vorteile und eine Steigerung des wirtschaftlichen Erfolgs genannt. So heißt es in einem prominenten Management-Buch:

> Die zentrale Botschaft: Die Vielfältigkeit der Beschäftigten ist ein wichtiger und wird in naher Zukunft sogar ein entscheidender Wettbewerbsvorteil sein. (Haselier und Thiel 2005, S. 12)

Diversity-Management wird u. a. mit einer Erhöhung von Kompetenzen wie Kreativität und Flexibilität in Organisationen, Steigerung der Motivation und Zufriedenheit von Mitarbeitenden sowie einer höheren Produktivität in Verbindung gebracht (Haselier und Thiel 2005). Im Allgemeinen werden die Vorteile in Bezug auf Kosten und Marketing sowie eine Erhöhung von Problemlösungsfähigkeit, Anpassungsfähigkeit und Innovationskraft herausgestellt (z. B. Vedder 2006, S. 14 f.; Kutzner 2011; Stuber 2009). Zugleich wird darauf hingewiesen, dass eintretende Effekte wie Effizienzsteigerung oder andere organisationale Effekte wissenschaftlich kaum belegt sind (z. B. Aretz 2006, S. 65). In jüngerer Zeit findet sich in praxisorientierten Publikationen angesichts einschlägiger politischer Entwicklungen (wieder) vermehrt die Betonung von Aspekten wie Partizipation oder soziale Inklusion durch Diversity-Management und damit der Einbezug der „Gerechtigkeitsperspektive" (z. B. Charta der Vielfalt e. V. 2014).

Was genau nun unter dem Label der Umsetzung eines Diversity-Managements in der Praxis verstanden wird, ist höchst unterschiedlich. Mit Blick auf die Managementpraxis werden beispielsweise die Schaffung diversitätsangepasster Arbeitsbedingungen, die Durchführung von Diversity-Audits oder die Einsetzung von Diversity-Beauftragten bzw. Diversity-Managerinnen und -Managern beschrieben (z. B. Haselier und Thiel 2005). Häufig finden sich Darstellungen vieler Einzelmaßnahmen, weniger eines Gesamtkonzeptes. So haben etwa Süß und Kleiner (2006, S. 60) in einer Befragung folgende konzeptionelle Elemente in Organisationen zusammengetragen:

- Strukturelle Institutionalisierung (Schaffung einer Diversity-Stelle oder -Abteilung)
- Beratungsangebote für „Minderheitengruppen"
- Mentoringprogramme
- Diversity-Trainings
- Evaluation der Maßnahmen des Diversity-Managements
- Diversity-orientierte Betriebsvereinbarungen
- Diversity-orientierte Gestaltung personalwirtschaftlicher Aufgabenfelder
- Diversity-orientierte Einrichtungen (z. B. Kindergärten, Gebetsräume)
- Verankerung von Diversity in der Unternehmenskultur

- Ermittlung und Überprüfung des Diversity-Management-Bedarfs
- Kommunikation der Diversity-Aktivitäten
- Flexible Arbeitszeiten
- Gemischte Teams

Ganz ähnliche Kataloge von Einzelmaßnahmen und Empfehlungen finden sich auch in den Publikationen im Kontext der bundesdeutschen „Charta der Vielfalt" für unterschiedliche Organisationsformen wie kleine und mittlere Unternehmen (KMU), Großunternehmen oder Einrichtungen der öffentlichen Verwaltung. Ergänzend finden sich hier z. B. noch weitere allgemeine Maßnahmen wie „Mitarbeiter-Netzwerke", „Runder Tisch Vielfalt" oder „Diversity-Check" (z. B. Charta der Vielfalt e. V. 2014, S. 30). Bisherige Forschungen verweisen auch im deutschsprachigen Raum schon lange auf eine „boomartige Verbreitung der Implementation des Diversity Management" (Süß und Kleiner 2006, S. 74 ff.). Ebenso weisen Studienergebnisse darauf hin, dass die Umsetzung derartiger Diversity-Maßnahmen in den Organisationen sehr vielfältig sowie in unterschiedlicher Intensität und Institutionalisierung stattfindet. Häufig zeigen sich auch Maßnahmen im Sinne der Schaffung diversitätsfreundlicher Bedingungen und Strukturen, die jenseits eines Diversity-Managements aus anderen Motivlagen bzw. vorherigen Gleichbehandlungsansätzen heraus implementiert wurden, z. B. „gemischte Teams" oder „flexible Arbeitszeiten" (Süß und Kleiner 2006, S. 76). Den vielschichtigen Diversity-Aktivitäten liegt dabei Diversity-Management eher als ein normatives Organisations- und Managementkonzept ohne eine grundlegende theoretische Ausrichtung zugrunde (Vedder 2009, S. 115).

Zugleich wird von politischer und gesellschaftlicher Seite ein Prozess der umfassenden Organisationsentwicklung eingefordert und von einem Paradigmenwechsel von „traditionellen Gleichbehandlungsstrategien" hin zum „ganzheitlichen Personal- und Organisationsentwicklungskonzept Diversity Management" (Charta der Vielfalt e. V. 2014, S. 13) gesprochen. Ganzheitlichkeit wird dabei auch im Sinne grenzüberschreitender Betrachtungen verstanden, mit denen nicht mehr einzelne Dimensionen und Merkmalszuschreibungen zentral sind, sondern eine allgemeine Kompetenz- und Ressourcenorientierung (Charta der Vielfalt e. V. 2014, S. 13) in einem „Vielfalt wertschätzenden Arbeitsumfeld" (Charta der Vielfalt e. V. 2014, S. 9) im Mittelpunkt stehen solle. So heißt es weiter in einer Veröffentlichung im Rahmen der „Charta der Vielfalt":

> Diversity Management bündelt in einem zielgruppenübergreifenden, horizontalen und stärker an individuellen Lebens- und Arbeitssituationen ausgerichteten Gesamtkonzept die bereits bestehenden Strategien, wie z. B. *Gender Mainstreaming, interkulturelle Öffnung, Inklusion behinderter Menschen, Demografiekonzept, Aktionsplan sexuelle Orientierung und Identität, Runder Tisch religiös-weltanschauliche Vielfalt* etc. Die bereits vorhandenen ‚Säulen' bleiben weiterhin wichtige Bestandteile unter dem ‚Dach' Diversity, werden jedoch stärker vernetzt gedacht und auch zielgruppenübergreifend angewandt. (Charta der Vielfalt e. V. 2014, S. 20; Hervorh. i. O.)

Diversity-Management wird in diesem Zusammenhang einerseits primär als Führungs- und Managementaufgabe auf Ebene der Gesamtorganisation verstanden, mit der zentrale Leitlinien und Konzepte „top down" eingeführt und gesteuert werden. Andererseits wird darauf verwiesen, wie zentral die Impulssetzung, Umsetzung und Verbreitung diversity-förderlicher Aktivitäten durch unterschiedlichste organisationale Akteure/Akteurinnen im Sinne eines Bottom-up-Ansatzes sei (z. B. Charta der Vielfalt e. V. 2014, S. 24; Rastetter und Dreas 2016, S. 327).

Wie die hier angesprochene stärkere Vernetzung in ihrer Komplexität im konkreten organisationalen Alltag genauer aussehen kann, bleibt jedoch zumeist offen. In Bezug auf die Auflösung von bestehenden Grenzziehungen und die aktive Vernetzung von vielfältigen Kompetenzen in Organisationen lassen sich interessante Erkenntnisse bislang u. a. aus der Forschung zu Teams und Gruppen entnehmen (z. B. Rastetter 2006).

» Da sich in Arbeitsgruppen die Vielfalt des Personals in direkter Interaktion und Kooperation manifestiert, stehen sie neben der Organisation als Ganzem im Fokus von Management Diversity. (Rastetter 2006, S. 82)

Mit entsprechenden Forschungsmethoden werden u. a. Praktiken, Potenziale und Herausforderungen heterogener Gruppen untersucht. Anstatt also die programmatische Rhetorik der bloßen Anerkennung von Vielfalt zu übernehmen, gilt es aus Forschungsperspektive vielmehr – auch mit Blick auf weitere Forschungsbedarfe – heterogene (Arbeits-)Gruppen und Teams in Organisationen hinsichtlich ihrer bestehenden Ab- und Ausgrenzungen und Möglichkeiten der Teilhabe bzw. „Inclusiveness" zu hinterfragen. Ebenso zu fragen ist nach den etwaigen Nachteilen und Beschränkungen, die sich aus der Zuschreibung zu einer Gruppe sowie den entsprechenden Schwierigkeiten und Rahmenbedingungen des Zusammenarbeitens ergeben. Diversity-Management in Bezug auf Teams und Arbeitsgruppen in Organisationen ist dabei eine große Herausforderung:

» Managing Diversity ist die Kunst, eine gemeinsame Gruppenkultur zu schaffen, in der sich der Einzelne als Teil der Gruppe erlebt und gleichzeitig individuell erkennbar und anerkannt ist. (Rastetter 2006, S. 105)

Im Folgenden sollen einige zentrale theoretische und empirische Einsichten aus der Sozial- und Organisationsforschung vorgestellt werden, die die besonderen Herausforderungen bei der Umsetzung des Diversity-Managements im Sinne eines grenzüberschreitenden Prozesses verdeutlichen.

3.3 Herausforderungen in der Umsetzung grenzüberschreitenden Diversity-Managements

Wie bereits deutlich wurde, sind kulturelle Veränderungen in Organisationen eine wesentliche Grundlage des Diversity-Managements. Herausforderungen bei der Umsetzung von Diversity-Management bestehen häufig schon im organisationalen Bezugsrahmen: Organisationskulturen lassen sich bekanntermaßen (im Gegensatz zur Organisationsstruktur) eher schwer und langfristig ändern. Organisationskultur ist eine im Wesentlichen unsichtbare Einflussgröße; die Kulturebene umfasst symbolische Prozesse in Organisationen, die auf gemeinsamen Mustern beruhen und sich im Laufe der Zeit entwickeln (Schein 1985). Organisationskultur ist ein „selbstverständliches Phänomen", wird im Allgemeinen nicht reflektiert und bezieht sich auf gemeinsame Orientierungen und Werte der Organisationsmitglieder (Schreyögg 1999, S. 438 f.). Die

Schwierigkeit derartiger Veränderungsprozesse im Kontext von Diversity-Management besteht vor allem darin, dass kulturelle Elemente einer Organisation zwar allen Akteurinnen und Akteuren vertraut sind, jedoch meist nicht direkt benannt werden bzw. unausgesprochen bleiben. Gelingt es nicht, sie fassbar zu machen – etwa im Sinne des Erkennens von Grenzziehungen gegenüber „Anderem", impliziten Zuschreibungen und bestehenden Normalitätsannahmen – können gewünschte Veränderungen erschwert werden. Neue Haltungen und Werte im Sinne eines grenzüberschreitenden Diversity-Managements können nicht „von oben" angeordnet, sondern müssen von den Organisationsmitgliedern als gemeinsames Verständnis in einem längeren Prozess erarbeitet werden (Schreyögg 1999, S. 438 f.). Aktuellere Managementliteratur versucht diesem Anspruch gerecht zu werden, indem Formen und Phasen einer „idealtypischen Implementierung" von Diversity-Management auf sämtlichen Organisationsebenen (wie Gruppen und Projekten, Querschnitts- und Schlüsselbereichen, Geschäfts- und Managementprozessen) beschrieben werden (z. B. Stuber 2009, S. 262 ff.).

Weiterhin ist mit dem Theoriekonzept des Neo-Institutionalismus davon auszugehen, dass sich Organisationen ihren Umwelten entsprechend verändern. Wandeln sich die Erwartungsstrukturen der Umwelt und entstehen an die Organisation gerichtete entsprechende „Impulse", steht die Organisation vor der Frage nach der Anpassung an die neuen institutionellen Bedingungen (Neumann 2005, S. 136). Je nach Stärke der Impulse muss aus Gründen der Erreichung von Legitimität ein angemessenes Passungsverhältnis der eigenen Organisationsgestalt und der Umwelterwartung hergestellt werden (Meyer und Rowan 1977). Lederle (2007, 2008) hat Institutionalisierungsprozesse von Diversity-Management in deutschen Unternehmen in einer neo-institutionalistisch inspirierten Arbeit untersucht. Sie zeigt auf, wie die Einführung von Elementen des Diversity-Managements weniger auf problemorientiert angelegten Überlegungen der Unternehmensführung basieren, sondern vielmehr einem Legitimierungsbestreben der Organisation nach außen bzw. gegenüber der organisationalen Umwelt geschuldet sind. Als auslösende Faktoren konnten Zwang (z. B. Weisungen durch Muttergesellschaften), wahrgenommener Druck von außen aufgrund gesellschaftlicher Entwicklungen und Anpassung bzw. Angleichung an andere Organisationen gefunden werden (Lederle 2007, S. 28 ff.). Demnach ist Diversity-Management kein klar umrissenes Konstrukt, das aufgrund einer erhöhten Wahrnehmung personeller Diversität innerhalb von Organisationen „rational" aufgegriffen wird.

> » Diversity Management wird vielmehr in iterativen und rekursiven Prozessen diskursiv erzeugt. Demographische, gesetzliche und marktliche Veränderungen, d. h. antizipierte Erwartungen als relevant bezeichneter Bezugsgruppen, werden von den organisationalen Akteuren als jene Probleme angeführt, deren Lösung durch die Einführung von Diversity Management versprochen wird. (Lederle 2007, S. 37)

Tatsächliche Änderungen in der Aktivitätsstruktur werden so jedoch nicht zwangsläufig hergestellt – vielmehr sei der Aufbau einer Legitimationsfassade nach außen möglich, die bisweilen wenig mit den tatsächlichen Aktivitäten im Inneren der Organisation zu tun hat (siehe auch Süß 2007). Wenn den Elementen eines Diversity-Managements jedoch eher eine legitimatorische und symbolische Bedeutung zukommt, steht auch die tatsächliche Bearbeitung von Ungleichbehandlung, bestehenden Ab- und Ausgrenzungen und insgesamt „überholten" Wertvorstellungen innerhalb der Organisation zumindest infrage. Zugleich bleibt offen, wie nachhaltig und dauerhaft Diversity-Ansätze in Organisationen bei sich wandelnden Umweltanforderungen sind.

Dobusch (2015) konstatiert einen weiterhin erheblichen Forschungsbedarf in Sachen Diversity-Management und beschäftigt sich selbst mit den konkreten Praktiken des Diversity-Managements und der Frage, welche Inklusions- oder Exklusionsfolgen damit verbunden sind. Befragt wurden in ihrer Studie Akteure und Akteurinnen aus sowohl gemeinnützigen wie auch gewinnorientierten Organisationen mit unterschiedlichen Hierarchie- und Aufgabenbereichen. Dabei interessierte insbesondere das „Spannungsfeld, ob Diversity Management eher zu einer De- oder (gar) Re-Konstruktion des homogenen Ideals und damit gleichzeitig der Figur des ‚Anderen' in Organisationen beitragen kann" (Dobusch 2015, S. 41). Sie verweist in der Analyse auf Grenzziehungen durch Praktiken des Diversity-Managements, mit denen die Unterscheidungen zwischen „den Einen" und „den Anderen" stets aufrechterhalten bleibt.

> Die einzelnen Diversity-Dimensionen erlangen einen *Master Status,* der sämtliche alternative, zusätzliche oder differenzierende Identitätsangebote in den Hintergrund treten lässt. (Dobusch 2015, S. 247; Hervorh. i. O.)

Damit erweitert sich die Sicht auf Inklusionsoptionen durch Diversity-Management, aber auch auf weiterhin bestehende Exklusionsrisiken, indem aufgezeigt werden kann, wie „eine klare Grenzziehung zwischen erwünschter und unerwünschter bzw. legitimer und illegitimer Vielfalt stattfindet" (Dobusch 2015, S. 265).

> Ein Zuviel der Vielfalt wird dann festgestellt, wenn die Erfüllung einer entsprechenden Leistungserwartung bedroht oder die Unterminierung von Leistungsstandards erwartbar scheint. (Dobusch 2015, S. 266)

Insbesondere für die Dimension der Behinderung konnte gezeigt werden, dass im Vollzug von Maßnahmen des Diversity-Managements „vor allem defizitorientierte Vorstellungen von Menschen mit Behinderungen fortgeschrieben werden" (Dobusch 2014, S. 268). Sichtbar wird hier also eine neue Form der Grenzziehung durch die Diversity-Management-Praxis, mit der eine bestimmte Gruppe einbezogen bzw. inkludiert wird, eine andere Teilgruppe aber weiterhin ausgeschlossen bleibt.

So zeigen gerade auch die theoretische Auseinandersetzung sowie die bisherigen einschlägigen empirischen Arbeiten eine problematisierende Sichtweise auf, mit denen sowohl das „Nichterkennen" und die „Nichtbearbeitung" bestehender Grenzziehungen als auch neuerliche Grenzziehungen bzw. die Aufrechterhaltung von Grenzen durch Praktiken des Diversity-Managements sichtbar werden.

3.4 Diversity-Management als grenzüberschreitender oder grenzziehender Prozess in Organisationen?

In der einschlägigen Literatur wird Diversity-Management als Managementstrategie beschrieben, bei der es darum geht, eine möglichst große Vielfalt der Kompetenzen der Mitarbeiterschaft zu fördern und eine hierfür förderliche Organisationskultur zu schaffen (z. B. Becker und Seidel 2006). Die Vielfalt der Personal- bzw. Beschäftigtenstruktur wird dabei gezielt zu einem Bestandteil der Organisations- und Personalentwicklung in Organisationen gemacht (▶ Abschn. 3.1). Betrachtet man die verschiedenen Praxisansätze und programmatischen Beschreibungen von Diversity-Management näher (▶ Abschn. 3.2), könnte man den vorherrschenden Anspruch an Diversity-Management auch als **grenzüberschreitenden Prozess in Organisationen** beschreiben, mit dem die Potenziale und Kompetenzen vielfältiger Belegschaften produktiv verbunden werden sollen. Hierzu sollen bisherige Begrenzungen in Organisationen möglichst beseitigt werden, etwa im Sinne des Erkennens und Überwindens von Grenzziehungen und den entsprechenden Ab- und Ausgrenzungen gegenüber „Anderem". Zugleich lassen sich mit Blick auf bisherige theoretische und empirische Einsichten zum Diversity-Management solche „Grenzüberschreitungen" auch als wesentliche Herausforderung in Organisationen auffassen. So können bestehende organisationale Strukturen auch zu einer **Nichtbearbeitung bestehender Grenzziehungen** beitragen oder es kann zu **neuen Grenzziehungen** bzw. der Beibehaltung von Grenzen durch Praktiken des Diversity-Managements kommen (▶ Abschn. 3.3).

Gerade auch mit Blick auf jüngere Entwicklungen wie etwa die Initiative „Charta der Vielfalt", kann die Gefahr der Legitimationsfassade im Sinne eines Aufnehmens von Diversity-Management in die Außendarstellung verbunden sein. Damit bleibt zunächst unklar, ob tatsächliche kulturelle Veränderungsprozesse in Organisationen stattfinden oder Diversity-Management eher aus Gründen der Außendarstellung implementiert wird (siehe auch Göhlich 2012, S. 10 f.). So verweisen auch Göhlich und Schröer (2013, S. 206) darauf, dass mit den Debatten um das Diversity-Management „zunächst allein eine programmatische Abkehr von der Homogenitäts- und Standardisierungsvorstellung in Organisationen vollzogen" wird. Ebenso werden durch empirische Einblicke neue Formen der Grenzziehung durch Diversity-Management deutlich (Dobusch 2014, 2015). So kann Diversity in Organisationen auch risikobehaftet sein, wenn es zu einer Unterscheidung von „berechtigter" und „nichtberechtigter" Vielfalt in organisationalen Kontexten kommt und eine Annahme bzw. Erwartung einer „adäquaten Leistungserfüllung" zum zentralen Abgrenzungs- bzw. Entscheidungskriterium in Arbeitskontexten wird (Dobusch 2015, S. 266 ff.).

» Im Konkreten sind es vor allem Frauen, Personen mit Migrationshintergrund bzw. Angehörige bestimmter Nationalitäten […], Lesben und Schwule, Menschen mit Behinderungen sowie ältere Arbeitnehmer_innen/ Rentner_innen, die als diversityrelevante Zielgruppen angeführt werden. Diversity kommt hierbei die Funktion eines *Setzkastens* zu, der eine variable Anzahl an diskreten *Figuren* bereithält, auf die je nach Organisationskontext und auch Arbeitsbereich zurückgegriffen werden kann. (Dobusch 2015, S. 246 f.; Hervorh. i. O.)

> **Fazit**
> Entsprechend der in diesem Kapitel dargestellten Einsichten müsste es in der weiteren Umsetzung von Diversity-Management zu einer reflexiven Anwendungsform kommen, um das mit der Vielfalt in Organisationen verbundene (bzw. angenommene) Reservoir an Ressourcen und Kompetenzen erschließen und nutzbar machen zu können. Es geht dabei um ein praktisches und empirisches Hinterfragen der organisationalen Strukturen, Prozesse und Orientierungen, durch die Unterschiede und Grenzziehungen konstruiert werden (siehe auch Muche et al. 2010), um daran anschließend zu einer Zusammenführung bzw. Entwicklung und produktiven Verknüpfung vielfältiger Potenziale und Kompetenzen einer heterogenen Belegschaft zu kommen. Generell sollten die verwendeten Konzepte des Diversity-Managements danach hinterfragt werden, „ob und inwiefern sie allein auf eine funktionale

Flexibilisierung bei Beibehaltung tradierter organisationaler Strukturen, Prozesse und nicht zuletzt Machtverhältnisse ausgerichtet sind" (Göhlich und Schröer 2013, S. 210). Die Einführung der Diversitätsperspektive in Organisationen erfordert hier einen umfassenden Lernprozess von Organisationen im Sinne einer Veränderung nicht nur struktureller, sondern vielmehr auch kultureller Organisationselemente.

Für die Praxis bedeutet die Einführung eines möglichst grenzüberschreitenden Diversity-Managements also, dass ein langfristig angelegter Veränderungsprozess mit strukturellen und kulturellen Anpassungen und Entwicklungen in Organisationen erfolgen muss. Diversity-Management impliziert zunächst die Anerkennung und Wertschätzung von Vielfalt sowie das Sichtbarmachen der bestehenden Vielfalt in Organisationen. Hierzu sollte ein Prozess der Reflexion der bisherigen vorherrschenden Strukturen, Prozesse und Praktiken einsetzen. Dabei geht es um die Hinterfragung aktuell vorherrschender „eingeübter" Verhaltensweisen, Kommunikations- und Interaktionsmuster und – im Sinne einer organisationalen Selbstbeobachtung – zudem um die Wahrnehmung und Reflexion der Herstellungsweisen von Differenz, Abgrenzung und Diskriminierung (einschließlich der Schaffung entsprechender Strukturen, Räume und Gelegenheiten für derartige Reflexionsprozesse).

Zentral erscheint bei der Einführung eines Diversity-Managements auch das Anknüpfen an bereits bestehende Strategien und Diversity-Themen und -Aktivitäten in Organisationen (z. B. Themen wie Gender, Alter, Beeinträchtigung, Work-Life-Balance) und ein Einbinden vielfältiger Personen und bestehender Netzwerke. Insgesamt ist Diversity-Management als partizipativer Prozess zu verstehen, der eine Einführung von Diversity-Elementen auf den unterschiedlichen Hierarchieebenen in Organisationen erforderlich macht (siehe auch Stuber 2009, S. 251 ff.). Mit Diversity-Management geht es um den Prozess des gemeinschaftlichen Gestaltens. Neue Haltungen und Werte im Sinne eines grenzüberschreitenden Diversity-Managements müssen dabei von allen Organisationsmitgliedern als gemeinsames Verständnis erarbeitet werden.

Elementar erscheint zudem das Erkennen und Kommunizieren des Nutzens von Vielfalt für die beteiligten Personen sowie den sich durch Diversity-Management ergebenden neuen Chancen und Potenzialen. Hier können sowohl die „Business"- als auch die „Gerechtigkeitsperspektive" deutlich werden, z. B. indem sowohl die Verknüpfung und Aktivierung ungenutzter Kompetenzen und Ressourcen durch Diversity als auch die Schaffung einer „gerechten" und „diskriminierungssensiblen" Organisation kommuniziert wird.

Literatur

Aretz, H.-J. (2006). Strukturwandel in der Weltgesellschaft und Diversity Management in Unternehmen. In M. Becker & A. Seidel (Hrsg.), *Diversity Management: Unternehmens- und Personalpolitik der Vielfalt* (S. 49–74). Stuttgart: Schaeffer-Poeschel.

Aretz, H.-J., & Hansen, K. (2003). Erfolgreiches Management von Diversity. Die multikulturelle Organisation als Strategie zur Verbesserung einer nachhaltigen Wettbewerbsfähigkeit. *Zeitschrift für Personalforschung, 17*(1), 9–36.

Becker, M. (2006). Wissenschaftstheoretische Grundlagen des Diversity Management. In M. Becker & A. Seidel (Hrsg.), *Diversity Management: Unternehmens- und Personalpolitik der Vielfalt* (S. 3–48). Stuttgart: Schaeffer-Poeschel.

Becker, M., & Seidel, A. (Hrsg.). (2006). *Diversity Management: Unternehmens- und Personalpolitik der Vielfalt*. Stuttgart: Schaeffer-Poeschel.

Charta der Vielfalt e. V. (2014). *Vielfalt, Chancengleichheit und Inklusion Diversity Management in öffentlichen Verwaltungen und Einrichtungen*. ▶ https://www.charta-der-vielfalt.de/fileadmin/user_upload/beispieldateien/Downloads/Charta_der_Vielfalt-%C3%96H-Brosch_WEB.pdf. Zugegriffen: 20. Aug. 2017.

Cox, T. (1991). Multicultural organization. *The Executive, 5*(2), 34–47.

Dobusch, L. (2014). Diversity (Management-)Diskurse in Organisationen: Behinderung als „Grenzfall"? *Soziale Probleme, 25*(2), 268–285. ▶ http://nbn-resolving.de/urn:nbn:de:0168-ssoar-448000. Zugegriffen: 20. Aug. 2017.

Dobusch, L. (2015a). *Diversity Limited: Inklusion, Exklusion und Grenzziehungen mittels Praktiken des Diversity Management*. Wiesbaden: Springer VS.

Ely, R. J., & Thomas, D. A. (2001). Cultural diversity at work: The effects of diversity perspectives on work group processes and outcomes. *Administrative Science Quarterly, 46*(2), 229–273.

Fereidooni, K., & Zeoli, A. P. (2016). Einleitung. In K. Fereidooni & A. P. Zeoli (Hrsg.), *Managing Diversity: Die diversitätsbewusste Ausrichtung des Bildungs- und Kulturwesens, der Wirtschaft und Verwaltung* (S. 9–15). Wiesbaden: Springer VS.

Göhlich, M. (2012). Organisation und kulturelle Differenz. Eine Einführung aus pädagogischer Sicht. In M. Göhlich, S. M. Weber, H. Öztürk, & N. Engel (Hrsg.), *Organisation und kulturelle Differenz. Diversity, Interkulturelle Öffnung, Internationalisierung* (S. 1–22). Wiesbaden: Springer VS.

Göhlich, M., & Schröer, W. (2013). Diversity Management und Organisationspädagogik Zusammenhänge und Analogien angesichts der Entgrenzung des Pädagogischen. In K. Hauenschild, S. Robak, & I. Sievers (Hrsg.), *Diversity education: Zugänge, Perspektiven. Beispiele* (S. 204–213). Frankfurt a. M.: Brandes & Apsel.

Haselier, J., & Thiel, M. (2005). *Diversity Management. Unternehmerische Stärke durch personelle Vielfalt*. Frankfurt a. M.: Bund.

Krell, G. (1996). Mono- oder multikulturelle Organisationen? „Managing Diversity" auf dem Prüfstand. *Industrielle Beziehungen, 3*(4), 334–350.

Kutzner, E. (2011). *Vielfalt im Innovationsprozess. Konzepte, Instrumente und Empfehlungen für ein innovationsförderndes Diversity Management*. ▶ https://www.uni-bielefeld.de/IZG/pdf/forschungsreihe/Band-18.pdf. Zugegriffen: 20. Aug. 2017.

Lederle, S. (2007). Die Einführung von Diversity Management in deutschen Organisationen: Eine neoinstitutionalistische Perspektive. *Zeitschrift für Personalforschung (ZfP), 21*(1), 22–41.

Lederle, S. (2008). *Die Ökonomisierung des Anderen: Eine neoinstitutionalistisch inspirierte Analyse des Diversity Management-Diskurses*. Wiesbaden: Springer VS.

Leenen, W. R., Scheitza, A., & Wiedemeyer, M. (2006). *Diversität nutzen*. Münster: Waxmann.

Meyer, J. W., & Rowan, B. (1977). Institutionalized organizations: Formal structure as myth and ceremony. *American Journal of Sociology, 83,* 340–363.

Muche, C., Noack, T., Oehme, A., & Schröer, W. (2010). Herausforderungen im Übergang in Arbeit. In R. Brandel, M. Gottwald, & A. Oehme (Hrsg.), *Bildungsgrenzen überschreiten. Zielgruppenorientiertes Übergangsmanagement in der Region* (S. 145–154). Wiesbaden: Springer.

Neumann, S. (2005). *Non-Profit-Organisationen unter Druck: Eine Analyse des Anpassungsverhaltens von Organisationen des Gesundheitswesens und der sozialen Dienste in der freien Wohlfahrtspflege*. München: Hampp.

Ostendorp, A. (2009). Konsistenz und Variabilität beim Reden über „Diversity": Eine empirische Untersuchung diskursiver Spielräume in Schweizer Großunternehmen. *Forum Qualitative Sozialforschung, 10*(2), 38.

Rastetter, D. (2006). Managing Diversity in Teams. Erkenntnisse aus der Gruppenforschung. In G. Krell & H. Wächter (Hrsg.), *Diversity Management – Impulse aus der Personalforschung* (S. 81–108). München: Hampp.

Rastetter, D., & Dreas, S. A. (2016). Diversity Management als eine betriebliche Strategie. In K. Fereidooni & A. P. Zeoli (Hrsg.), *Managing Diversity: Die diversitätsbewusste Ausrichtung des Bildungs- und Kulturwesens, der Wirtschaft und Verwaltung* (S. 319–339). Wiesbaden: Springer VS.

Salzbrunn, M. (2014). *Vielfalt, Diversität*. Bielefeld: Transcript.

Schein, E. H. (1985). *Organizational culture and leadership*. San Francisco: Jossey-Bass Publishers.

Schönefeld, D. (2017). *Arbeiten und unterscheiden. Zur Praxis des Diversity-Managements*. Weinheim: Beltz Juventa.

Schreyögg, G. (1999). *Organisation. Grundlagen moderner Organisationsgestaltung* (3. Aufl.). Wiesbaden: Gabler.

Stuber, M. (2009). *Diversity. Das Potential-Prinzip. Ressourcen aktivieren – Zusammenarbeit gestalten* (2. Aufl.). Köln: Luchterhand.

Süß, S., & Kleiner, M. (2006). Diversity Management: Verbreitung in der deutschen Unternehmenspraxis und Erklärungen aus neoinstitutionalistischer Perspektive. In G. Krell & H. Wächter (Hrsg.), *Diversity Management – Impulse aus der Personalforschung* (S. 57–79). München: Hampp.

Süß, S. (2007). Managementmode – Legitimitätsfassade – Rationalitätsmythos: Eine kritische Bestandsaufnahme der Verbreitung des Diversity-Managements in Deutschland; In I. Koall, V. Bruchhagen, & F. Höher (Hrsg.): *Diversity Outlooks. Managing Diversity zwischen Ethik, Profit und Antidiskriminierung* (S. 440–456). Hamburg: Lit.

Thomas, R. R. (2001). *Management of diversity. Neue Personalstrategien für Unternehmen. Wie passen Giraffe und Elefant in ein Haus?* Wiesbaden: Gabler.

Vedder, G. (2006). Die historische Entwicklung von Diversity Management in den USA und in Deutschland. In G. Krell & H. Wächter (Hrsg.), *Diversity Management – Impulse aus der Personalforschung* (S. 1–23). München: Hampp.

Vedder, G. (2009). Diversity Management: Grundlagen und Entwicklung im internationalen Vergleich. In S. Andresen, M. Koreuber, & D. Lüdke (Hrsg.), *Gender und Diversity: Albtraum oder Traumpaar?* (S. 111–131). Wiesbaden: VS.

Weiterführende Literatur

Dobusch, L. (2015). *Diversity Limited: Inklusion, Exklusion und Grenzziehungen mittels Praktiken des Diversity Management*. Wiesbaden: VS Verlag.

Fereidooni, K., & Zeoli, A. P. (Hrsg.). (2016). *Managing Diversity: Die diversitätsbewusste Ausrichtung des Bildungs- und Kulturwesens, der Wirtschaft und Verwaltung*. Wiesbaden: VS Verlag.

Göhlich, M., Weber, S. M., Öztürk, H., & Engel, N. (Hrsg.). (2012). *Organisation und kulturelle Differenz. Diversity, Interkulturelle Öffnung, Internationalisierung*. Wiesbaden: VS Verlag.

Krell, G., & Wächter, H. (Hrsg.). (2006). *Diversity Management – Impulse aus der Personalforschung*. München: Hampp.

Dr. Claudia Muche ist wissenschaftliche Mitarbeiterin am Institut für Sozial- und Organisationspädagogik an der Stiftung Universität Hildesheim. Arbeitsschwerpunkte sind soziale Dienste am Arbeitsmarkt, Übergänge in Arbeit sowie die Inklusion und die Organisation im Kontext der sozialen Arbeit.

Überwindung von Grenzen zum Aufbau erfolgreicher Kooperationen

Inhaltsverzeichnis

Kapitel 4   Berufsgruppen- und hierarchieübergreifende Weiterbildung in der Praxis: interprofessionelle Bildungsinitiative in der GeriatrieWeiterbildung – 41
Daisy Hünefeld, Gertrud Bureick, Barbara Elkeles, Sibyll Rodde und Joachim Hasebrook

Kapitel 5   Kinder in ihrer Trauer nicht nur multiprofessionell begleiten – ein sozialer Dienst als Beispiel für eine entgrenzte Kompetenzvernetzung – 59
Miriam Sitter

Kapitel 6   Erfahrungsbasiertes Kontextwissen: organisationale Grenzen unterwandern statt überschreiten – 75
Stefan Sauer und Annegret Bolte

Berufsgruppen- und hierarchieübergreifende Weiterbildung in der Praxis: Interprofessionelle Bildungsinitiative in der Geriatrie

Daisy Hünefeld, Gertrud Bureick, Barbara Elkeles, Sibyll Rodde und Joachim Hasebrook

4.1 Projekthintergrund: Versorgung alter Menschen im ambulanten und stationären Umfeld – 43

4.2 Der Qualitätsverbund Geriatrie Nord-West-Deutschland e. V. (QVG NWD) und das Projekt „Interprofessionelle Bildungsinitiative im Qualitätsverbund Geriatrie" (BIGi) – 45

4.3 Stand der Erhebungen und Ergebnisse – 50

4.4 Grenzüberschreitende Kompetenzentwicklung durch Bildung – 54

Literatur – 56

© Springer-Verlag GmbH Deutschland, ein Teil von Springer Nature 2020
R. Knackstedt, K. Kutzner, M. Sitter, I. Truschkat (Hrsg.), *Grenzüberschreitungen im Kompetenzmanagement,* Kompetenzmanagement in Organisationen,
https://doi.org/10.1007/978-3-662-59543-5_4

Zusammenfassung

Die Zahlen zur Entwicklung des Versorgungsbedarfs von multimorbiden alten Patientinnen und Patienten machen deutlich, dass akuter Handlungsdruck besteht, um der prognostizierten Zunahme geriatrischer Erkrankungen in den nächsten 15 Jahren angemessen begegnen zu können. Voraussetzung für eine verbesserte Versorgung alter Menschen ist, dass verschiedene derzeit bestehende Grenzen abgebaut und überwunden werden:

- Grenzen zwischen medizinischen Fachdisziplinen, weil z. B. in interdisziplinären Therapiekonferenzen über die weitere Behandlung beraten werden muss
- Grenzen zwischen Berufsgruppen, weil bei der Versorgung alter Menschen sehr oft die Zusammenarbeit von Ärzteschaft, Pflegekräften, Pharmazeuten und Therapeuten nötig ist
- Grenzen zwischen verschiedenen Einrichtungen, die sich auf gemeinsame Standards, z. B. bei der Verlegung von Patientinnen und Patienten einigen müssen, besonders dann, wenn sie in einer Region im Wettbewerb zueinander stehen
- Grenzen zwischen dem stationären und ambulanten Sektor, damit z. B. Krankenhäuser niedergelassene Ärztinnen und Ärzte und ambulante Therapeuten sowie ambulante Pflegedienste besser zusammen arbeiten können.

Die vom Qualitätsverbund Geriatrie Nord-West-Deutschland e. V. (QVG NWD) gestartete „interprofessionelle Bildungsinitiative in der Geriatrie" (BIGi) arbeitet an der Überwindung dieser Grenzen: Zum einen nehmen Angehörige verschiedener Berufsgruppen und Fachdisziplinen, die Kontakt zu der alten Patientengruppe haben, an denselben Fortbildungen zu geriatrischen Themen teil. Zum anderen erarbeiten interdisziplinäre und berufsgruppenübergreifende Arbeitsgruppen in den QVG-Einrichtungen Maßnahmen für eine verbesserte Versorgung alter Menschen vor Ort. Drittens führt der fachliche Austausch über die Thematik innerhalb des Qualitätsverbundes Geriatrie zu einer verbesserten Zusammenarbeit von stationären und ambulanten Einrichtungen innerhalb desselben Sektors und über Sektorgrenzen hinweg. Eine Bildungsstands- und Bedarfserhebung unter den Mitarbeitenden zeigte, dass Medizinerinnen und Mediziner, Pflegende sowie Therapeutinnen und Therapeuten häufig nur über unzureichende Kenntnisse hinsichtlich der besonderen Behandlungs- und Pflegebedürftigkeit alter Menschen verfügen. Dies gilt insbesondere für Mitarbeiterinnen und Mitarbeiter, die nicht in spezialisierten geriatrischen, sondern in anderen klinischen Einrichtungen tätig sind. Auch Mitarbeitende aus dem Verwaltungsbereich wollen und sollen in die Bildungsmaßnahmen einbezogen werden, da sie bei Planung und Budgetierung von Maßnahmen über ausreichend Hintergrundwissen zu geriatrischen Themen verfügen müssen. Die Evaluation dieser Bildungsoffensive wird gefördert vom Landeszentrum Gesundheit Nordrhein-Westfalen (LZG.NRW)[1] und verfolgt das Ziel, eine summative Evaluation eines Prä-Post-Vergleichs vorzunehmen. Dies soll zur Klärung der Frage beitragen, ob Bildungsangebote und der Bildungstransfer die Versorgungssituation tatsächlich verbessern. Eine prozessbegleitende, formative Evaluation soll fortlaufend Rückmeldung über die Akzeptanz und die Umsetzung des Gelernten geben, damit die Einrichtungen bereits während der Projektphase Verbesserungen des Bildungsangebots und im Hinblick auf die Umsetzung des Gelernten im Arbeitsalltag vornehmen können.

---

1 Förderkennzeichen LZG TG 71 001/2015 und LZG TG 71 002/2015.

4.1 Projekthintergrund: Versorgung alter Menschen im ambulanten und stationären Umfeld

4.1.1 Aktuelle Situation bei der Versorgung alter Menschen

Gegenwärtig leben in Deutschland mehr als zehn Mal so viele über 80-Jährige wie noch zu Beginn des 20. Jahrhunderts (Weyerer 2014). Bis 2035 wird auch die Gruppe der über 70-Jährigen im Vergleich zur Entwicklung der deutschen Gesamtbevölkerung um fast 25 % zunehmen (Bundesverband Geriatrie e. V. 2016). Weltweit wird in den nächsten 20 Jahren zudem eine Verdopplung der Prävalenz für demenzielle Erkrankungen erwartet (Karakaya et al. 2014). Die demografische Entwicklung hat daher erhebliche Auswirkungen auf den medizinischen Versorgungsbedarf. Bereits in den Jahren 2005 bis 2014 nahm die Zahl der Krankenhausbetten in der Geriatrie um rund 48 % von etwa 10.400 auf über 15.300 zu. Von 2014 bis 2030 ist eine Zunahme der Fälle in der Fachabteilung Geriatrie um rund 32 % zu erwarten (Augurzky et al. 2017).

Bereits im Jahr 2020, also in naher Zukunft, werden zwei von drei Krankenhausbetten mit über 60-Jährigen belegt sein, die oft mehrere, zum Teil chronische Erkrankungen aufweisen (Deloitte 2014; Santoni et al. 2015). Für die medizinische Versorgung bedeutet dies, dass nicht nur die akute Symptomatik, auf die sich die Einweisungsdiagnose bezieht, sondern darüber hinaus auch andere Erkrankungen der Patientinnen und Patienten bedarfsgerecht behandelt werden müssen (Elkeles et al. 2012). Erfolgt dies nicht, ergeben sich häufig Probleme bei der medizinischen Versorgung alter Menschen (Elkeles 2016). Oftmals kommt es trotz korrekter Einweisungsdiagnose und den auf diese Diagnose abgestimmten Behandlungen nicht zum erwarteten Behandlungsergebnis. Komplikationen, die aufgrund von Multimorbidität im Behandlungsverlauf entstehen, werden von den Behandelnden nicht immer rechtzeitig erkannt. Folgen können schlechte Behandlungsergebnisse bei (dauerhaft) eingeschränkter Lebensqualität bis hin zu Mortalität sein. Auch unerwünschte Arzneimittelwirkungen als ein weiteres Behandlungsrisiko müssen bei der medizinischen Behandlung berücksichtigt werden.

Alte Menschen leiden nicht selten auch an kognitiven Einschränkungen oder Erkrankungen. Dies ist jedoch bei Aufnahme in ein Krankenhaus nicht immer bekannt, was sich ungünstig auf die weitere Behandlung auswirken kann. So haben beispielsweise Menschen mit Demenz ein erhöhtes Risiko, während eines stationären Aufenthalts aufgrund akuter Verwirrtheit Komplikationen zu erleiden, weil Abläufe und Strukturen im Krankenhaus nicht auf ihren besonderen Hilfebedarf abgestimmt sind (BMFSFJ 2014). Zudem ist das diagnostische Fachwissen von Ärztinnen und Ärzten ohne psychiatrische Qualifikation oft unzureichend hinsichtlich der Unterscheidung von chronischen und vorübergehenden kognitiven Problemen. Dadurch kommt es in Krankenhäusern, insbesondere nach Operationen, vermehrt zu falschen oder verzögerten Behandlungen (Griffiths et al. 2013).

Demenzielle Prozesse führen darüber hinaus häufiger zu Veränderungen bei der sozialen Interaktion: Betroffene wirken im Verhalten manchmal aggressiv oder lehnen pflegerische Maßnahmen, z. B. Waschen, ab. Diese Verhaltensweisen werden von den Pflegenden oft als belastend empfunden und können zu Konflikten führen (Isfort et al. 2014; Kratz 2017). Eine Qualifizierung der Behandelnden im Umgang mit Demenzkranken ist also dringend notwendig (Isfort et al. 2014).

Der spezifische Bedarf alter Menschen erfordert also eine fachkundige medizinische und pflegerische Behandlung, die altersbezogene Veränderungen, insbesondere hinsichtlich der Kognition, Mobilität und Ernährung, im Blick hat.

4.1.2 Anforderungen an eine bessere Versorgung geriatrischer Patienten

Eine nachhaltige Verbesserung der interdisziplinären und sektorübergreifenden Versorgung alter, mehrfach erkrankter Menschen wird nur dann eintreten, wenn neben der Ärzteschaft und den Pflegenden auch alle relevanten Leitungs- und Managementebenen ausreichend qualifiziert sind, um notwendige inhaltliche und strukturelle Veränderungen zu erkennen und verwirklichen zu können (Köller 2014). Eine fachdisziplin- und berufsgruppenübergreifende Zusammenarbeit ist eine Herausforderung im Gesundheitswesen – insbesondere wenn es um chronische Erkrankungen und die langzeitpflegerische Versorgung alter Menschen geht (Brandenburg 2014). Durch die Optimierung von Handlungsabläufen und Abstimmungsprozessen auf den Stationen sowie die Verbesserung der kommunikativen Bedingungen und Kompetenzen der Behandelnden können eine höhere Ergebnisqualität der Versorgung, eine größere Patientenzufriedenheit und eine höhere Arbeitszufriedenheit der Mitarbeitenden erreicht werden (Baller und Schaller 2017). Damit sich die medizinische und pflegerische Versorgung alter, multimorbider Menschen entscheidend verbessern kann, ist es daher notwendig, dass alle kurativ Tätigen, die mit alten Menschen in Kontakt kommen, nicht nur mehr geriatrische Fachkompetenz erwerben, sondern patienten- und behandlungsrelevante Informationen in einem deutlich höheren Ausmaß als bisher unter allen Beteiligten berufs-, abteilungs-, einrichtungs- und sektorübergreifend kommunizieren. Hier geht es um die Überwindung gleich mehrerer der oben angesprochenen Grenzen: mehr Kooperation zwischen Fachdisziplinen in interdisziplinären Konsultationen, Zusammenarbeit zwischen Berufsgruppen, wenn z. B. Internistinnen und Internisten, Neurologinnen und Neurologen, Pflegekräfte, Pharmazeutinnen und Pharmazeuten sowie Therapeutinnen und Therapeuten alte Menschen mit Demenz gemeinsam behandeln, und nicht zuletzt eine bessere Vernetzung verschiedener Einrichtungen, z. B. bei Verlegung zwischen Krankenhäusern und bei der Entlassung nach Hause in die ambulante Pflege oder in eine stationäre Pflegeeinrichtung.

Um dies zu erreichen, müssen verschiedene Voraussetzungen erfüllt sein: Zum einen ist es notwendig, dass insbesondere die an strategisch wichtigen Stellen eingesetzten Personen konsequent fortgebildet und für die besonderen Bedürfnisse der alten, vulnerablen Patientengruppe sensibilisiert sind. Zum anderen müssen Kommunikationswege etabliert werden, die einen verbesserten Informationsaustausch patientenbezogener behandlungsrelevanter Informationen innerhalb und zwischen unterschiedlichen Einrichtungen im ambulanten und stationären Setting erlauben. Gerade der kollegiale Austausch kann dazu beitragen, dass sich die Zusammenarbeit über Sektorgrenzen hinweg positiv entwickelt. So wäre es möglich, bereits während eines stationären Aufenthalts die Lebenssituation nach Entlassung rechtzeitig vorzubereiten und zu gestalten (Köller 2014; Schilder 2014).

Darüber hinaus ist es erforderlich, strukturelle und finanzielle Aspekte anzugehen, die derzeit eine Bewältigung der demografischen Herausforderungen erheblich erschweren. Bleiben strukturelle und finanzielle Hindernisse im ambulanten und stationären Umfeld bestehen, wird eine verbesserte Qualifikation der Behandelnden nur wenig Wirkung zeigen. Ernüchternd ist die Situation vor allem dann, wenn z. B. gut geschulte, hoch motivierte Pflegekräfte die Bedürfnisse alter Patientinnen und Patienten erkennen, diesen aber nicht gerecht werden können, weil der empfundene Effizienz- und Wirtschaftlichkeitsdruck keinen Spielraum für interdisziplinäre Zusammenarbeit und eine konsequente Implementierung umfassender Konzepte zulässt (Hünefeld et al. 2016).

4.1.3 Qualitätssicherung durch Qualifizierung

Die Qualität der altersmedizinischen Versorgung hängt ganz maßgeblich von der Qualität und der Quantität motivierter, gut aus- und fortgebildeter Fachkräfte ab (Kolb et al. 2011). Die Ergebnisse des „Pflege-Thermometers 2014" des Deutschen Instituts für Pflegeforschung (Isfort et al. 2014) zeigen einen hohen Fortbildungsbedarf auf: Drei Viertel der bundesweit über 1800 befragten Pflegeleitungen gaben an, dass sie Fortbildungen zum Umgang mit kognitiv eingeschränkten Patientinnen und Patienten für notwendig halten. Zudem wird die Personalausstattung in der Pflege als nicht angemessen angesehen.

Allerdings werden Bildungsangebote zur Versorgung alter Menschen zumeist von Berufsgruppen und Institutionen genutzt, die bereits auf die Behandlung dieser Klientel spezialisiert sind. Insofern besteht die Gefahr, dass Bildungsmaßnahmen diejenigen Akteure/Akteurinnen und Einrichtungen nicht erreichen, die bislang die Relevanz des demografischen Wandels noch nicht erkannt haben (Gurlit und Möllmann 2012, 2017). Erfahrungen mit einem Hospitationsprogramm im St. Franziskus-Hospital in Münster zeigen zudem, dass die alleinige Fortbildung einer Berufsgruppe zu kurz greift, weil nur berufsübergreifend tatsächliche Veränderungen in der Versorgungssituation erreicht werden können (Gurlit et al. 2012). Vor allem dann, wenn Kolleginnen und Kollegen aus dem ärztlichen, pflegerischen und geschäftsführenden Bereich gemeinsam an Fortbildungen mit geriatrischen Schwerpunkten teilgenommen hatten, wurde der Erfolg der Bildungsmaßnahme am höchsten bewertet.

4.2 Der Qualitätsverbund Geriatrie Nord-West-Deutschland e. V. (QVG NWD) und das Projekt „Interprofessionelle Bildungsinitiative im Qualitätsverbund Geriatrie" (BIGi)

4.2.1 Ziel des BIGi-Projektes

Das Hauptanliegen des BIGi-Projektes besteht in der verbesserten Versorgung alter Menschen in den verschiedenen ambulanten und stationären Einrichtungen des Verbundes. Dies soll zum einen durch eine umfassende, systematische und evaluierte Qualifizierung von allen an der Behandlung beteiligten Berufsgruppen erreicht werden. Dazu gehört die Vermittlung von Lehr- und Lerninhalten, aber auch die Förderung des Erwerbs von Methodenkompetenz. Hier sind insbesondere die Fähigkeiten zur Bewertung und Anwendung von Screening- und Assessmentverfahren zu nennen (Friedrich et al. 2003). Zum anderen sollen notwendige inhaltliche und strukturelle Veränderungen zur Verbesserung der Versorgungslage alter Menschen eingeleitet und für die nahe Zukunft etabliert werden (Exkurs).

> **Qualitätsverbund Geriatrie Nord-West-Deutschland e. V. (QVG NWD)**
>
> Der QVG NWD verfolgt das Ziel, die medizinische und pflegerische Behandlung alter Menschen sowohl im ambulanten als auch im stationären Umfeld nachhaltig zu verbessern. Ein weiteres Ziel ist die Verbesserung der sektorübergreifenden Zusammenarbeit von ambulanten und stationären Einrichtungen. Der Zweck des QVG NWD besteht in der Sicherstellung und Weiterentwicklung einer qualitativ hoch stehenden, vernetzten geriatrischen Versorgung (Hünefeld et al. 2016). Im QVG NWD haben sich 57 ambulante und stationäre Einrichtungen in Nordrhein-Westfalen, Niedersachsen und Bremen zusammengeschlossen (Stand: Oktober 2017).

4.2.2 Zielgruppen des BIGi-Projektes

Die Behandlungskompetenzen der Mitarbeitenden aller Berufsgruppen und Hierarchiestufen, die Kontakt mit geriatrischen Patientinnen und Patienten haben, sollen ausgebaut werden: Dies betrifft Pflegekräfte, die Ärzteschaft, medizinische Fachangestellte, Auszubildende, Studierende der Medizin, Therapeutinnen und Therapeuten, Sozialarbeiterinnen und -arbeiter sowie Verwaltungsangestellte. Ein Überblick findet sich in ◘ Abb. 4.1.

4.2.3 Bildungsinhalte des QVG

Die Inhalte der Fortbildungen sind zumeist ein- oder mehrtägige Kursangebote, deren Besuch freiwillig und ohne formale Abschlussprüfung stattfindet. Diese Bildungsangebote

◘ Abb. 4.1 Berufsgruppen, die durch ein interprofessionelles Bildungsangebot im Projekt „BIGi" angesprochen werden sollen. *MFA* = Medizinische Fachangestellte

orientieren sich an dem Qualifizierungsbedarf der beteiligten Berufsgruppen in Abhängigkeit zum Vorwissen bzw. Ausbildungsstand. Die Fortbildungsangebote sind in ausgewählten Themenfeldern gezielt interdisziplinär und hierarchieübergreifend ausgerichtet. Die verwendeten Lerninhalte und -methoden wurden bereits erprobt, werden jedoch erstmals auf Basis der Bildungsbedarfsanalyse des QVG von den teilnehmenden Einrichtungen in Bezug auf Inhalte, Kombination und Verbindlichkeit adaptiert. Beispiele für Fortbildungsthemen sind „Der alte Mensch im OP", „Wundmanagement chronischer Wunden", „Ernährungstherapeutische Maßnahmen im Alter", „Schmerztherapie alter Menschen" und „Kommunikation bei Demenz".

4.2.4 Vorgehen im BIGi-Projekt

In drei interdisziplinären, berufsgruppen- und sektorübergreifenden Arbeitsgruppen haben Expertinnen und Experten der QVG-Einrichtungen die Evaluation geriatrischer Fortbildungen, die Durchführung von „Konsensusgruppen"/Qualitätszirkeln und die Erfassung von Behandlungserfolg aus Sicht der Patientinnen und Patienten einschließlich ihrer Angehörigen/Bezugspersonen vorbereitet. Die nachfolgenden Befragungen von Mitarbeitenden der QVG-Einrichtungen, der Patientinnen und Patienten sowie der Angehörigen und/oder Bezugspersonen erfolgen anonym. Der Ablauf der Bildungsevaluation gliedert sich in drei Schritte, deren Verzahnung in ◘ Abb. 4.2 dargestellt ist.

Als „Baseline" hat der QVG den Bildungsstand und -bedarf der Beschäftigten in 26 teilnehmenden Einrichtungen bezogen auf geriatrische Themen vor dem eigentlichen Start des Projektes anhand eines dafür entwickelten Fragebogens erhoben.

Für die Evaluation der Bildungsmaßnahmen selbst wurde folgendes Vorgehen festgelegt:
1. Unmittelbar vor und direkt im Anschluss an geriatriebezogene Fortbildungen werden die Teilnehmenden zu ihren Erwartungen und zu ihrer Zufriedenheit im Hinblick auf den jeweiligen Kurs befragt. Sechs Monate später sollen sie anhand eines (Online-)Fragebogens Auskunft über die Umsetzung der vermittelten Bildungsinhalte in den Arbeitsalltag geben.

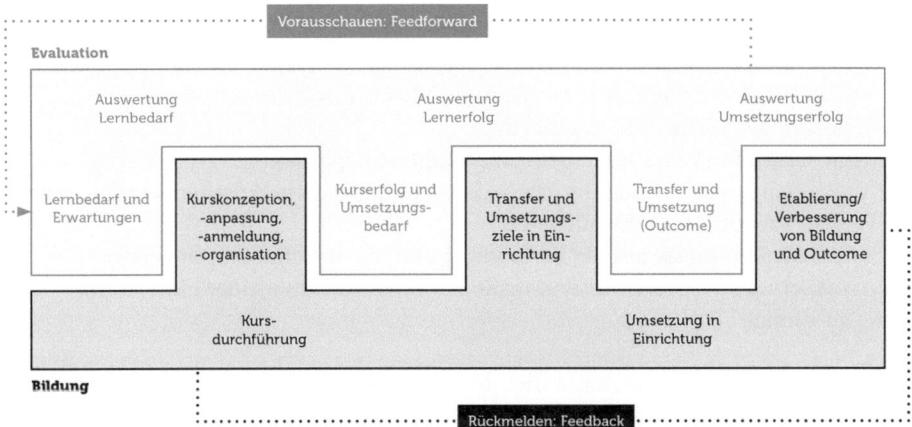

◘ Abb. 4.2 Ablauf der Bildungsevaluation und Verzahnung mit den Kursen zur interprofessionellen Fortbildung in der Geriatrie

2. Berufsübergreifende Arbeitsgruppen/Qualitätszirkel in den QVG-Einrichtungen, sog. „Konsensusgruppen", bahnen gezielte Maßnahmen zur verbesserten Versorgung alter, multimorbider Patientinnen und Patienten in ihren Einrichtungen an.
Die Konsensusgruppen werden am Ende der Arbeitssitzungen und drei Monate nach Abschluss schriftlich bzw. telefonisch evaluiert.
3. Zur Bestimmung eines patientennahen Outcomes werden die Einschätzungen von Patientinnen und Patienten bzw. der Angehörigen und/oder Bezugspersonen hinsichtlich einer stationären Behandlung in der Viszeral- und Unfallchirurgie erfasst. Die Personen werden an zwei unterschiedlichen Messzeitpunkten zur stationären Behandlung sowie zur gesundheitsbezogenen Lebensqualität befragt. In diesem Zusammenhang wird außerdem erhoben, ob geriatrische Screenings und Assessments während des stationären Aufenthalts durchgeführt wurden.

4.2.5 Instrumente zur Evaluation geriatrischer Qualifizierung

Befunde aus der wirtschaftspädagogischen Forschung weisen darauf hin, dass Erfolgsfaktoren für Bildungsmaßnahmen über eine phasenorientierte Perspektive (Vorbereitung der Maßnahme, Durchführung, Transfer des Gelernten) zu erfassen sind (Zurwehme 2008), die insbesondere auf die Umsetzung der Bildungsinhalte im Berufsalltag gerichtet ist (Hasebrook und Rodde 2012). Bei der Konzeption verschiedener Fragebögen zur Evaluation geriatrischer Fortbildungen wurde dieser phasenorientierte Ansatz berücksichtigt.

- **Evaluation der Fortbildungen**

Die Items der Fragebögen direkt vor, direkt nach sowie sechs Monate nach Kursbesuch beziehen sich auf die Erwartungen an und die Zufriedenheit mit der Fortbildung sowie auf die Umsetzung des Gelernten im Arbeitsalltag.
- Die Items, die vor der Kursteilnahme abgefragt wurden, lauten z. B.:
  - „Ich habe im Vorfeld ausreichend Informationen über die Inhalte des Kurses erhalten."
  - „Es ist mir wichtig, dass es während der Fortbildung ausreichend Zeit zum Vertiefen und Üben gibt."
- Beispiele für Items nach der Kursteilnahme sind:
  - „Die Inhalte der Fortbildung entsprachen genau meinem Bedarf im Arbeitsalltag."
  - „Die Kursleitung erkannte Probleme und Bedürfnisse der Teilnehmenden und ging in der Fortbildung darauf ein."
- Items sechs Monate nach Kursteilnahme lauten beispielsweise:
  - „Was ich in der Fortbildung gelernt habe, hilft mir im praktischen Umgang mit alten Patientinnen und Patienten."
  - „Meine Kenntnisse aus der Fortbildung und meine Bemühungen bei der Umsetzung von Verbesserungsmaßnahmen wurden in meiner Einrichtung gewürdigt."

Die jeweils letzte Einschätzung in den drei Fragebögen erfasst die Empfehlungswahrscheinlichkeit und lautet „Insgesamt würde ich diese Fortbildung meiner Kollegin/meinem Kollegen weiterempfehlen". Alle Antwortalternativen sind vierstufig („Trifft voll und ganz zu", „Trifft teilweise zu", „Trifft kaum zu", „Trifft gar nicht zu") mit der zusätzlichen Rubrik „Keine Antwort".

- **Evaluation von Konsensusgruppen**

An Konsensusgruppen/Qualitätszirkelsitzungen nehmen in der Regel vier bis acht Mitarbeitende aus unterschiedlichen Berufsgruppen, Aufgabenfeldern und Hierarchiestufen teil (bis zu vier Mal für ca. 30–60 min). Hinsichtlich einer konkreten Fragestellung zur verbesserten Versorgung alter Patientinnen und Patienten sollen gemeinsam Ideen für Maßnahmen entwickelt und die Umsetzung dieser Maßnahmen angebahnt werden. Für die Durchführung und Evaluation von Konsensusgruppen wurden verschiedene Arbeitsmaterialien, u. a. ein Leitfaden, konzipiert. Der idealtypische Verlauf beginnt damit, dass eine Moderatorin bzw. ein Moderator die Gruppe ggf. bei der Ideenfindung und Entwicklung eines gemeinsamen Vorschlags unterstützt. Anhand von Sitzungsprotokollen sollen nach Möglichkeit spezifische Verlaufscharakteristika wie das Thema der Arbeitssitzung und der favorisierte Vorschlag dokumentiert werden. Mit einem Fragebogen wird zum Abschluss der Konsensusgruppe die Gruppenarbeit bewertet.

Anschließend übermittelt die moderierende Person den Vorschlag an die Einrichtungsleitung mit der Bitte um Prüfung und Genehmigung. Nach positivem Votum werden die Details der konkreten Umsetzung schriftlich festgehalten und die Implementierung der Maßnahme in den Berufsalltag beginnt.

Die Evaluation erfolgt drei Monate nach Abschluss der Konsensusgruppen/Qualitätszirkel: Vertreter/-innen der QVG-Einrichtungen werden mittels eines Leitfadeninterviews telefonisch befragt, ob und inwieweit die initiierten Veränderungsvorschläge umgesetzt werden konnten.

- **Erfassung eines patientennahen Outcome**

In die Stichprobe werden Patientinnen/Patienten aufgenommen, die 75 Jahre oder älter sind, und unfall- oder viszeralchirurgisch stationär (drei Tage oder länger) behandelt werden. Diese Patientinnen und Patienten sowie ihre Angehörigen/Bezugspersonen geben eine Einschätzung zu der erfolgten Behandlung ab. Der Patienten- und der Angehörigenfragebogen beziehen sich inhaltlich aufeinander und thematisieren Aspekte der stationären Behandlung, die für ältere, multimorbide Patientinnen und Patienten besonders relevant sind. In beiden Fragebögen wird zudem die Einschätzung des Gesundheitszustands vor dem aktuellen Krankenhausaufenthalt erfragt. Der Fragebogen für die Patientinnen und Patienten enthält als standardisiertes Messinstrument den SF-12 (Morfeld et al. 2011), eine gekürzte Fassung des Short Form-36 Health Survey (SF-36; Bullinger und Kirchberger 1998). Der SF-12 erfasst körperliche und psychische Aspekte der gesundheitsbezogenen Lebensqualität. Es werden zwei Patientenstichproben zu Beginn und gegen Ende des Projektes rekrutiert.

Für dieselben Stichproben wird anhand einer Checkliste erfasst, ob bestimmte Screenings oder Assessments, die für eine altersmedizinische Versorgung empfohlen werden (Olotu-Steffen et al. 2017), während der stationären Behandlung durchgeführt wurden. Mithilfe dieser Instrumente können bedeutsame diagnostische Informationen für die Behandlung, z. B. im Hinblick auf das allgemeine Funktionsniveau, den Ernährungszustand oder das Deliriumsrisiko der Patienten, erhoben werden (Freund 2014). Weiterhin wird u. a. ermittelt, ob der Sozialdienst in die Entlassungsvorbereitung einbezogen wurde oder ob die Patientinnen bzw. Patienten sowie Angehörige/Bezugspersonen über die Medikation informiert wurden etc. Patientenbezogene Informationen über die Behandlungsverläufe sind nicht Gegenstand der Bildungsevaluation.

4.3 Stand der Erhebungen und Ergebnisse

Vor Beginn des Evaluationsprojektes wurde vom QVG eine Erhebung zum Bildungsbedarf durchgeführt, an der sich 26 Mitgliedseinrichtungen des QVG beteiligt haben (beginnend im Sommer 2016). Rund 8000 Mitarbeiterinnen und Mitarbeiter wurden nach ihrem Bildungsstand gefragt und um eine Einschätzung ihres Bildungsbedarfs zu Themen im Bereich der Altersmedizin gebeten. Mehr als 2200 Fragebögen liegen der Auswertung zugrunde und geben ein repräsentatives Bild des spezifischen Bedarfs wieder.

4.3.1 Ergebnisse der Bildungsbedarfserhebung im QVG

Die Analysen des QVG zeigen, dass zwischen den Einrichtungen im ambulanten und stationären Umfeld deutliche Unterschiede bezüglich der bisher angebotenen geriatrischen Fortbildungen bestehen. Dies weist auf die Notwendigkeit hin, Grenzen zu überwinden und geriatrische Fachkompetenz sowohl einrichtungs- als auch sektorübergreifend auszuweiten.

◘ Abb. 4.3 stellt in Bezug auf die 26 teilnehmenden Einrichtungen dar, wie ausgeprägt das Bildungsangebot zu geriatrischen Themen genutzt wurde, d. h., wie viele Personen angaben, ob sie in den letzten fünf Jahren an Bildungsmaßnahmen zu den genannten Themen teilgenommen hatten. Unterschieden werden Krankenhäuser mit bzw. ohne Akutgeriatrie, geriatrische Rehabilitationskliniken (Rehakliniken) und weitere (Alten- und Behindertenpflegeeinrichtungen) sowie ambulante Einrichtungen (z. B. Praxisnetzwerke, ambulante Pflegedienste, Therapeuten).

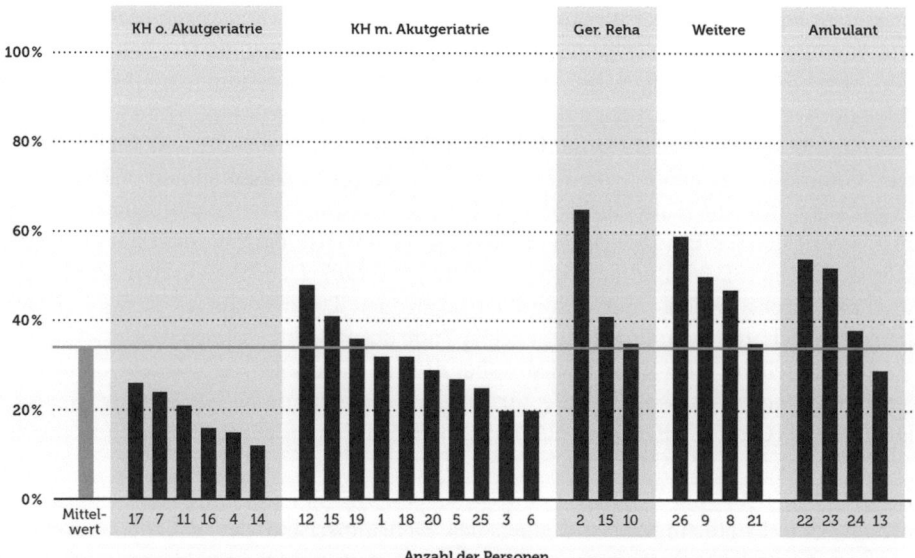

◘ **Abb. 4.3** Teilnahme an externen Bildungsangebote zu geriatrischen Themen geclustert nach Art der Einrichtung: Krankenhäuser (KH) mit bzw. ohne Akutgeriatrie, geriatrische Rehabilitationskliniken (Ger. Reha), weitere Altenpflege- und Behinderteneinrichtungen sowie ambulante Einrichtungen (z. B. ambulante Pflegedienste, Therapeuten, Praxisnetzwerke)

Berufsgruppen- und hierarchieübergreifende Weiterbildung …

Die meisten Fortbildungen werden in den auf geriatrische Versorgung spezialisierten Rehabilitationseinrichtungen angeboten, während in ambulanten Einrichtungen vergleichsweise wenige Fortbildungen zu geriatrischen Themen stattfinden. Mitarbeiterinnen und Mitarbeiter geriatrischer Rehakliniken und aus Einrichtungen der Altenpflege haben erwartungsgemäß am häufigsten an internen Fortbildungen teilgenommen. Hingegen haben in Krankenhäusern ohne Akutgeriatrie bislang nur wenige Mitarbeiterinnen und Mitarbeiter interne geriatrische Fortbildungen besucht (◘ Abb. 4.4).

Mitarbeiterinnen und Mitarbeiter im ambulanten Bereich nutzen mehr externe Fortbildungsangebote (◘ Abb. 4.3). In Krankenhäusern ohne eine geriatrische Fachabteilung werden interne und externe Qualifizierungsangebote im Mittel deutlich seltener besucht als bei Einrichtungen mit einem altersmedizinischem Schwerpunkt.

Deutlich wird die Diskrepanz zwischen empfundenem Bildungsbedarf und bisherigem Fortbildungsbesuch. Mehr als zwei Drittel aller Befragten geben Bildungsbedarf hinsichtlich des Themas „Delir, Demenz und Depression bei alten Menschen" an. Zudem wird ein Mangel an Themen bekundet, der sich auf „Medikamenteninteraktion" und „medizinische, psychologische und soziale Besonderheiten alter Menschen" bezieht. Mehr als ein Drittel der Befragten hat einen erhöhten Fortbildungsbedarf in diesen Themenfeldern für sich festgestellt (◘ Abb. 4.5).

4.3.2 Adaption des Bildungsangebotes

Alle teilnehmenden QVG-Einrichtungen haben von der Projektleitung eine detaillierte Auswertung zum Bildungsstand/-bedarf ihrer Mitarbeiterinnen und Mitarbeiter

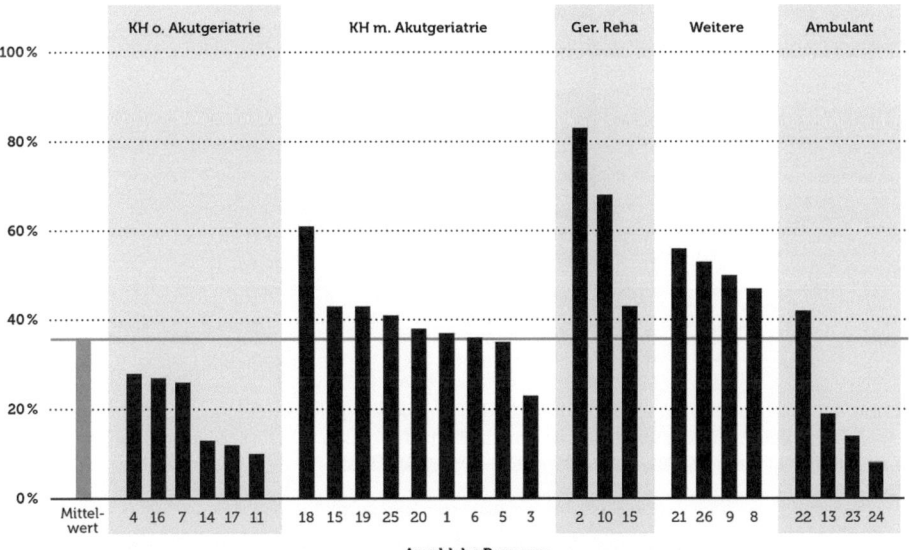

◘ Abb. 4.4 Teilnahme an internen geriatrischen Fortbildungen zu geriatrischen Themen geclustert nach Art der Einrichtung: Krankenhäuser (KH) mit bzw. ohne Akutgeriatrie, geriatrische Rehabilitationskliniken (Ger. Reha), weitere Altenpflege- und Behinderteneinrichtungen sowie ambulante Einrichtungen (z. B. ambulante Pflegedienste, Therapeuten, Praxisnetzwerke)

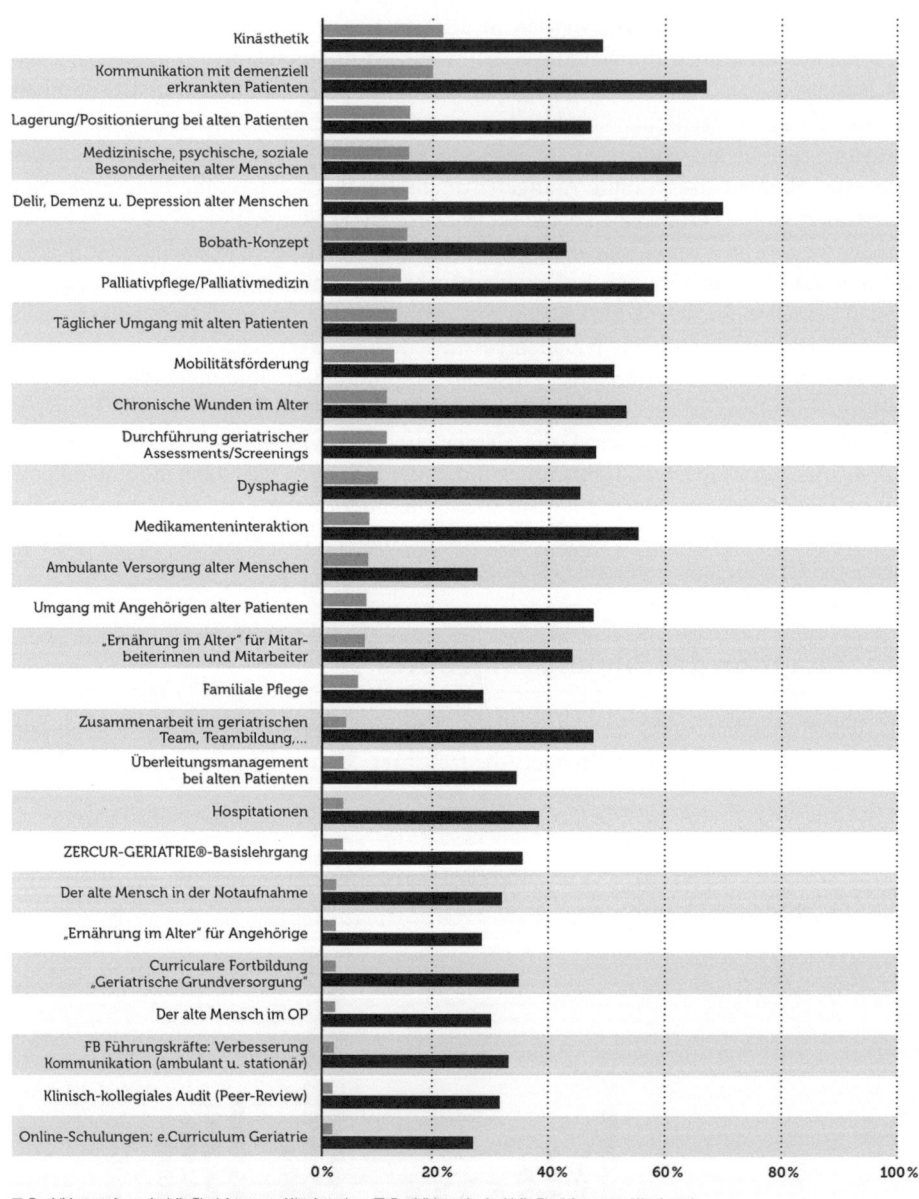

Abb. 4.5 Angaben zu aktuellem Bildungsbedarf und bisherigem Fortbildungsbesuch für geriatrische Themen bei 26 ambulanten bzw. stationären Einrichtungen (n = 2210; sortiert nach der Anzahl besuchter Fortbildungen). *FB* = Fortbildung; *OP* = Operationssaal

erhalten. Rückmeldungen der Verantwortlichen zu den Befragungsergebnissen weisen darauf hin, dass gegenwärtig unterschiedliche Wege beschritten werden, um dem Bildungsstand/-bedarf der Mitarbeiterinnen und Mitarbeiter bezüglich geriatrischer Themen Rechnung zu tragen:

- Das Angebot von internen und externen Fortbildungen ist nicht immer hinreichend bekannt und soll zukünftig besser innerhalb der Einrichtungen beworben werden. Zugleich sollen die geplanten Fortbildungen in der Dienstplangestaltung berücksichtigt werden.
- Dem hohen Fortbildungsbedarf zu den Themen „Demenz, Delir und Depressionen alter Menschen", „Medikamenteninteraktion" und „medizinische, psychische und soziale Besonderheiten alter Menschen" soll durch den Ausbau spezifischer, interdisziplinärer Fortbildungsangebote begegnet werden.
- Nicht kurativ tätige Berufsgruppen wie Verwaltungsangestellte sind weniger an medizinischen Inhalten interessiert, sondern bevorzugen Fortbildungen zur „Kommunikation mit dementen Patientinnen und Patienten bzw. deren Angehörigen". Entsprechende Fortbildungen werden konzipiert.
- Aktuell werden in einigen Einrichtungen bestehende Fortbildungsprogramme darauf hin untersucht, inwieweit geriatrische Themen vorgehalten werden. Zugleich werden die Angebote an den gegenwärtigen Bedarf an geriatrische Themenfelder angepasst sowie zielgruppen- und berufsgruppengerecht bzw. interdisziplinär angeboten. Darüber hinaus werden Fortbildungsangebote konzipiert, die sektorübergreifende altersmedizinische Versorgungsthemen betreffen, um spezifische gemeinsame Versorgungsstrategien zu entwickeln und den ambulanten und stationären Bereich stärker miteinander zu vernetzen.

4.3.3 Zwischenergebnisse aus der Evaluation der Fortbildungskurse und der Transferanalyse

Mehr als 80 Fortbildungen mit geriatrischem Schwerpunkt wurden seit Beginn (Sommer 2016) des vom LZG.NRW geförderten Evaluationsprojektes in die Bewertung eingeschlossen. Mittels Fragebögen konnten bisher (Stand: Oktober 2017) über 820 Teilnehmende bezüglich ihrer Erwartungen vor der Kursteilnahme und über 750 hinsichtlich ihrer Einschätzungen direkt nach der Kursteilnahme befragt werden. Über 80 % der Fortbildungsteilnehmenden waren Pflegende. 85 % der Befragten arbeiteten in nicht leitender Funktion und 65 % in nicht geriatrischen Arbeitsbereichen. Erste Ergebnisse zeigen eine hohe Zufriedenheit mit den Fortbildungen zu geriatrischen Themen: 83 % der Befragten empfehlen die besuchten Fortbildungen weiter (◘ Abb. 4.6).

Anfang 2017 wurde mit der Erhebung zum Transfer der Fortbildungsinhalte in den Arbeitsalltag begonnen. Die Kursteilnehmenden wurden sechs Monate nach Abschluss der Fortbildung mithilfe eines weiteren Fragebogens erneut befragt. Aktuell liegen Rückmeldungen von 159 Personen zu 38 Kursen vor. Die Frage, ob die besuchten Fortbildungen im praktischen Umgang mit geriatrischen Patientinnen und Patienten hilfreich sind, wurde überwiegend bejaht; auch ein halbes Jahr nach Fortbildungsende wurden die besuchten Qualifizierungsmaßnahmen zur altersmedizinischen Patientenversorgung in hohem Maße weiterempfohlen. Ein wesentliches Ergebnis der Befragung sechs Monate nach Abschluss der jeweiligen Fortbildung ist zudem, dass Ärztinnen und Ärzte, Pflegende, aber auch Verwaltungsangestellte einen deutlichen Mehrwert dieser Fortbildungsmaßnahmen im QVG für die Verbesserung der Versorgung geriatrischer Patientinnen/Patienten sehen (◘ Abb. 4.7).

Die ersten berufsübergreifenden, interdisziplinären Konsensusgruppen/Qualitätszirkel starteten im Sommer 2017. Bislang haben mehr als 50 Gruppensitzungen im

Item	Mittelwert
1 Die Inhalte entsprachen genau meinem Bedarf im Arbeitsalltag.	3,6
2 Ich hatte eine klare Vorstellung davon, was ich lernen und erreichen wollte.	3,4
3 Erwartungen und Lernziele konnte ich vor der Fortbildung mit meinen Vorgesetzten/ meiner Einrichtung abstimmen.	2,6
4 Die Kursleitung war darüber informiert, was die Teilnehmenden von der Fortbildung erwarteten.	3,2
5 In der Fortbildung wurde auf unterschiedliche Erfahrungen und unterschiedliches Vorwissen der Teilnehmenden eingegangen.	3,7
6 Die Kursleitung erkannte Probleme und Bedürfnisse der Teilnehmenden und ging in der Fortbildung darauf ein.	3,8
7 Während der Fortbildung hatte ich ausreichend Zeit zum Vertiefen und Üben.	3,5
8 Für die Fortbildung erhielt ich von meiner Einrichtung die Unterstützung, die ich brauchte.	3,5
9 Meine Einrichtung sorgte für eine störungsfreie Teilnahme an der Fortbildung.	3,7
10 Insgesamt würde ich diese Fortbildung meiner Kollegin/meinem Kollegen weiterempfehlen.	3,8

◘ **Abb. 4.6** Erste Ergebnisse der Befragung der Fortbildungsteilnehmer/-innen direkt nach Abschluss der Fortbildungsmaßnahme (alle Berufsgruppen, n = 751)

Item	Mittelwert
1 Fortbildung hilft im praktischen Umgang mit alten Patienten.	3,3
2 Ausreichend Möglichkeiten, das Gelernte im Arbeitsalltag umzusetzen.	2,9
3 Unterstützung von Vorgesetzten und Kollegen.	3,0
4 Würdigung der Kenntnisse und Bemühungen bei der Umsetzung.	3,0
5 Situation alter Patienten hat sich verbessert durch Teilnahme an Fortbildung.	2,9
6 Insgesamt würde ich diese Fortbildung meiner Kollegin/meinem Kollegen weiterempfehlen.	3,6

◘ **Abb. 4.7** Verbesserung der Situation geriatrischer Patienten durch die Fortbildung nach Einschätzung der Mitarbeitenden sechs Monate nach Kursende (n = 159)

stationären und ambulanten Bereich stattgefunden. Die vorliegenden Dokumentationen lassen erkennen, dass unterschiedliche thematische Schwerpunkte (z. B. Arzneimitteltherapiesicherheit, Ernährungsberatung, Risikomanagement) zur verbesserten Versorgung alter Menschen bearbeitet wurden.

4.4 Grenzüberschreitende Kompetenzentwicklung durch Bildung

Die Evaluation ist selbst Teil des Veränderungs- und Verbesserungsprozesses, indem adaptive Frage- und Testinstrumente eingesetzt werden, die zu unterschiedlichen Verbesserungen in den Einrichtungen beitragen. Abzuwarten bleibt, ob die im BIGi-Projekt erarbeiteten Methoden wie die Evaluationsfragebögen und das Vorgehensmodell für die Konsensgruppen von den Einrichtungen für ihre Zwecke angepasst und übernommen werden.

Die Verantwortlichen in den teilnehmenden Einrichtungen haben anhand der Befragungsergebnisse zum Bildungsstand die Möglichkeit, auf den speziellen Fortbildungsbedarf ihrer Mitarbeiterinnen und Mitarbeiter einzugehen. Durch die Verbesserung individueller Kompetenzen vieler Einzelner wird auch die kollektive Kompetenz verbessert und umgekehrt. So können sich die QVG-Einrichtungen bestmöglich auf die demografischen Veränderungen vorbereiten.

Bislang einmalig ist die Evaluation verschiedener Bildungsmaßnahmen in einem Geriatrienetzwerk. Hierdurch sollen Lösungsmuster für neue Aufgabenstellungen und sich wandelnde Anforderungen gefunden, Wissen und Kompetenzen an Abteilungen, Einrichtungen und das QVG-Netzwerk weitergegeben und somit organisationales Lernen gefördert werden (Wilkens et al. 2006). Von dieser umfassenden Evaluation können wichtige Impulse für das gesamte vernetzte Gesundheitswesen ausgehen.

Erst am Projektende sind die vollständigen Zusammenhänge zwischen Bildungsbedarf, -beurteilung, Umsetzungsbemühungen und messbaren Ergebnissen auswertbar. Die Erkenntnisse werden bei der Konzeption und der Durchführung weiterer Bildungsarbeit sowie deren Evaluation berücksichtigt.

Nach Abschluss des BIGi-Projektes werden die vollständigen Ergebnisse der interessierten Öffentlichkeit zugänglich gemacht, damit auch andere Institutionen von diesen profitieren können.

> **Fazit**
> Die Befragungsergebnisse des QVG zum Bildungsstand/-bedarf sowie die ersten Ergebnisse und Erfahrungen im BIGi-Projekt zeigen deutlich, dass das Angebot der Bildungsinitiative bei allen Berufsgruppen auf großes Interesse stößt und sich die verschiedenen Berufsgruppen aktiv daran beteiligen. Das BIGi-Projekt trägt bereits jetzt zu wichtigen, grenzüberschreitenden Neuerungen sowohl für die Mitgliedseinrichtungen des QVG NWD als auch für die Bildungsarbeit zur Gesundheitsversorgung alter, multimorbider Menschen bei:
>
> 1. Die Bildungsmaßnahmen und deren Evaluation beziehen verschiedene Berufsgruppen, Hierarchie- und Managementebenen sowie Einrichtungen im ambulanten und stationären Sektor ein.
> 2. Die Bildungsinitiative endet nicht nach der Kursdurchführung, sondern unterstützt den Transfer des Gelernten in den Arbeitsalltag, u. a. durch die Bildung berufsübergreifender und interdisziplinärer Konsensusgruppen/Qualitätszirkel.
> 3. Die Evaluation erfasst relevante Outcome-Variablen aus Sicht der geriatrischen Patientinnen und Patienten.
> 4. Es fördert zudem die grenzüberschreitende Zusammenarbeit auch zwischen im Wettbewerb stehenden Einrichtungen der ambulanten und stationären Versorgung.

Literatur

Augurzky, B., Hentschker, C., Pilny, A., & Wübker, A. (2017). *BARMER Krankenhausreport 2017. Schriftenreihe zur Gesundheitsanalyse.* Berlin. ▶ https://www.barmer.de/blob/124290/fd51cb989f2db52180bee-a2846cc0076/data/dl-report.pdf. Zugegriffen: 26. Nov. 2018.

Baller, G., & Schaller, B. (2017). *Kommunikation im Krankenhaus. Erfolgreich kommunizieren mit Patienten, Arztkollegen und Klinikpersonal.* Berlin: Springer.

BMFSFJ. (2014). *Bundesministerium für Familien, Senioren, Frauen und Jugend (BMFSFJ) (2014): Gemeinsam für Menschen mit Demenz. Die Handlungsfelder.* ▶ www.bmfsfj.de/RedaktionBMFSFJ/Abteilung3/Pdf-Anlagen/2014-09-15-agenda-allianz-fuer-demenz. Zugegriffen: 20. Dez. 2014.

Brandenburg, H. (2014). Interdisziplinarität und Kooperation. In J. Pantel, J. Schröder, C. Bollheimer, C. Sieber, & A. Kruse (Hrsg.), *Praxishandbuch Altersmedizin. Geriatrie – Gerontopsychiatrie – Gerontologie* (S. 65–75). Stuttgart: Kohlhammer.

Bullinger, M., & Kirchberger, I. (1998). *SF-36 Fragebogen zum Gesundheitszustand (SF-36 Health Survey concerning Health status).* Göttingen: Hogrefe.

Bundesverband Geriatrie e. V. (Hrsg.). (2016). *Weißbuch Geriatrie: Band I: Die Versorgung geriatrischer Patienten – Strukturen und Bedarf* (3. Aufl.). Stuttgart: Kohlhammer.

Deloitte (2014). Health care-studie. *Deutsches Ärzteblatt 5*, 16.

Elkeles, B. (2016). Screening und Assessment – Interview mit der Zeitschrift „Nun reden wir" der Landesseniorenvertretung. NRW.

Elkeles, B., Schandner, O., Socha, U., & Tunn, R. (Hrsg.). (2012). *Der ältere Patient. Prävention und Therapie häufiger Komplikationen.* München: Hans Marseille GmbH.

Freund, H. (2014). *Geriatrisches Assessment und Testverfahren. Grundbegriffe-Anleitungen-Behandlungspfade* (2. Aufl.). Stuttgart: Kohlhammer.

Friedrich, C., Kolb, G. F., Wedding, U., & Pientka, L. (2003). Comprehensive geriatric assessment in the elderly cancer patient. *Onkologie, 26*, 355–360.

Griffiths, A., Knight, A., Harwood, R., & Gladman, J. R. F. (2013). Preparation to care for confused older patients in general hospitals: A study of UK health professionals. *Age und Ageing, 43*(4), 521–527.

Gurlit, S., & Möllmann, M. (Hrsg.). (2012). *Der alte Mensch im OP. Praktische Anregungen zur besseren Versorgung und Verhinderung eines perioperativen Altersdelirs.* Düsseldorf: Ministerium für Gesundheit, Emanzipation, Pflege und Alter des Landes Nordrhein-Westfalen.

Gurlit, S., Thiesemann, R., Wolff, B., Brommer, J., & Gogol, N. (2012). Caring for people with dementia in general hospitals: An education curriculum from the alzheimer's society of lower saxony, Germany. *Zeitschrift für Gerontologie und Geriatrie, 46*(3), 222–225.

Gurlit, S., & Möllmann, M. (Hrsg.). (2017). *Der alte Mensch im OP. Praktische Anregungen zur besseren Versorgung und Verhinderung eines perioperativen Altersdelirs.* Düsseldorf: Ministerium für Gesundheit, Emanzipation, Pflege und Alter des Landes Nordrhein-Westfalen.

Hasebrook, J., & Rodde, S. (2012). Improving appetite for learning with SALT: Social sales training in retail banking. *Proceedings E-Learn, Montreal* (S. 604–610).

Hünefeld, D., Gerling-Huesmann, U., Rodde, S., Blaesius, J., & Hasebrook, J. (2016). Optimierung der sektorübergreifenden Kooperation am Beispiel der Geriatrie. In W. Hellmann, T. Beushausen, & J. Hasebrook (Hrsg.), *Krankenhäuser zukunftssicher managen. Aufgaben definieren, Fachabteilungen stärken, Prozesse organisieren.* Stuttgart: Kohlhammer.

Isfort, M., Klostermann, J., Gehlen, D., & Siegling, B. (2014). *Pflege-Thermometer 2014. Eine bundesweite Befragung von leitenden Pflegekräften zur Pflege und Patientenversorgung von Menschen mit Demenz im Krankenhaus.* Köln: Deutsches Institut für angewandte Pflegeforschung e. V. (dip).

Karakaya, T., Fußer, F., & Pantel, J. (2014). Demenz und leichte kognitive Beeinträchtigung. In J. Pantel, J. Schröder, C. Bollheimer, C. Sieber, & A. Kruse (Hrsg.), *Praxishandbuch Altersmedizin. Geriatrie – Gerontopsychiatrie – Gerontologie* (S. 299–330). Stuttgart: Kohlhammer.

Kolb, G. F., Andersen-Ranberg, K., Cruz-Jentoftc A., O'Neill, D., Topinkovae, E., & Michelf, J. P. (2011). Geriatric care in Europe – The EUGMS Survey part I: Belgium, Czech Republic, Denmark, Germany, Ireland, Spain, Switzerland, United Kingdom. *European Geriatric Medicine, 2*(5), 290–295.

Köller, M. (2014). Geriatrische Aspekte bei betagten Notfallpatienten. *Notfall + Rettungsmedizin, 17*, 484–487.

Kratz, T. (2017). Diagnostik und Therapie von Verhaltensstörungen bei Demenz. *Deutsches Ärzteblatt International 2017, 114*(26), 447–454. ▶ https://doi.org/10.3238/arztebl.2017.0447.

Morfeld, M., Kirchberger, I., & Bullinger, M. (2011). *Fragebogen zum Gesundheitszustand. Deutsche Version des Short Form-36 Health Survey* (2. Aufl.). Göttingen: Hogrefe.

Olotu-Steffen, C., Gurlit, S., & Kiefmann, R. (2017). Präoperative Vorbereitung und Evaluation: der ältere Patient. *Anästhesiol Intensivmed Notfallmed Schmerzther, 52*(5), 342–355.

Santoni, G., Angleman, S., Welmer, A.-K., Mangialasche, F., Marengoni, A., Fratiglioni, L. (2015). Age-related variation in health status after age 60. *PLoS ONE, 10*(3), e0120077.

Schilder, M. (2014). *Geriatrie. Pflege fallorientiert lernen und lehren*. Stuttgart: Kohlhammer.

Weyerer, S. (2014). Epidemiologie und demographischer Wandel. In J. Pantel, J., Schröder, C. Bollheimer, C. Sieber, C., A. Kruse (Hrsg.), *Praxishandbuch Altersmedizin. Geriatrie – Gerontopsychiatrie – Gerontologie* (S. 35–50). Stuttgart: Kohlhammer.

Wilkens, U., Kettler, H., & Schmette, M. (2006). Wirkungsbeziehungen zwischen Ebenen individueller und kollektiver Kompetenz. Theoriezugänge und Modellbildung. In G. Schreyögg & P. Conrad (Hrsg.), *Management von Kompetenz* (S. 121–161). Wiesbaden: Gabler.

Zurwehme, A. (2008). Controlling in Weiterbildungseinrichtungen – Aufbau und Ergebnisse einer empirischen Studie. *Zeitschrift für Planung, 18*(Sonderheft), 445–469.

Dr. Daisy Hünefeld ist Ärztin und seit 2010 Mitglied des Vorstands der St. Franziskus-Stiftung Münster, einer der größten konfessionellen Krankenhausträger Deutschlands. Zudem ist sie Initiatorin und Vorstandsvorsitzende des Qualitätsverbundes Geriatrie Nord-West-Deutschland e.V. (QVG NWD). Sie verfügt sowohl in ihrer klinischen als auch in ihrer Managementfunktion über langjährige wissenschaftliche Erfahrung. Sie hat diverse wissenschaftliche Projekte initiiert, darunter BIGi und jüngst das Teilprojekt „Geriatrische Fallakte" in dem Projekt „I/E-Health NRW", einem Projekt des Europäischen Fonds für regionale Entwicklung (EFRE).

Dr. Gertrud Bureick ist Diplom-Sozialwissenschaftlerin und Krankenschwester. Vielfältige Erfahrungen hat sie im Gesundheitsbereich in unterschiedlichen Aufgabengebieten und diversen Forschungsprojekten gesammelt. Mehrere Projekte hat sie am Landesinstitut für den Öffentlichen Gesundheitsdienst Nordrhein-Westfalen (lögd) in Bielefeld und an der Universität Witten-Herdecke geleitet. Sie ist in dem Projekt „Interprofessionelle Bildungsinitiative im Qualitätsverbund Geriatrie" (BIGi) als klinische Projektleitung für den Qualitätsverbund Geriatrie Nord-West-Deutschland e. V. (QVG NWD) tätig.

Priv.-Doz. Dr. Barbara Elkeles ist seit 1994 Chefärztin der geriatrischen Rehabilitationsklinik in Telgte, einem Modellprojekt des Bundes und des Landes Nordrhein-Westfalen. Sie ist Vorstandsmitglied des Qualitätsverbundes Geriatrie Nord-West-Deutschland e. V. (QVG NWD). Darüber hinaus ist sie in zahlreichen Bereichen als Dozentin, Referentin, Autorin und Gutachterin im Bereich der Geriatrie tätig, u. a. an der Westfälischen Wilhelms-Universität Münster und der Ärztekammer Westfalen-Lippe.

Dr. Sibyll Rodde hat Psychologie studiert und ist approbierte Psychologische Psychotherapeutin. Sie arbeitet als Psychotherapeutin in einer Praxis und als wissenschaftliche Mitarbeiterin an der zeb.business school. Sie hat verschiedene Förderprojekte zur Evaluation von Bildung begleitet und ist aktuell die wissenschaftliche Projektleiterin des Projektes „BIGi".

Prof. Dr. Joachim Hasebrook hat in Psychologie promoviert und in Angewandter Informatik habilitiert. Er war Gründungsvorstand der E-Learning-Firma der Frankfurter Großbanken und Akademischer Leiter eines internationalen Medieninstituts der Universität Lübeck. Er arbeitet als Berater für zeb und ist akademischer Leiter der zeb.business school an der Steinbeis-Hochschule Berlin.

Kinder in ihrer Trauer nicht nur multiprofessionell begleiten – ein sozialer Dienst als Beispiel für eine entgrenzte Kompetenzvernetzung

Miriam Sitter

5.1 Grundlegendes zur Trauer(-begleitung) von Kindern – 60

5.2 Grenzüberschreitende Zusammenführung von Kompetenzen „an" der Trauer der Kinder – 64

5.3 Zum fortwährenden Wert einer entgrenzten Trauerbegleitung – 69

Literatur – 72

© Springer-Verlag GmbH Deutschland, ein Teil von Springer Nature 2020
R. Knackstedt, K. Kutzner, M. Sitter, I. Truschkat (Hrsg.), *Grenzüberschreitungen im Kompetenzmanagement*, Kompetenzmanagement in Organisationen,
https://doi.org/10.1007/978-3-662-59543-5_5

Zusammenfassung

Die Trauerbegleitung von Kindern gibt zu erkennen, wie multiprofessionell die soziale Arbeit für Kinder, die eine nahestehende Bezugsperson durch den Tod verloren haben, inzwischen aufgestellt ist. War die Trauerbegleitung in der Mitte des vorherigen Jahrhunderts noch ein nahezu ausschließliches Aufgabengebiet der seelsorgerischen Arbeit des Pfarrberufes – und dabei hauptsächlich auf Erwachsene konzentriert –, so hat sich inzwischen ein heterogenes, mehrere Berufsgruppen umfassendes soziales Praxisfeld etabliert, das sich dezidiert trauernden Kindern zuwendet. Die Trauerbegleitung für Kinder wird aktuell in unterschiedlichen Settings, beispielsweise in Trauerzentren für Kinder und Jugendliche oder in ambulanten Hospiz- und Palliativberatungsdiensten, von einem Großteil an nicht kirchlichen Akteurinnen und Akteuren (Ripke 2017, S. 87) ausgeführt, die Kinder dabei unterstützen, mit dem Verlust eines nahen Angehörigen umgehen zu können. Hervorzuheben ist hierbei, dass eine Unterstützung in diesem sozialen Handlungsfeld häufig durch gemeinnützige Vereine und von ehrenamtlichen Mitarbeitenden geleistet wird. Entsprechend der ambulanten Hospizarbeit, die maßgeblich von einem freiwilligen sozialen Engagement getragen wird (Jennessen et al. 2011, S. 238), stützen daher auch Ehrenamtliche aus verschiedensten Berufszweigen und fachwissenschaftlichen Disziplinen die Trauerbegleitung für Kinder. Letztere konstituiert sich folglich zu einem multiprofessionellen Handlungsfeld. Mit diesem öffnet sich ein Raum für eine besondere Form der Zuwendung, die nicht immer selbstverständlich war und es auch heute in Teilen noch nicht ist. Denn die „Erfahrung des Verlustes von Unwiederbringlichem […] und das schmerzliche Gefühl der Leere, das […] uns unausweichliche Fragen nach dem Sinn der Existenz aufdrängt" (Trummer 2003, S. 5), wird Kindern oftmals – entlang einer adultzentristischen, gar paternalistischen Sorge – nicht zugetraut. Im vorliegenden Kapitel wird aufgezeigt, in welcher Weise dieses sinnvolle und nötige Zutrauen hinsichtlich kindlicher Erfahrungen und Auseinandersetzungen mit Tod und Trauer von vielen Professionen aus unterschiedlichen Disziplinen unterstützt und von multiplen Kompetenzen auf wertvolle Weise bereichert wird. Die Begleitung von trauernden Kindern ist insofern ein eindrückliches Beispiel dafür, wie sich ein entgrenztes Verständnis für Kindertrauer formen kann. Dieses Verständnis trägt dazu bei, kindliche Trauer kohärent als das anzuerkennen, was sie ist: nämlich höchst bedeutsam für das kindliche Wohlbefinden und ein selbstverständlicher Teil des (gesellschaftlichen) Lebens.

In der theoretischen Diskussion lassen sich neuerdings Tendenzen einer disziplinären Schließung beobachten, die Einfluss auf genau dieses entgrenzte Trauerverständnis haben könnten. In diesem Kapitel wird diese mögliche Konsequenz anhand der aktuellen Debatte über die Diagnoseeinführung der „anhaltenden Trauerstörung" veranschaulicht. Damit wird pointiert, wie bedeutsam das Einfließen und die Zusammenführung der jeweiligen Kompetenzen unterschiedlicher Professionen und Disziplinen sowie ihrer Personen im Kontext einer gemeinnützigen Begleitung von trauernden Kindern ist.

5.1 Grundlegendes zur Trauer(-begleitung) von Kindern

Es sei gleich eingangs erwähnt, dass sich der Begriff „Kompetenzen" in diesem Beitrag keineswegs auf ein betriebliches Verständnis von Kompetenzmanagement bezieht und sich schon gar nicht als eine Form von Basiskompetenzen verstehen lässt, wie sie vielfach in bildungspolitischen Diskursen und für pädagogische Prämissen gefordert werden. Vielmehr rückt hier – ohne den inflationären und durchaus manipulativen Charakter des Begriffes weiter stärken zu wollen – mit Kompetenzen ein Bündel an bedeutsamen Fähigkeiten in den Vordergrund, die es ermöglichen, sich mit dem Thema der kindlichen Trauer in sozialer Verantwortung auseinanderzusetzen. Dieses Bündel an Fähigkeiten lokalisiere ich in einem eher informalisierten Kompetenzbereich, der ganz und gar nicht „dem Optimierungs- und Gelingensduktus der Professionalität" (Schultz 2017, S. 89) entspricht. Im Weiteren wird eine soziologische Erklärung hinzugezogen, die mit Kompetenzen ebenfalls gewisse Zuständigkeiten und Befugnisse (Hillmann 2007, S. 441) ausdrückt. An diese zwei Aspekte knüpfe ich ein spezifisches Wissen an, das diesen Zuständigkeiten und Befugnissen inhärent ist. Kompetenzen sind also für das hier diskutierte Thema ein Bündel an Fähigkeiten, die unter Hinzuziehen eines spezifischen Wissensrepertoires Zuständigkeiten konstituieren (können) und damit Institutionen sowie Personen befugen, sich dem Thema der kindlichen Trauer handlungskompetent zu widmen.

Der hier verwendete Begriff der Multiprofessionalität orientiert sich an einem neueren professionssoziologischen Verständnis, um – anlehnend an Nittel (2004, S. 350) – deutlich zu machen, dass multiprofessionelles Handeln keineswegs an die Existenz einer Profession (in diesen Fall mehrerer Professionen) gebunden sein muss. Vielmehr ist damit „die besondere Qualität einer personenbezogenen Dienstleistung auch über den institutionellen Komplex der anerkannten Professionen hinaus" (Nittel 2004, S. 350) gemeint. Diese Definition impliziert den Vorteil, für ein multiprofessionelles Verständnis dezidiert wissenschaftliche Disziplinen mitdenken zu können; zumal sich diese als „relativ selbstgenügsame Sozialsysteme" (Stichweh 1994, S. 310) durchaus von den an Klientinnen und Klienten orientierten sowie Handlungsbezüge herstellenden Professionen, wie sie Stichweh differenziert, unterscheiden. Im Besonderen begünstigt die Definition jedoch, Trauerbegleitung von Kindern nicht nur unter multiprofessionellen Aspekten zu betrachten, sondern sie aufgrund der Natürlichkeit von Trauer einem lebensweltlichen Bereich zuzuordnen, für den nicht ausschließlich professionelle Dominanz, sondern vielmehr Zuwendung und geschenkte Zeit benötigt werden.

5.1.1 Kinder trauern (nicht) anders als Erwachsene

Blickt man nun auf die Trauerbegleitung von Kindern, so fällt zunächst einmal auf, dass ein entwicklungspsychologisches Wissensrepertoire vielen in diesem Feld arbeitenden Personen ein grundlegendes Verständnis für die Spezifik der kindlichen Trauer bereitstellt. Insbesondere der Rückgriff auf Piagets (1970) Vorstellungen und Theorien zur kognitiven Entwicklung von Kindern ist für die praktische Trauerbegleitung konstant wegweisend (Sitter 2018, S. 739). In vielen Hand- und Ratgeberbüchern zur Begleitung von trauernden Kindern (z. B. Ennulat 2014; Franz 2013; Witt-Loers und Halbe 2013) wird sich folglich auf die Erkenntnis bezogen, dass die Berücksichtigung der animistisch-magischen Entwicklungsphase von Kindern hinsichtlich der Deutung ihrer Trauerweisen relevant sei. In dieser Entwicklungsphase, in der das kindliche Denken – als ein magisches – durch das „Fehlen von Rationalität und Logik" (Schrader 2008, S. 212) gekennzeichnet ist, erklären sich Kinder (im Vorschulalter) Ereignisse oftmals aus „irrationalen Zusammenhängen heraus" (Schrader 2008, S. 212). Sterben und Tod sind insofern für Kinder in dieser Entwicklungsphase (noch) regelmäßig mit der Vorstellung und Fantasie verbunden, mit Wünschen und Zaubereien könne man auf Sterbeprozesse und den Tod Einfluss nehmen.

Beispiel
Für Trauerbegleitende liefert dieses entwicklungspsychologische Wissen beispielsweise eine Antwort darauf, warum sich trauernde Kinder im Vorschulalter nach dem Versterben ihrer Großmutter darüber sorgen, sich nicht ausreichend gewünscht zu haben, dass die Großmutter wieder gesund wird. Da Kinder in dieser Phase logische Schlussfolgerungen zum Sterbeverlauf noch nicht vollends ableiten können, erschließen sie sich ihre Zusammenhänge vermittels (Allmachts-)Fantasien. Kinder gelangen somit durchaus zu der Vorstellung, ihr eigenes Handeln könne Einfluss auf die Umwelt nehmen und insofern Ereignisse bewirken oder sogar verhindern (Witt-Loers und Halbe 2013, S. 32).

Ein fachlich-methodisch kompetentes Handeln schließt sich dieser entwicklungspsychologischen Erkenntnis nun in der Weise an, als Trauerbegleitende sich darüber bewusst sind, was sie Kindern an tröstlichen Erklärungen anbieten können. Einem Kind, das sich – um das obige Beispiel nochmals aufzunehmen – darüber sorgt, dass die Großmutter verstorben sei, weil es sich nicht stark genug gewünscht habe, dass sie wieder gesund wird, kann in der Klärung seiner Gefühlslage in folgender Weise unterstützt werden: So ist zunächst einmal nicht auszuschließen und zu berücksichtigen, dass das Kind von dieser Sorge eingenommen wird, weil ihm vonseiten seiner Familienangehörigen in der Traurigkeit darüber, dass die Großmutter erkrankt ist, möglicherweise mitgeteilt wurde: „Du musst dir nur ganz stark wünschen, dass die Großmutter wieder gesund wird." Ein Kind allerdings, das sich die Hintergründe für das Sterben aufgrund seines Wissensstands, aber vor allem aufgrund seines magischen Denkens noch nicht gänzlich logisch erschließen kann, wird den Tod der Großmutter im Kontext der obigen Mitteilung daher unter Umständen mit einer nicht ausreichend gewünschten Gesundung assoziieren.

Trauerbegleitenden werden in genau solchen Momenten auch auf einer sozial-kommunikativen Ebene Kompetenzen abverlangt, indem sie dem Kind verständlich machen müssen, was Sterben und Tod bedeuten. In kindgerechter Sprache sollte es sachlich darüber aufgeklärt werden, warum Menschen sterben und mit welchen Konsequenzen dies verbunden ist. Die Erkenntnisse der entwicklungspsychologischen Disziplin „über derartige kognitive (Un-)Möglichkeitsspielräume von Kindern" (Sitter 2018, S. 740) helfen Trauerbegleitenden also „zu verstehen, mit welchem Wissen und Nicht-Wissen über den Tod es trauernden Kindern möglich wird, den Verlust einer Bezugsperson zu verarbeiten" (Sitter 2018, S. 740). In vielen Fällen werden Trauerbegleitende folglich mit Fragen von trauernden Kindern konfrontiert, auf die es – oftmals relativ ad hoc – handlungskompetent zu antworten gilt; insbesondere dann, wenn mit diesen Antworten perspektivisch erreicht werden soll, dass Kinder den Tod einer nahen Bezugsperson gut und zuversichtlich verarbeiten können.

Beispiel
Die Frage eines trauernden Kindes wie „Wann kommt Mama wieder zurück?" oder „Friert die Oma im Sarg?" sollte deshalb keineswegs mit euphemistischen oder unehrlichen Antworten weiter bestärkt werden; nur, weil Erwachsene der Ansicht sind, man müsse Kindern die Faktizität des Todes erleichtern. Denn zu wissen, dass ein trauerndes Kind im Vorschulalter den Tod (noch) nicht als ein irreversibles Ereignis versteht, verlangt geradezu nach einer ehrlichen und verantwortungsvollen Klärung dessen, was es erwartet.

Entlang dieser Schilderungen, die nur einen kleinen Ausschnitt an möglichen Reaktionen und Fragen von trauernden Kindern gemäß ihres Entwicklungsstatus zeigen, kann kindliche Trauer durchaus als etwas Spezifisches betrachtet werden. Der vielgebrauchte und -zitierte Passus von Getrud Ennulat (2014, S. 59), Kinder stolpern „in Pfützen der Trauer hinein und springen wieder weiter", bringt diese Spezifik auch in ihren Ausformungen gut auf den Punkt: So lässt sich häufig beobachten, wie die „Betrübtheit eines trauernden Kindes abrupt in einen Zustand der Fröhlichkeit umschlägt" (Sitter und Reinke-Westerholz 2014, S. 42). Der Sinn dieser Sprunghaftigkeit liegt nach Ennulat in einem natürlichen Schutzmechanismus begründet, der es trauernden Kindern „nur von Zeit zu Zeit gestattet, Trauer auszudrücken" (Ennulat 2014, S. 59).

» „Längere Trauerzustände wären eine zu große Bedrohung." (Ennulat 2014, S. 59)

Kinder trauern insofern legitim **anders** als Erwachsene. In vielerlei Hinsicht ist ihre Trauer aber auch genau das, was sie für Erwachsene ist, und zwar der Umgang mit jenem bedeutsamen Moment, „in dem Wertvolles und Wertgeschätztes entrissen wird", und an den sich unweigerlich die Herausforderung anknüpft, „einen Abschied zu akzeptieren, mithin das eingebrochene Schicksal zu überwinden" (Trummer 2003, S. 5).

5.1.2 Eine aufmerksame Begleitung mit „verantworteten Antworten"

Diese Betrachtung der kindlichen Trauer verlangt geradezu eine aufmerksame Begleitung durch Erwachsene. Trauerbegleitende sind insofern vor die Herausforderung gestellt, die Trauer und Trost suchenden Momente der Kinder sensibel zu entschlüsseln, ohne dabei „ihre" Erwachsenenperspektive allzu sehr auf die Reaktionen und Verhaltensweisen der trauernden Kinder zu projizieren. Denn wie zuvor thematisiert wurde, zeigt sich die kindliche Auseinandersetzung mit dem erfahrenen Verlust gelegentlich in sich abrupt ändernden Gefühlszuständen, die Erwachsene mitunter irritieren. Diese Irritationen sind insofern zu reflektieren, als sie dazu führen können, die Verhaltens- und Reaktionsweisen von Kindern vorschnell als **nicht angemessen** zu deuten. Insbesondere still trauernde Kinder, „die sich unauffällig verhalten, nicht berührt sein wollen" (Ennulat 2014, S. 56), führen Erwachsene nicht selten in die Ungewissheit darüber, wie ihnen zu helfen ist, und befördern ebenso die Konstruktion, das Kind trauere doch gar nicht (richtig).

Beispiel

In erster Hinsicht ist ihnen geholfen, wenn Erwachsene die variablen Verhaltensweisen der Kinder zunächst einmal als „angemessenen Ausdruck kindlicher Trauer" (Ennulat 2014, S. 57) akzeptieren und sie nicht voreilig als „pathologisch" bewerten. Um dabei zeitgleich ausschließen zu können, dass das stille Trauern des Kindes keine bewusste Verdrängung bedeutet, ist es wichtig, dem Kind aufmerksam zuzuhören. Genau dies ist ein Vorgehen, das „Einfühlen, Mitdenken, Mitsuchen, Mithandeln" (Franz 2013, S. 148) ermöglicht, ohne die Gefühlsebene der Kinder in adultzentristischer Routine zu untergraben.

In einer aufmerksamen Begleitung trauernder Kinder sollte Erwachsenen also der Balanceakt gelingen, sich einerseits den Wissens- und Erfahrungslücken der Kinder, die sie nach einem erlebten Verlust zu erschließen versuchen, ausreichend zu öffnen, und ihnen dabei anderseits und hinsichtlich der Beschwernis ihrer Trauer schützend zur Seite zu stehen. Wenn ein trauerndes Kind beispielsweise danach fragt, „ob bestattete Tote ausreichend mit Luft und Licht versorgt sind" (Plieth 2013, S. 21), ist dies schließlich ein Zeichen, dass es sich mit den Folgen des Sterbens bereits beschäftigt und sich möglicherweise Gedanken – in übertragener Weise – darüber macht, wie es ihrem/seinem Verstorbenen geht. Genau an dieser Stelle ergibt sich die Notwendigkeit, dem Kind – neben der Absicht, es beschützen zu wollen – keine „halbe[n] Wahrheiten oder auch Märchen über den Tod zu erzählen" (Fachverlag des deutschen Bestattungsgewerbes GmbH 2017, S. 8). Zweifelsfrei sind Kinder, die eine nahe und wichtige Bezugsperson verloren haben, auf die Sorgebeziehungen der Erwachsenen angewiesen. Doch genau dies bedeutet **nicht,** sie aus Sorge vor zu viel erschwerter und erschwerender Faktizität in Unklarheit darüber zu lassen, dass Verstorbene die ausreichende Versorgung mit Luft und Licht nicht mehr benötigen.

Vielmehr erfordert es, ihnen „verantwortete Antworten" (Franz 2013, S. 153 f.) zu geben und dabei die Sach- und die Gefühlsebene gleichermaßen zu berücksichtigen (Franz 2013, S. 154). Denn die gut gemeinte und Trost spendende Aussage einer Mutter, beispielsweise „Oma wohnt jetzt im Himmel", kann ein Kind höchstwahrscheinlich nicht sicher „mit der Tatsache in Übereinstimmung bringen, dass die Oma gleichzeitig auf dem Friedhof beerdigt wurde" (Franz 2013, S. 132). In Orientierung an Trontos (2009, S. 1) „ethic of care" ist es somit wichtig, ihnen – trotz ihrer Eingebundenheit in tröstende Sorgebeziehungen durch Erwachsene (Eßer und Sitter 2018) – die faktische Auseinandersetzung mit den Umständen sowie Konsequenzen des Sterbens und Todes zuzutrauen.

5.2 Grenzüberschreitende Zusammenführung von Kompetenzen „an" der Trauer der Kinder

5.2.1 Kein monoprofessionelles und disziplinäres Grenzdenken

Nun lässt sich dieses gewachsene Zutrauen durchaus als ein erster Effekt eines entgrenzten und damit grenzüberschreitenden Verständnisses für den Umgang mit Kindertrauer bezeichnen. Hätte das disziplinäre, entwicklungspsychologische Wissen nämlich die Praxis der Trauerbegleitung nicht erreicht, so würde sicherlich noch heute und gesamtgesellschaftlich vehement die Freudsche Auffassung vertreten werden, „dass selbst neunjährige Kinder wenig vom Tod verstünden" (Senf und Eggert 2014, S. 19 unter Bezug auf Freud). Und würde das gewachsene Zutrauen nur innerhalb der psychologischen Praxis zirkulieren und eingesetzt werden, so wären andere bedeutsame Hilfen wie das gemeinsame Trauern der Kinder in gleichaltrigen Gruppen oder die (meistens) kostenlose soziale und lösungsorientierte Trauerbegleitung, die eben keine ausschließlich psychotherapeutische Behandlung darstellt, undenkbar. Vielmehr zirkuliert dieses Zutrauen auf einer Ebene, die per se schon grenzüberschreitende Züge aufweist, und zwar aufgrund der multi- und interprofessionellen sowie interdisziplinären Zusammensetzung an Personen innerhalb von Trauereinrichtungen, in denen sich verschiedene Kompetenzen bündeln. Grenzüberschreitungen gilt es daher im Folgenden als eine soziale Öffnung für die Variabilität kindlicher Trauerprozesse zu verstehen, die dazu beiträgt, ein ausschließlich monoprofessionelles und disziplinäres Grenzdenken zu überwinden.

In Trauereinrichtungen sind für die Unterstützung von trauernden Kindern in der Regel Trauerbegleitende – in gruppenleitender Funktion – zuständig, die oftmals (aber keineswegs immer) einen sozialwissenschaftlichen, (sozial-)pädagogischen, pflegerischen oder pädiatrisch-medizinischen etc. Grundberuf ausüben. Sie weisen insofern spezifische fachliche Qualifikationen und Kompetenzen sowohl im Sinne einer an Klientinnen und Klienten orientierten Profession als auch fachwissenschaftlichen Disziplin vor. Häufig, aber auch nicht immer sind weitere Zusatzqualifikationen aufzufinden, beispielsweise aus den Bereichen der systemischen Beratung, Heilpraxis für Psychotherapie, Supervision, Traumapädagogik, dem Kinder- und Familiencoaching, der Palliativarbeit und/oder Kunsttherapie. Trauerbegleitende verfügen dabei keineswegs immer über eine berufsbegleitende, geschweige standardisierte Ausbildung zur Trauerbegleitung; dennoch aber über ein Bündel an jeweiligen Kompetenzen, die in folgender Weise wertvoll für die Trauerbegleitung sind:

- So bringen beispielsweise Pädagoginnen und Pädagogen neben grundlegenden methodisch-didaktischen Fähigkeiten auch selbstreflektierende und soziale Befähigungen mit, um die Bedürfnisse trauernder Kinder zu entschlüsseln.
- Eine Heilpädagogin, die eine Zusatzqualifikation für Traumapädagogik erworben hat, besitzt wiederum die Fähigkeit, aufmerksam und sensibel jene Faktoren wahrzunehmen, die trauernden Kindern „normalerweise bei der Trauerarbeit helfen", jedoch durch mögliche „traumatische [...] Umstände des Verlustes unterminiert und ausgeschaltet" sein können (Trickey 2014, S. 448).
- Auch Sozialarbeiterinnen und Sozialarbeiter, die entlang von gestalttherapeutischen Techniken ein- und mitfühlend sowie ressourcenorientiert handlungskompetente Erinnerungsarbeiten ausführen, kann ebenfalls auffallen, wie schwer es einem Kind fällt, Erinnerungen über die Verstorbenen zuzulassen.
- Ein/eine Erzieher/-in wiederum, die eine Kindertagesstätte leitet oder geleitet hat, bringt grundsätzliche Schlüsselkompetenzen für die Arbeit mit kleinen Kindern mit.
- Ein ehrenamtlicher Mitarbeitender, der/die Schulmediator/-in ist, besitzt dagegen die basale Fähigkeit, mit trauernden Kindern lösungsorientiert zu arbeiten, wenn sie das Gefühl haben, dass mit dem Verlust für sie gerade alles zusammenbricht. Zugleich hat er/sie eine hohe sozial-kommunikative Kompetenz, die sich als enorm hilfreich erweist, um das Gruppensetting mit trauernden Kindern zu gestalten.
- Ehrenamtliche Mitarbeitende, die als Bankangestellte, Erziehungswissenschaftlerinnen und -wissenschaftler oder Religionslehrkräfte etc. selbst die Erfahrung eines eigenen Verlustes gemacht haben, bringen wiederum ein großes Erfahrungswissen und damit die Fähigkeit mit, sich in die Lebenssituation der Kinder einzufühlen und ihnen mitfühlend zuzuhören. Nicht zuletzt sind sie es, die den Kindern freiwillig ihre Zuwendung und wertvolle Zeit schenken.

Im gesamten Kontext einer Trauereinrichtung fließt also ein multi- und interprofessionelles sowie interdisziplinäres Kompetenzprofil (Gramm 2017, S. 47) unterschiedlichster Personen zusammen. Insbesondere durch die Zusammenkunft mehrerer Berufsgruppen innerhalb von kollegialen Fallberatungen können diese unterschiedlichen Kompetenzen sinnvoll gebündelt und zusammengetragen werden. Regelmäßige Fortbildungen zum ressourcen- und lösungsorientierten Handeln sowie zum selbstreflektierten Umgang tragen dazu bei, das Kompetenzprofil durch ein rahmendes und fundiertes Wissen für den Umgang mit trauernden Kindern zu erweitern.

Der gesamtgesellschaftliche Status der Trauerbegleitenden ist daher – so formuliert es Ripke (2017, S. 87) zu Recht – „undefiniert", da es sich hier um einen rechtlich ungeschützten Begriff handelt. Jeder Mensch könnte sich demnach ohne „besondere Qualifizierung", aber mit besonderen und adäquaten Kompetenzen, Trauerbegleiter/-in nennen. Die Trauerbegleitung ist also auf einer personellen Ebene bereits grenzüberschreitend, weil differente Personen aus multiplen Professionen und fachwissenschaftlichen Disziplinen mit teils unterschiedlichen Zusatzqualifikationen und ihren jeweiligen Kompetenzen dazu beitragen können, dass sich Kinder, die einen bedeutsamen Menschen verloren haben, zuversichtlich und gesund entwickeln können. Multiprofessionalität lässt sich also für dieses Handlungsfeld als eine Antwort auf die Bewältigung von Komplexität begreifen.

Trotz dieser multi- und interprofessionellen sowie interdisziplinären Zusammensetzung der Teams ist die Trauerbegleitung per se keine genuine Profession. Allerdings gleicht sie in ihrem praxisorientierten Aufgabenspektrum, das auf die gesellschaftliche Enttabuisierung von Trauer und Stärkung des Empowerment trauernder Kinder hinwirkt, den vielschichtigen Arbeitsfeldern der sozialen Arbeit, die wiederum als „praxisorientierte Profession" (Lutz 2018, S. 289) gilt. Mit dieser vergleichbaren Charakteristik kommt der Trauerbegleitung die bedeutsame Aufgabe zu, Kinder entlang ihres erfahrenen Verlustes so zu befähigen und zu ermutigen, „dass sie die Herausforderungen des Lebens bewältigen und das Wohlergehen verbessern" (Lutz 2018, S. 289). Trauerbegleitung ist insofern als ein sozialer (Trauer-)Dienst zu verstehen, als er zur gesellschaftlichen Sensibilisierung im Umgang mit trauernden Kindern beiträgt. Die multiprofessionelle Ausrichtung eines solchen Dienstes ist niemals segmentiert, sondern als notwendige Verzahnung von multiplen Kompetenzen zu verstehen.

Als eine sozialarbeiterische Praxis gestaltet sich Trauerbegleitung im Rahmen dieser Zielsetzung und mit ihren vielfältigen Kompetenzen auf einer weiteren und tätigkeitsbezogenen Ebene mehrfach grenzüberschreitend:

a) So sind alle Trauerbegleitenden grundsätzlich dazu aufgefordert, grenzüberschreitend zu denken und zu reflektieren. In ihrer Begleitung stützen sie sich schließlich verantwortungsbewusst auf ein human- sowie sozialwissenschaftliches und insbesondere entwicklungspsychologisches Gedankengut, um Kindern dabei behilflich zu sein, ihre Gefühle im Rahmen der Trauer altersentsprechend und frei ausdrücken zu können. Insbesondere in den Gesprächen mit trauernden Kindern werden ebenfalls regelmäßig Grundfragen und -themen der philosophischen Anthropologie berührt; mit dieser wird ein Verständnis dafür geöffnet, dass die kindlichen Gefühle der Trauer „untrennbar verknüpft" sein können „mit der Bestimmung des Menschen auf der Suche nach dem Sinn von Sein" (Brathuhn 2006, S. 21). Demzufolge liefert die besorgte Frage eines über den Tod der Mutter trauernden Kindes, ob es auch bald sterben muss, nicht nur Antworten auf das magische Denken und den Wissensstand des Kindes über Sterben und Tod, sondern fordert ebenfalls dazu heraus, durchaus den anthropologischen Aspekt zu reflektieren, dass sich dieses Kind infolge des Verlustes der Mutter implizit Gedanken über die Endlichkeit(sproblematik) macht. Nicht zuletzt handeln Trauerbegleitende im Kontext der Gesellschaft. Nöte und Sorgen eines trauernden Kindes sind oftmals nicht nur auf die Trauer und die diesbezüglichen familiären und sozioökonomischen Umstände zurückzuführen. Vielmehr ist zu berücksichtigen, dass diese Verwicklungen immer auch im Sinne eines soziologischen und figurativen Denkens nach Elias (1987) und damit entlang von sozialen Interdependenzen trauernder Kinder in der Gesellschaft zu begreifen sind. Trauerbegleitung blickt insofern – ohne es vielleicht bewusst zu bedenken – im Sinne der soziologischen Disziplin konstant auf die wechselseitigen Abhängigkeiten von trauernden Kindern und ihren Familien in der Gesellschaft.

b) Auch im Einsatz ihrer konkreten Arbeitsweisen und -techniken verfährt die Trauerbegleitung grenzüberschreitend, weil sie sich nicht auf die **eine** Methode der Trauerbegleitung bezieht. Die Tatsache, dass Trauerbegleitung sehr häufig an der Praxis der systemischen Beratung festhält, veranschaulicht das grenzüberschreitende Moment sehr deutlich: So beruht der Ansatz der systemischen Beratung zunächst einmal auf anderen theoretischen Konzepten. Viele Methoden, die eingesetzt werden, um mit den Kindern ins Gespräch zu kommen, sind psychotherapeutische Techniken, die sich wiederum an die systemische Familientherapie anlehnen. „Kinder, die einen existentiellen Verlust zu betrauern haben, haben ein breites Spektrum an Vorerfahrungen" (Fischinger 2014, S. 41). Diese spielen zweifelsfrei eine Rolle im Trauerverhalten der Kinder, die es mit ihnen gemeinsam zu erkunden und systemisch zu (er-)klären gilt. Trauerbegleitende verfügen dabei über ein hohes Maß an Integrationsfähigkeit, denn sie arbeiten nicht ausschließlich mit dem trauernden Kind, „sondern auch mit seinem näheren Umfeld, sprich mit seiner Familie und anderen wichtigen Bezugssystemen, wie z. B. Schule oder Kindergarten" (Bongartz 2014, S. 501) zusammen. Um also diese „systemischen Zusammenhänge und deren Auswirkungen" (Bongartz 2014, S. 503) auf die Trauer des Kindes in einer (nicht) trauernden Familie innerhalb der Gesellschaft zu verstehen, können unterschiedliche Hilfen eingesetzt werden, die im Grunde nicht genuin systemisch sind: Viele Kreativarbeiten wie das Malen und Basteln, mit denen Kinder ihre Trauer ausdrücken und/oder Erinnerungen verarbeiten können, basieren beispielsweise auf kunsttherapeutischen Ansätzen. Das Einsetzen von Handpuppen wiederum, dass insbesondere sehr jungen Kindern gute Ausdruckmöglichkeiten eröffnet, gründet in Techniken des Psychodramas und der Spieltherapie. Nicht zuletzt werden diese zwei Techniken gerahmt von einer ressourcenorientierten Haltung, die sich zugleich einer lösungsorientierten Zuwendung verpflichtet fühlt. Letztere wiederum ist eng verbunden mit der Gesprächstherapie. Diese Hilfen und ihre immanenten disparaten Theorien sind nur ein kleiner Ausschnitt aus der Vielfalt an bedeutsamen methodischen Mitteln, mit denen Kinder dabei unterstützt werden können, ihre Trauer systemisch zu verarbeiten. Diese Beispiele verdeutlichen, wie sehr Trauerbegleitung grenzüberschreitend verfährt. Sie öffnet sich schließlich für einen bunten Strauß an Unterstützungen und Lösungsweisen, die nicht im inneren Methodenzirkel nur einer Disziplin oder Profession verweilen. Professionsspezifische Wissensbestände werden demnach situativ modelliert und entsprechend angewendet.

c) Obgleich die Trauerbegleitung auf (psycho-)therapeutische Ansätze in der Praxis zurückgreift, verfolgt ihre Arbeit im Kern kein therapeutisches Vorgehen. In gewisser Weise bewegt sich die soziale (Trauer-)Arbeit damit an der „Grenze zur Therapie" (Bongartz 2014, S. 501). Diese therapeutische Grenze überschreitet sie aber nicht, weil sie nicht genuin therapeutisch im Sinne der psychologischen Disziplin handelt. Grenzüberschreitend wird sie jedoch tätig, indem sie sich unterschiedlichen Einrichtungen wie psychologischen/psychotherapeutischen Beratungsstellen öffnet und sich mit diesen vernetzt; damit schließt sie keineswegs aus, dass kindliche Trauer zu einer gesundheitlichen Beeinträchtigung führen kann. Eine gewissenhafte und verantwortungsvolle Trauerbegleitung kann sich somit dieser potenziellen Form an Grenzüberschreitung nicht entziehen.

5.2.2 Der pädagogische Takt als transprofessionelles Prinzip der entgrenzten Kompetenzvernetzung

Die vielfältigen Aufgaben, Ansprüche und Verantwortungen, denen eine Trauerbegleitung gerecht wird, können – so dürfte bereits deutlich geworden sein – durch das großzügige Zusammenwirken unterschiedlicher professionsspezifischer und disziplinärer Kompetenzen sowie Wissenspotenziale umgesetzt werden. Im beständigen Einfließen entwicklungspsychologischer Erkenntnisse konstituiert sich die Trauerbegleitung schließlich nicht nur zu einem multi- und interprofessionellen sowie interdisziplinären, sondern auch zu einem transprofessionellen sozialen (Trauer-)Dienst, weil sich multiprofessionelles und interdisziplinäres Wissen in diesem Feld wechselseitig durchdringen (Gramm 2017). Sicherlich ergibt sich entlang dieses disparaten Profils nun die Diskrepanz, dass in der Trauerbegleitung nicht deutlich differenziert werden kann, wo ihre Kompetenzen eigentlich anfangen und aufhören. Allerdings möchte ich behaupten, dass genau darin der große Gewinn einer Trauerbegleitung für Kinder steckt: Kindlicher Trauer mit entgrenzten professions- und disziplinbezogenen Kompetenzen zu begegnen, impliziert, Kindertrauer nicht auf **ein** Maß zu reduzieren, sondern sie vielmehr in ihrem variablen sozialen und persönlichen Ausmaß anzuerkennen. Jeder Mensch kennt Trauer. Deshalb gehört die gemeinnützige Zuwendung, wie sie bereits skizziert wurde, immer auch anderen, eben natürlichen, empathischen und vor allem lebensweltlichen Handlungskontexten an, die für die Trauerbegleitung wichtig und zu berücksichtigen sind. Einen solchen natürlichen Blick auf die Trauer der Kinder zu werfen, möchte ich dem **informalisierten Kompetenzbereich** zuordnen, dem ein „anarchisches Potenzial" (Schultz 2017, S. 89) innewohnt.

Dieser Bereich umfasst meines Erachtens Fähigkeiten, die ein hohes Maß an Flexibilität sowie Feingefühl und damit an „pädagogischem Takt" im Sinne Herbarts (1964) einfordern, dem keine reine und erlernte professionsspezifische sowie disziplinäre Methodik zugrunde liegt. Vielmehr handelt es sich hierbei auf die Trauerbegleitung bezogen, um eine besondere humane und altruistische Sensibilität sowie Reflexivität, die Trauerbegleiterinnen und Trauerbegleiter der Lebenssituation trauernder Kinder entgegenbringen (müssen). Damit ist die Fähigkeit gemeint, „to ,see' and ,hear' (sense) what the needs are of children and also what the possibilities are of these children or of any particular child" (van Manen 2015, S. 79). Es ist also – im Sinne des pädagogischen Taktes – ein aufmerksames Wahrnehmen und Zuhören nötig, „that is oriented to the otherness of the child and uses a multiplicity of perspectives, considerations, and vantage points to try to gain a vision and pedagogical understanding of a child" (van Manen 2015, S. 79).

Eine solche Vielfalt an Perspektiven, Überlegungen und Blickwinkeln wird durch das Einfließen sowie Zusammenwirken professionsspezifischer, aber auch disziplinärer Kompetenzen im Rahmen von gemeinnützigen, solidarischen Initiativen für trauernde Kinder vorzüglich umgesetzt. Denn hier gilt die Maxime, dass allgemeine Wohl der Kinder zu fördern und dabei keine eigenen Interessen in materieller und wirtschaftlicher Hinsicht zu verfolgen. Dieses grundlegende Prinzip (ver-)eint alle ehren- sowie hauptamtlichen Mitarbeitenden in einer gemeinnützigen Einrichtung für trauernde Kinder. Ihre unterschiedlichen Kompetenzen werden daher auf wertvolle Weise von dem Grundsatz geleitet, dass kindliche Trauer eine „ehrliche Resonanz" (Baer und Frick-Baer 2008, S. 127) benötigt und ihr insofern offen und nicht obligatorisch (=informalisiert), sondern permissiv begegnet werden sollte.

In der Begleitung von trauernden Kindern dominiert deshalb – wie es Herbart 1802 in seinen „ersten Vorlesungen über Pädagogik" formulierte, die Handlungsweise eines Menschen, „welche zunächst von seinem Gefühl und nur entfernt von seiner Überzeugung abhängt" (Herbart 1964, S. 126). Wenn ein trauerndes Kind also fragt, wann die verstorbene Mama denn wieder zurückkommt, so ist das entwicklungspsychologische theoretische Wissen über das magische Denken eines Kindes zwar eine gute „überzeugende" sowie professionelle Basis – für die konkrete Unterstützung hilft dieses aber nicht unmittelbar weiter. Vielmehr ist in solchen Momenten die Fähigkeit gefragt, sich auf die individuelle Situation des Kindes einzulassen und mit viel Feingefühl dem Kind eine ehrliche, aber „verantwortete Antwort" (Franz 2013) zu geben.

Soziale Trauerbegleitung für Kinder wird daher vor allem durch eine lebendige Beziehung „zwischen dem ‚Objektiven' und dem ‚Subjektiven'" (Keil 2017, S. 24) geleistet. Damit gelingt ihr die nötige Balance zwischen dem Fachlichem und Menschlichen, die Keil auch für den allgemeinen Umgang mit erkrankten Menschen als wichtig ausweist. Die Trauer der Kinder formt sich schließlich zu einem „Grenzobjekt" (Star und Griesemer 1989), weil sie etwas zutiefst Menschliches ist, das von ehren- und/ oder hauptamtlich trauerbegleitenden Menschen in ihrer mehr als multiprofessionellen Zusammensetzung intersubjektiv nachvollziehbar geteilt werden kann. „An" der Trauer der Kinder trifft folglich ein Verständnis für einen sehr natürlichen und Authentizität einfordernden lebensweltlichen Zustand zusammen, sodass trauernden Kindern mit darauf antwortenden, eben informalisierten – nahezu unscheinbaren – Kompetenzen wie vereintem Mitgefühl, Dasein, Zuhören, Sensibilität-Zeigen, Geborgenheit-Schenken und Altruistisch-Sein bereits großartig geholfen werden kann. Eine gemeinnützige soziale Trauerbegleitung, die haupt- und ehrenamtliche Mitarbeitende solidarisch (ver-)eint, erweist sich dabei als eine wertvolle entgrenzte Kompetenzvernetzung, weil ihre Begleitung der trauernden Kinder mit diesem vereinten Mitgefühl entlang von natürlichen **multiplen Empathien** geschieht und eben nicht entlang eines ausschließlich fachlich spezialisierten Blickes, der technokratischen Rationalitätsstandards gehorcht.

5.3 Zum fortwährenden Wert einer entgrenzten Trauerbegleitung

Eine Begrenzung dieser wertvollen Hilfe deutet sich nun an, wenn man auf die aufgeregte Diskussion rund um die von der Weltgesundheitsorganisation (WHO) herausgegebene und überarbeitete internationale Klassifikation psychischer Störungen (ICD-11) blickt. Mit dem Wissen darüber, dass mit dieser Überarbeitung durch eine Arbeitsgruppe der WHO die Aufnahme der Diagnose „Anhaltende Trauerstörung" als eigenständige psychische Störung vorgeschlagen und möglich wird, hat sich eine kontroverse und besorgte Debatte entfaltet; zumal die medizinisch-psychiatrische Disziplin mit dieser Diagnose die offene und entgrenzte Unterstützung hinsichtlich der Trauerverläufe von Kindern, wie sie soeben skizziert wurde, partiell einzuschränken droht. Was in den letzten Monaten spekuliert und diskutiert wurde, ist nun konkret geworden. Am 19. Juni 2018 verkündete das Deutsche Ärzteblatt (2018, o. S.), dass die WHO in Genf „einen Entwurf für die neue elfte Version ihres Klassifikationssystems für medizinische Diagnosen (International Statistical Classification of Diseases and Related Health Problems, kurz ICD)" vorgestellt hat. Im Weiteren heißt es, dass die ICD-11 im nächsten Jahr auf der Weltgesundheitsversammlung verabschiedet werden und offiziell ab Januar 2022 gelten soll.

Der Blick in die überarbeite Version auf den Seiten der WHO (2018, o. S.), deren Inhalt noch nicht vollständig freigegeben ist, verrät bereits, dass die Diagnose „Anhaltende Trauerstörung (= Prolonged grief disorder) unter der Kategorie „6B42" im Abschnitt „Disorders specifically associated with stress" zu finden ist. Hier wird formuliert, dass die anhaltende Trauerstörung eine Störung ist, bei der nach dem Tod eines Partners, Elternteils, Kindes oder einer anderen Person in der Nähe des Hinterbliebenen „anhaltende und tiefgreifende Trauerreaktionen, gekennzeichnet durch Sehnsucht nach dem Verstorbenen oder einer anhaltenden Beschäftigung mit dem Verstorbenen" (WHO 2018, o. S.) zu erkennen sind. Diese Tendenz wird begleitet von tiefen emotionalen Schmerzen wie Traurigkeit, Schuldgefühle, Wut, Verleugnung, Schuldzuweisungen, Schwierigkeiten, den Tod zu akzeptieren, dem Gefühl, dass man einen Teil seines Selbst verloren hat, der Unfähigkeit, positive Stimmung wahrzunehmen, emotionaler Taubheit oder Schwierigkeiten, sich sozialen oder anderen Aktivitäten zu öffnen (WHO 2018, o. S.).

Beunruhigenderweise listet sich neben diesem diagnostischen Spielraum (zumal ja schließlich eine bunte Varianz für emotionale Schmerzen als Optionen aufgeführt wird) nun auch noch ein Zeitkriterium auf. Dieses impliziert, dass sich die obigen Trauerreaktionen, wenn sie „mehr als 6 Monate" (WHO, 2018, o. S.) andauern, als vermeintlich atypisch lang und damit als Störung erweisen. Mit dieser Diagnose, die vorerst nur für (junge) Erwachsene gelten kann, wird es also zukünftig möglich sein, sie an trauernde Menschen zu vergeben. Dabei ist nicht auszuschließen, dass diese Diagnose in naher Zukunft auch für trauernde Kinder angewendet werden kann. Denn auch in kinderpsychologischen sowie pädiatrischen Bereichen besteht seit einiger Zeit eine ganz ähnliche Routine wie in der Erwachsenenwelt: So können auffallende Reaktionen und Verhaltensweisen von (jungen) Erwachsenen im Symptomspektrum der Trauer zwar erklärt werden, aufgrund nicht vorhandener ICD-Kodierung jedoch **keine** eindeutige Diagnose erfahren. In der bisherigen Edition der ICD-10 sind deshalb Diagnosen aufgrund einer pathologischen Trauerreaktion nur begrenzt möglich und münden bei den (jungen) Erwachsenen daher häufig in diagnostizierte **Anpassungsstörungen, Depressionen** oder **posttraumatische Belastungsstörungen.**

Zweifelsfrei wäre nun mit der Diagnoseeinführung „Anhaltende Trauerstörung" der Vorteil verbunden, dass besonders schwere Trauerprozesse endlich wahrgenommen und als Trauertherapie vor allem durch Ärztinnen und Ärzte sowie Psychotherapeutinnen und -therapeuten kassenärztlich abrechenbar werden (Paul 2017, S. 95). Nachteile jedoch deuten sich für den hier diskutierten Kontext insofern an, als mit dem Zeitkriterium (ab sechs Monate) gewisse monodisziplinäre, weil psychotherapeutische Steuerungstendenzen einhergehen, die Trauerprozesse entlang eines zeitlichen Reglements normierend bewerten und behandeln.

Inwiefern sich dieses Reglement nun auch für die Kindertrauer entfaltet, ist noch ungewiss. Aktuelle Bemühungen und das vermehrte Interesse nach einer Übertragbarkeit auf das Kindes- und Jugendalter nähren allerdings eine diesbezügliche Sorge. Es sollte insofern intensiv und laut darüber diskutiert werden, was es grundsätzlich bedeutet, wenn Trauerprozesse, die mindestens sechs Monate anhalten, zukünftig in die Obhut der psychiatrischen oder Psychotherapie gegeben werden. Den Freiraum für das Trauerverhalten und vor allem die geduldig geschenkte Zeit genau dafür in einer gemeinnützig organisierten Gruppe, in der sich gleichaltrige Kinder mit ähnlichen Erfahrungen austauschen können, würden trauernde Kinder dort schließlich nicht erhalten. Denn auch Therapien sind einem finanzierten Zeitrahmen unterworfen und finden in Einzelgesprächen statt. Die so wertvollen, weil differenzierten Zuwendungen in Form von multiplen Empathien, die Kinder durch eine professionell und disziplinär geöffnete sowie zeitlich unbegrenzte sozialarbeiterische Trauerbegleitung erfahren, werden daher sicherlich nicht obsolet werden. Denn sie werden auch weiterhin dabei helfen, dass sich Trauer zu einer „heilende[n] Kraft" (Deutscher Hospiz- und PalliativVerband 2016, S. 2) entwickeln kann, die dem Entstehen von Störungen entgegenwirkt.

> **Fazit**
> Zweifelsfrei gibt es sehr dramatische Trauerprozesse und -verläufe bei Kindern, die einer genaueren Aufmerksamkeit und Begleitung bedürfen; möglicherweise auch im Rahmen einer Psychotherapie. In Anlehnung an Chris Paul (2017) plädiere ich allerdings ebenfalls dafür, erst einmal ruhig zu bleiben und das Zeitkriterium dieser Diagnose weiterhin kritisch zu betrachten. Denn trauernde Kinder haben schließlich jemanden verloren, die oder der eine wichtige Bezugs- und Bindungsperson war, und es auch weiterhin – nur in anderer Weise – bleiben wird. Wie schwer ihnen dieser Verlust zusetzt, bringen Kinder unweigerlich zum Ausdruck – dies ist normal und gesund. Ebenfalls ist es normal und gesund, dass der Umgang mit diesem Verlust seine Zeit braucht, damit er sich schließlich einigermaßen „wohl anfühlend" in das weitere Leben integrieren kann. Diese Zeit kann insbesondere durch eine grenzüberschreitende Trauerbegleitung geschenkt werden, die sich durch eine mehr als multiprofessionelle Zuwendung auszeichnet, indem sie schließlich keinen standardisierten und zertifizierten Regeln **einer** Profession folgt, und die damit keineswegs mit einer kassenärztlich zu verrechnenden, bezahlbaren Dienstleistung vergleichbar ist.
> Mit letzterer Leistung würde die Trauer der Kinder einschließlich ihrer Begleitung vielmehr professionspolitisch und entlang von wirtschaftlichen Interessen verortet werden. Diese Verortung zeugt von der Dominanz einer psychiatrischen/psychologischen Deutungshoheit, die Einfluss auf das mehr als multiprofessionelle Handlungsfeld nehmen könnte. Denn damit würde die Trauerbegleitung in ihrer Infrastruktur und Kernkompetenz sozialpädagogischen Handelns beschnitten werden. Die sinnvolle Relativierung von segmentierten, dominanten Denkweisen einzelner Professionen würde also wieder rückgängig gemacht werden. Und dabei geht es doch gerade nicht darum, Empathien für trauernde Kinder „als geregeltes Verhalten einer Institution oder nur den dafür professionell Zuständigen zu überantworten" (Schultz 2017, S. 88). Würde dies jedoch geschehen, so kann sich die Trauer der Kinder nicht zu einem großzügig betrachteten Ereignis formen, das „als vorhersehbares und berechenbares Ende kaum zu denken ist" (Trummer 2003, S. 7).
> Daher gilt es, den „pädagogischen Takt" für die Begleitung von trauernden Kindern zu stärken. Denn dieser befördert schließlich eine wertvolle grenzüberschreitende inter- und transprofessionelle Trauerbegleitung, indem er sich der Kindertrauer immer auch improvisatorisch, aber vor allem im Stil einer flexiblen Nachdenklichkeit widmet. Diese zwei Charakteristiken ermöglichen es, dass sich die nötigen Kompetenzen und Wissensverhältnisse, die für die Unterstützung von trauernden Kindern bedeutsam sind, vor allem in ihren relationalen Eigenschaften entfalten. Kompetenzen in der Trauerbegleitung von Kindern sind daher besonders wertvoll, wenn sie sich in inter- und transprofessionellen Beziehungen kommunikativ entfalten können und nicht in monoprofessionellen Inseln verweilen.

Literatur

Baer, U., & Frick-Baer, G. (2008). *Wie Kinder fühlen*. Weinheim: Beltz.

Bongartz, D. (2014). Entwicklung eines Curriculums zur Befähigung von professionell tätigen Menschen für die Kindertrauerbegleitung. In F. Röseberg & M. Müller (Hrsg.), *Handbuch Kindertrauer. Die Begleitung von Kindern, Jugendlichen und ihren Familien*, (S. 495–507). Göttingen: Vandenhoeck & Ruprecht.

Brathuhn, S. (2006). *Trauer und Selbstwerdung. Eine philosophisch-pädagogische Grundlegung des Phänomens Trauer*. Würzburg: Verlag Königshausen & Neumann.

Deutsches Ärzteblatt. (2018). *ICD-11: WHO stellt neuen Diagnoseschlüssel vor*. ▶ https://www.aerzteblatt.de/nachrichten/95908/ICD-11-WHO-stellt-neuen-Diagnoseschluessel-vor. Zugegriffen: 6. Sept. 2018.

Deutscher Hospiz- und PalliativVerband (2016). *Stellungnahme gegen die Aufnahme der „anhaltenden Trauerstörung" als eigenständige psychische Störung im Rahmen der Überarbeitung der Internationalen Klassifikation psychischer Störungen*, 1–3. ▶ https://www.dhpv.de/stellungnahme_detail/items/stellungnahme-gegen-die-aufnahme-der-anhaltenden-trauerstoerung-als-eigenstaendige-psychische-stoerung-im-rahmen-der-ueberarbeit.html. Zugegriffen: 6. Sept. 2018.

Elias, N. (1987). *Die Gesellschaft der Individuen*. Hrsg. von Michael Schröter. Frankfurt a. M.: Suhrkamp.

Ennulat, G. (2014). *Kinder trauern anders. Wie wir sie einfühlsam und richtig begleiten* (10. Aufl.). Freiburg: Herder.

Eßer, F., & Sitter, M. (2018). Ethische Symmetrie in der partizipativen Forschung mit Kindern. *Forum Qualitative Sozialforschung/Forum Qualitative Social Research 19*(3), Art. 21. ▶ http://www.qualitative-research.net/index.php/fqs/article/view/3120. Zugegriffen: 18. Okt. 2018.

Fachverlag des deutschen Bestattungsgewerbes GmbH. (2017). *Helft Kindern, den Tod zu begreifen. Ein Leitfaden für die Begleitung trauernder Kinder und Jugendlicher* (3. Aufl.). Düsseldorf: FVB.

Fischinger, E. (2014). Die Tafelrunde lädt ein – Systemische perspektiven zur Kindertrauer. *Leidfaden. Fachmagazin für Krisen, Leid, Trauer, 6*(2), 35–45.

Franz, M. (2013). *Tabuthema Trauerarbeit. Kinder begleiten bei Abschied, Verlust und Tod* (7. Aufl.). München: Don Bosco.

Gramm, J. (2017). Modelle multiprofessionellen Arbeitens. *Leidfaden. Fachmagazin für Krisen, Leid, Trauer, 6*(2), 41–48.

Herbart, J. F. (1964). Die ersten Vorlesungen über Pädagogik (1802). Die erste Vorlesung. In von W. Asmus (Hrsg.), *Ders., Pädagogische Schriften* (S. 121–130). Düsseldorf: Verlag Helmut Küpper.

Hillmann, K.-H. (2007). *Wörterbuch der Soziologie* (5. Aufl.). Stuttgart: Kröner.

Jennessen, S., Bungenstock, A., & Schwarzenberg, E. (2011). *Kinderhospizarbeit. Konzepte, Erkenntnisse, Perspektiven*. Stuttgart: Kohlhammer.

Keil, A. (2017). Das Fachliche und das Menschliche. Ambivalenzen zwischen Professionalität und Subjektivität. *Leidfaden. Fachmagazin für Krisen, Leid, Trauer, 6*(2), 22–28.

Lutz, R. (2018). Eine Geschichte der sozialen Arbeit als grenzüberschreitendes Projekt. In G. Graßhoff, A. Renker, & W. Schröer (Hrsg.), *Soziale Arbeit. Eine elementare Einführung* (S. 287–299). Wiesbaden: Springer VS.

Nittel, D. (2004). Die „Veralltäglichung" pädagogischen Wissens – im Horizont von Profession, Professionalisierung und Professionalität. *Zeitschrift für Pädagogik, 50*(3), 342–357.

Paul, C. (2017). Anhaltende Diskussionen um die Diagnose „anhaltende Trauerstörung". *Fachmagazin für Krisen, Leid, Trauer, 6*(1), 94–97.

Plieth, M. (2013). *Tote essen auch Nutella ... Die tröstende Kraft kindlicher Todesvorstellungen*. Hamburg: Kreuz.

Ripke, S. (2017). Die Unsicherheit der Trauerbegleiter. *Leidfaden. Fachmagazin für Krisen, Leid, Trauer, 6*(2), 87–91.

Schultz, O. (2017). Ehrenamt. Schenken und Hinken – Gedanken zu einer schrägen Haltung des Ehrenamts. In R. Gronemeyer & C. Jurk (Hrsg.), *Entprofessionalisieren wir uns! Ein kritisches Wörterbuch über die Sprache in Pflege und sozialer Arbeit* (S. 85–90). Bielefeld: transcript.

Schrader, S. (2008). *Psychologie. Allgemeine Psychologie, Entwicklungspsychologie, Sozialpsychologie*. München: Compact Verlag.

Senf, B., & Eggert, L. (2014). Entwicklungspsychologische Aspekte in der Arbeit mit trauernden Kindern und Jugendlichen. In F. Röseberg & M. Müller (Hrsg.), *Handbuch Kindertrauer. Die Begleitung von Kindern, Jugendlichen und ihren Familien* (S. 17–24). Göttingen: Vandenhoeck & Ruprecht.

Sitter, M., & Reinke-Westerholz, K. (2014). Wenn Mama verstorben ist – Empfehlungen für Ihre Begleitung von trauernden Kindern. *KiTa aktuell. Fachzeitschrift für Leitungen, Fachkräfte und Träger der Kindertagesbetreuung, 22*(2), 41–43.

Sitter, M. (2018). Wenn Verstorbene zu Engeln werden. Kindliches Noch-Nicht-Wissen über den Tod und der Trost im Imaginären. In A. Poferl & M. Pfadenhauer (Hrsg.), *Wissensrelationen. Beiträge und Debatten zum 2. Sektionskongress der Wissenssoziologie* (S. 737–747). Weinheim: Beltz Juventa.

Star, S. L., & Griesemer, J. (1989). Institutional ecology, „Translations", and boundary objects: Amateurs and professionals in berkeley's museum of vertebrate zoology, 1907–1939. *Social Studies of Science, 19*, 387–429.

Stichweh, R. (1994). Professionen und Disziplinen: Formen der Differenzierung zweier Systeme beruflichen Handelns in modernen Gesellschaften. In Ders., *Wissenschaft, Universität, Professionen. Soziologische Analysen* (S. 278–336). Frankfurt a. M.: Suhrkamp.

Trickey, D. (2014). Zu viel Angst, um traurig zu sein – Traumatische Trauer bei Kindern. In F. Röseberg & M. Müller (Hrsg.), *Handbuch Kindertrauer. Die Begleitung von Kindern, Jugendlichen und ihren Familien* (S. 443–460). Göttingen: Vandenhoeck & Ruprecht.

Tronto, J. C. (2009). *Moral boundaries: A political argument for an ethic of care*. New York: Routledge.

Trummer, T. (2003). *Trauer*. Wien: Passagen Verlag.

Van Manen, M. (2015). *Pedagogical tact. Knowing what to do when you don't know what to do*. California: Left Coast Press.

WHO (World Health Organization). (2018). *ICD-11 for Mortality and Morbidity Statistics (2018)*. ► https://icd.who.int/browse11/l-m/en#/http://id.who.int/icd/entity/1183832314?view=G0. Zugegriffen: 7. Sept. 2018.

Witt-Loers, S., & Halbe, B. (2013). *Kinder Trauergruppen Leiten. Ein Handbuch*. Gütersloh: Gütersloher Verlagshaus.

Weiterführende Literatur und Links

Die hier erfolgten Ausführungen basieren einerseits auf den praktischen Beobachtungen und Erfahrungen, die ich in der Begleitung von trauernden Kindern innerhalb des „LÖWENZAHN"-Zentrums für trauernde Kinder und Jugendliche e. V. einst als Ehrenamtliche gemacht habe und aktuell als Gruppenleiterin und Vorsitzende sammle: ► https://www.loewenzahn-trauerzentrum.de.

Andererseits stützen sich die Ausführungen auf die jüngsten Ergebnisse einer bundesweiten Homepageanalyse sozialer Trauereinrichtungen für Kinder in Deutschland, die innerhalb einer laufenden wissenssoziologischen Vorstudie zur „Sozialität des Kinderwissens über Tod und Trost" am Institut für Sozial- und Organisationspädagogik der Stiftung Universität Hildesheim durchgeführt wird. Diesbezügliche Ergebnisse werden in Kürze in weiteren Veröffentlichungen einzusehen sein.

Dr. Miriam Sitter (Hrsg.) ist wissenschaftliche Mitarbeiterin am Institut für Sozial- und Organisationspädagogik an der Stiftung Universität Hildesheim.

Erfahrungsbasiertes Kontextwissen: Organisationale Grenzen unterwandern statt überschreiten

Stefan Sauer und Annegret Bolte

6.1 Von der Notwendigkeit, organisationale Grenzen zu unterwandern – 76

6.2 Subjektivierendes Arbeits- und Kooperationshandeln – 77

6.3 Erfahrungsbasiertes Kontextwissen – 79

Literatur – 85

© Springer-Verlag GmbH Deutschland, ein Teil von Springer Nature 2020
R. Knackstedt, K. Kutzner, M. Sitter, I. Truschkat (Hrsg.), *Grenzüberschreitungen im Kompetenzmanagement*, Kompetenzmanagement in Organisationen,
https://doi.org/10.1007/978-3-662-59543-5_6

Zusammenfassung

Kooperation gilt als der Königsweg zur Überschreitung organisationaler Grenzen. Diese Überschreitung wird jedoch häufig verhindert: Zum einen durch die Beschränkung von Kooperationen auf einzelne Abteilungen und Teams, zum anderen durch die Formalisierung von Kooperationsprozessen. So wird zwar zumeist innerhalb einzelner Abteilungen – vor allem projekt- und teambasiert – kooperiert. Allerdings zeigen unsere empirischen Erhebungen mit hoch qualifizierten technischen Fachkräften, dass eine solche Form der Kooperation nicht ausreicht: Zunehmend vernetzte und komplexe Produktlebenszyklen erfordern die Partizipation von immer mehr hoch spezialisierten Fachbereichen und eine Kooperation gerade auch über Abteilungsgrenzen hinweg. Findet eine solche bereichsübergreifende Kooperation statt, geschieht dies jedoch vor allem in strukturierten und von mikropolitischen Fragestellungen geprägten Meetings. Dabei bleiben die „Mauern" zwischen Abteilungen bestehen, eine gegenstandsgebundene Kooperation im Arbeitsprozess und ein darauf bezogener Kompetenzaustausch unterbleiben zumeist. Ausgehend von den Konzepten von Anerkennung sowie subjektivierenden Arbeits- und Kooperationshandelns wird in diesem Kapitel aufgezeigt, wie erfahrungsbasiertes Kontextwissen von hoch qualifizierten technischen Fachkräften dazu beitragen kann, innerorganisationale Grenzen über Abteilungen hinweg zu unterwandern, und zwar nicht in formalen Meetings, sondern im alltäglichen Arbeits- und Kooperationshandeln der Beschäftigten.

6.1 Von der Notwendigkeit, organisationale Grenzen zu unterwandern

In digitalisierten und innovativen Kontexten nimmt die Anforderung an Beschäftigte, flexibel zu agieren, zu. Ursächlich hierfür sind gestiegene Flexibilitäts- und Innovationserwartungen (Moldaschl 2007), innovative Netzwerke (Hirsch-Kreinsen 2007), virtuelle Teams (Kurtzberg 2014) und komplexitätsbedingt zunehmende Unwägbarkeiten (Böhle 2017; Böhle und Busch 2012). Zur Bewältigung dieser Anforderung ist – wie zu zeigen sein wird – ein praktisches Wissen notwendig, das nur durch und in bereichsübergreifende(r) Kooperation erworben werden kann.

Organisationale Strukturen erweisen sich dabei jedoch häufig als hemmend statt unterstützend. Der Grund liegt darin, dass sich Unternehmen beim Management von Projekten vorwiegend an Modellbildungen orientieren, „bei denen ein mathematisch-technisches Wissenschaftsverständnis Pate stand […]. Seine Methodik ist in erster Linie auf die Perfektionierung der Planung und Steuerung – auf die *formale Strukturierung* – ausgerichtet […]. Der Ausführung der Projekte wird dagegen wenig Aufmerksamkeit geschenkt" (Kalkowski und Mickler 2015, S. 15). Die Beschäftigten sind häufig gezwungen, geradezu gegen die formalen organisationalen Anforderungen und Strukturen zu handeln, um sich situationsangemessen und sachorientiert verhalten zu können (Bolte und Porschen 2006; Pfeiffer 2007, S. 155 ff.).

Dies gilt in zweifacher Hinsicht: Zum einen beziehen sich Kooperationsstrukturen vor allem auf den betrieblichen Nahbereich. Ansätze von Projektarbeit (Peters 2012), Agilität (Sauer und Pfeiffer 2012) und Selbstorganisation (Stadelbacher und Böhle 2016) beschränken sich gewöhnlich auf einzelne Teams und Abteilungen (Folkestad und Gonzalez 2010). Der viel gerühmte „Blick über den Tellerrand" bleibt somit gerade aus;

Erfahrungsbasiertes Kontextwissen: Organisationale Grenzen ...

die vielfach konstatierte Projektgesellschaft (Boltanski und Chiapello 2006; Ladwig und Domsch 2011) ist eine fragmentierte – sowohl in organisatorischer als auch in zeitlicher Hinsicht. Für viele Tätigkeiten kann insbesondere unter dem Eindruck der Digitalisierung von der Gefahr einer „Entautonomisierung" (Bornewasser 2015, S. 6) ausgegangen werden: Es bestehen Abhängigkeiten in komplexen und tendenziell unüberschaubaren Prozessen und Netzwerken, denen handelnd nicht begegnet werden kann. Digitalisiert verfügbare Informationen können fehlende konkrete Bezüge nicht ersetzen. Zum anderen – und damit zusammenhängend – findet abteilungs- oder sogar betriebsübergreifende Kooperation stark hierarchisch und top-down orientiert statt. Kooperiert wird zumeist in Meetings „am grünen Tisch"; die Zusammenarbeit ist weniger an den Erfordernissen konkreter Arbeitsprozesse als vielmehr an Präsentationslogiken orientiert (Bolte et al. 2008).

Thesenartig zusammengefasst: Es existieren tendenziell partizipativ und selbstorganisiert ausgestaltete organisationale Strukturen innerhalb einzelner Projekte, Teams und Abteilungen. Diesen stehen jedoch vergleichsweise starre Abteilungs- und Betriebsstrukturen gegenüber, die ausschließlich eine stark formalisierte Kooperation erlauben. Dies steht im Widerspruch zu der Notwendigkeit, Tätigkeitsschritte, Vorgehenslogiken und Arbeitsergebnisse (gerade auch) auf der ausführenden Ebene abzustimmen.

Im Folgenden wird zunächst aufgezeigt, inwieweit die Konzepte subjektivierenden Arbeits- und Kooperationshandelns nützlich sind, um die Chancen und Herausforderungen (auch) einer „grenzunterwandernden" Kooperation aufzuzeigen (▶ Abschn. 6.2). Daran anknüpfend stellen wir anhand einer empirischen Untersuchung im Betriebsmittelbau die Bedeutung erfahrungsbasierten Kontextwissens dar, das es ermöglicht, in komplexen Strukturen und Netzwerken handlungsfähig zu sein (▶ Abschn. 6.3), bevor wir ein Fazit ziehen.

6.2 Subjektivierendes Arbeits- und Kooperationshandeln

Entlang der vorgehend skizzierten Argumentationslinie gehen wir davon aus, dass „ausführende Beschäftigte" bereichsübergreifend miteinander kooperieren müss(t)en, um ihre Arbeit in komplexen Produktlebenszyklen und Netzwerkstrukturen erfolgreich verrichten zu können. Dies kann nur unter der Voraussetzung gelingen, dass ihre Arbeit nicht vollständig vonseiten des Managements vorstrukturiert und verteilt wird. Die theoretischen Grundlagen für ein solches Handeln und dessen Verständnis bilden Konzepte, die im Folgenden vorgestellt werden.

6.2.1 Subjektivierendes Arbeitshandeln

Das Konzept des subjektivierenden Arbeitshandelns unterscheidet analytisch und empiriegesättigt zwischen zwei Arten des Handelns: Objektivierendem und subjektivierendem. Es bricht mit der Vorstellung, (Arbeits-)Handeln sei immer nur die Ausführung eines vorher und nicht selten von anderen entworfenen Planes und das müsse auch so sein (Böhle 2009; Böhle et al. 2017). Im Einzelnen werden die beiden Handlungsmodi anhand der Dimensionen „Vorgehen", „Denken", „sinnliche Wahrnehmung" und „Beziehung zur Umwelt" unterschieden.

Eine **objektivierend handelnde Person** handelt aufgrund ihres Fachwissens und analytisch-formalen Denkens planmäßig – also gemäß einem vorher gefassten Plan. Informationen der Umwelt werden möglichst exakt und objektiv registriert, und zur Umwelt wird eine distanzierte Beziehung, basierend auf einer strikten Trennung zwischen Subjekt (die handelnde Person selbst) und Objekt (die „behandelte" Umwelt), eingehalten. Eine **subjektivierend handelnde Person** bezieht dagegen die Umwelt dialogisch und experimentell in das eigene Handeln ein und plant, während sie die Handlung vollzieht. Dabei kommen assoziatives und erlebnisbezogenes Denken zur Geltung, und die Umwelt wird in ihrer gesamten Komplexität sinnlich wahrgenommen. Arbeitsgegenstände werden jenseits einer Subjekt-Objekt-Trennung als „mit-gestaltend" begriffen und ihnen wird empathisch begegnet (Bolte 2017).

Diese beiden Handlungsmodi sind Idealtypen, die nicht in einem Entweder-oder-Schema aufgehen, sondern sich wechselseitig ergänzen. So handeln wir (auf längere Sicht) stets teils „nach Plan" und teils – insbesondere in Situationen, die von Unsicherheit und Unwägbarkeiten geprägt sind – „nach Gespür". Ebenso gibt es einerseits Informationen, beispielsweise Mengenangaben in Form von Zahlen, die wir „registrieren", und andererseits komplexe Sachverhalte, die wir explorativ wahrnehmen.

Arbeitshandeln beruht somit nicht allein auf objektiven Fakten, sondern auch auf der Fähigkeit, Erfahrungen zu machen (Böhle 2009). Hierbei ist relevant, dass Erfahrungen nicht als „abgelagerte Sedimente" misszuverstehen sind, sondern eine dreifache zeitliche Dimension aufweisen: Sie basieren auf Vergangenem, aktualisieren sich in der Gegenwart und ermöglichen Handlungsfähigkeit in Bezug auf eine unwägbare Zukunft.

6.2.2 Subjektivierendes Kooperationshandeln

Beschäftigte müssen ihr Arbeitshandeln mit anderen koordinieren, darüber hinaus gibt es Arbeitsaufgaben, die nur in einem gemeinsamen Prozess – also kooperativ – bewältigt werden können. Ebenso wie für das Arbeitshandeln können auch für die Koordination und die Kooperation idealtypisch zwei Handlungsmodi beschrieben werden: Die planungsbezogene Kooperation und die informelle erfahrungsbasierte Kooperation. Auch hier lassen sich die Handlungsmodi anhand der Dimensionen „Wissen und Denken", „sinnliche Wahrnehmung" und „Beziehung zu den Kooperationspartnerinnen und -partnern" voneinander unterscheiden (Böhle und Bolte 2002; Bolte und Porschen 2006; Bolte et al. 2008).

Als Inbegriff der **planungsbezogenen Kooperation** kann das Meeting skizziert werden. Es zeichnet sich durch ein hohes Maß an Standardisierung aus: Ein festgelegter Teilnehmerinnen- und Teilnehmerkreis, der anhand der im Organigramm verzeichneten Zuständigkeiten bestimmt wird, trifft sich in hierfür vorgesehenen Räumlichkeiten „am grünen Tisch"; es gibt eine Tagesordnung und Dokumentationspflichten; Ergebnisse werden berichtet und Zielstellungen verhandelt; eigene Leistungen werden dargestellt oder gerechtfertigt. Konkrete Erfahrungen müssen oftmals objektiviert, also inhaltlich an die Vorgehenslogik objektivierender Verfahrensweisen angepasst werden (Böhle et al. 2011). Das kommunizierte Wissen ist demnach als objektivierend und explizit zu charakterisieren (Böhle und Bolte 2002, S. 181), die Kommunikation erfolgt beinahe ausschließlich verbal (Stegmann 2008). Die Planung bleibt in der Hand des Managements und ist der Ausführung vor Ort vorgelagert (Bolte und Neumer 2008).

Subjektivierendes Kooperationshandeln findet dagegen anlassbezogen und mit für die jeweilige Themenstellung relevanten Personen „vor Ort" statt: Die Bedarfe der konkreten Arbeitsprozesse sind leitend; es wird anlässlich einer aufgetretenen Problemstellung und unter Einbezug der fachlich notwendigen (und verfügbaren) Personen kooperiert (Böhle et al. 2008, S. 102). Die dafür notwendigen Zusammenkünfte werden von den betroffenen Beschäftigten selbst anberaumt; diese müssen selbsttätig entscheiden, welche Orte sich hierfür eignen und welche Personen einbezogen werden müssen.

Damit Kooperation gelingen kann, müssen die Kooperationspartnerinnen und -partner verstehen, „was der andere im Sinn hat. Er muss dessen Intention aufgreifen, dann aber nicht das Gleiche tun, sondern das eigene Verhalten in einer Weise einrichten, die das des anderen in sinnvoller Weise ergänzt" (Bischof-Köhler 1989, S. 12). Damit beziehen sich das Denken und das Wissen auf gemeinsame Informationen, geteiltes Wissen und geteilte Bedeutungszusammenhänge, die innerhalb der Kooperation vermittelt werden und entscheidend für ihr Verständnis sind (Böhle et al. 2008, S. 102). Es handelt sich um subjektivierende, gegenstands- und anlassbezogene Informationen und Erkenntnisse, die oftmals an eine konkrete praktische Umsetzung gebunden sind. Arbeitsmittel und Arbeitsgegenstände können vor Ort in den Kooperationsprozess einbezogen werden. So kann das Wissen selbst oftmals gegenstandsvermittelt kommuniziert werden. Kooperierende erschaffen sich einen gemeinsamen Erfahrungsraum, der ihnen zur Orientierung dient und den sie gemeinsam erweitern und modifizieren (Bolte et al. 2008, S. 125 f.).

6.3 Erfahrungsbasiertes Kontextwissen

Die folgenden Überlegungen zum erfahrungsbasierten Kontextwissen werden nun anhand der Ergebnisse der empirischen Untersuchung im BMBF-geförderten Forschungsprojekt „Lernen durch Arbeit" (LerndA) expliziert. Die Untersuchung bestand aus leitfadenzentrierten Expertinnen- und Experteninterviews (Bogner et al. 2009, 2014) mit Beschäftigten aus dem sog. „Betriebsmittelbau" und darauf aufbauenden Inhaltsanalysen (Gläser und Laudel 2010; Mayring 1995; Schreier 2014). Es handelte sich dabei um Ingenieurinnen und Ingenieure mit prozessbezogenen Aufgaben (Fertigungs- und Ausrüstungsingenieurinnen und -ingenieure), Werklogistikerinnen und Werklogistiker sowie erfahrene Fachkräfte aus der Produktion zweier Großkonzerne aus der Automobilindustrie sowie eines kleinen und mittleren Unternehmens (KMU) aus dem Handwerk. Im Folgenden konzentrieren wir uns als Beispiel auf die Arbeitsinhalte der Ingenieurinnen und Ingenieure in der Automobilindustrie.

Dabei konnte in einer sehr heterogenen Untersuchungsgruppe, die sich aus Ingenieurinnen und Ingenieuren aus verschiedenen Fachdisziplinen und mit heterogenen Aufgabenstellungen im Betriebsmittelbau (Prozesssteuerung, Vorplanung, Werklogistik, Ergonomie etc.) zusammensetzt, immer wieder dasselbe Problem identifiziert werden: Hoch qualifizierte Spezialistinnen und Spezialisten arbeiten in fachlich sehr komplexen Prozessen und sind dabei auf ein Wissen über die Arbeitsergebnisse, -logiken und -bedarfe vor- und nachgelagerter Bereiche – also ein erfahrungsbasiertes Kontextwissen – angewiesen, über das sie oftmals nicht in ausreichendem Maße verfügen. Dieses Manko wird besonders in unwägbaren Situationen virulent, in denen

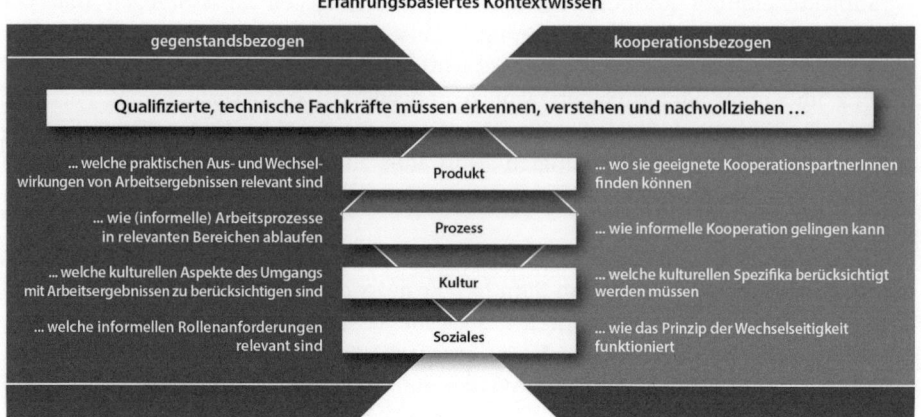

☐ Abb. 6.1 Erfahrungsbasiertes Kontextwissen

Handlungsroutinen durchbrochen werden müssen. In der Studie zeigt sich, dass eine rigorose fachliche Trennung organisational gewünscht ist und beispielsweise durch abteilungs- und teamspezifische Kontrolle mittels Kennzahlen geradezu gefördert wird. Kooperation und insbesondere subjektivierendes Kooperationshandeln über Team- und Abteilungsgrenzen hinweg wäre zwar in vielen Fällen unbedingt erforderlich, ist allerdings aufgrund „hoher Mauern" oftmals sehr schwer zu realisieren. Gerade junge und noch wenig erfahrene Beschäftigte beklagen diesen Umstand. Sie wissen nicht, wie die Aufgaben in anderen Bereichen zugeschnitten sind, kennen dort keine Ansprechpartnerinnen und -partner und wissen nicht, wie sie auf diese zugehen könnten. Analytisch kann zwischen gegenstands- und kooperationsbezogenem Kontextwissen differenziert werden, das sich jeweils auf die Produkt-, Prozess-, Kultur- und Sozialdimension bezieht (☐ Abb. 6.1) und im Folgenden näher erläutert wird.

6.3.1 Gegenstandsbezogenes Kontextwissen

Gegenstandsbezogenes Kontextwissen fokussiert die konkreten Arbeitsinhalte, Vorgehenslogiken und Arbeitsbedarfe vor- und nachgelagerter Bereiche, über die Beschäftigte des Betriebsmittelbaus Bescheid wissen müssen. Dieses Wissen ist in seinen verschiedenen Ausprägungen an ganz verschiedenen Orten zu finden:

- Bei den Beschäftigten aus dem Betriebsmittelbau, der in großen Konzernen oftmals in viele Teilbereiche untergliedert ist, die inhaltlich aufeinander abgestimmt sein müssten (es aber oftmals nicht sind), liegt Wissen zu der konkreten Ausgestaltung der Produktionsprozesse und aller hierfür erforderlichen Betriebsmittel vor. Sie bringen die Erfahrung mit, was praktisch funktioniert und was nicht; worauf man bei der Planung ein besonderes Augenmerk zu richten hat bzw. was man unter welchen Bedingungen einmal ausprobieren könnte.
- Bei den Beschäftigten aus der Fertigung liegt das Wissen vor, wie das Endprodukt gefertigt werden kann. Sie wenden die vom Betriebsmittelbau entworfenen Produkte – also die Anlagen – an. Daher ist es wichtig, dass dem Betriebsmittelbau die konkreten

Vorgehenslogiken und Arbeitsbedarfe der Fertigung bewusst sind. In den Worten eines Interviewpartners heißt es diesbezüglich: „Es bringt nichts, wenn man da was hinstellt, ohne die Prozesse zu kennen. Dann kann man da die Hälfte wegschmeißen."

Verschiedene Abteilungen verfahren oftmals nach eigenen Vorgehensweisen und Logiken. Dies zeigt sich in der folgenden Aussage eines Interviewten: „Da werden teilweise ganz andere Sprachen gesprochen." Nach übereinstimmender Meinung aller Interviewpartnerinnen und -partner sollten insbesondere die Entwicklung und die Fertigung stärker aufeinander bezogen werden. Bei den Entwicklerinnen und Entwicklern dominiert die Sicht auf das fertige Produkt: Über welche Komponenten verfügt das fertige Auto; wie soll es aussehen? Aufseiten der Fertigung dominiert die Prozesssicht: Wie kann dieses Auto gefertigt werden? Die Ingenieurinnen und Ingenieure aus dem Betriebsmittelbau kritisieren, dass aus ihrer Perspektive aktuell die Prozesssicht der Produktsicht nachgelagert ist und dieser untergeordnet wird: Produkte werden „fertig" geplant und Prozesse müssen „drum herum" geplant werden. Wenn Veränderungen der Produkte aus Prozesssicht unausweichlich sind, muss der Betriebsmittelbau geradezu „als Bittsteller" für diese Veränderungen auftreten, wie es ein Interviewpartner formuliert.

Im Folgenden wird das gegenstandsbezogene Kontextwissen anhand der vier Dimensionen „Produkt", „Prozess", „Kultur" und „Soziales" näher in den Blick genommen. Allerdings sind die hier skizzierten Dimensionen weder vollständig trennscharf noch können sie einander kompensieren. Vielmehr sind sie analytische Kategorien zur besseren Fokussierung und bauen situativ aufeinander auf.

Produktseitig stehen für die Ingenieurinnen und Ingenieure die eigenen Arbeitsprodukte im realen Setting im Fokus. So berücksichtigen sie in einer Entwicklungsabteilung in der Automobilbranche beispielsweise, wie sich die von ihnen konstruierten Produkte – also die einzelnen Teile – in das Gesamtprodukt Pkw einfügen. Beschäftigte im Betriebsmittelbau müssen vor allem voraussehen, wie sich die von ihnen geplanten Anlagen in der Fertigung auswirken. Ein besonders eindrucksvolles Beispiel: Ein Interviewpartner konstruiert per CAD (Computer-Aided Design) eine Anlage, die – wie sich zu spät herausstellt – zu schwer für den Hallenboden ist. Dieser kann das Gewicht der Anlage nicht tragen. Oder: Kleine Veränderungen im Design des Cockpits eines Pkws führen dazu, dass sich das entsprechende Modul nicht an der hierfür vorgesehenen Stelle in den Fahrgastraum integrieren lässt.

Für den Betriebsmittelbau gilt: Sein Produkt ist meist lediglich ein (kleines) Teilprodukt, weshalb die Ingenieurinnen und Ingenieure immer auch die Interaktion mit den Ergebnissen der Planung von Kolleginnen und Kollegen berücksichtigen müssen. Auch bei den befragten Beschäftigten im Handwerk kommt dieser Dimension eine große Bedeutung zu: Das handwerkliche Produkt steht meist nicht „für sich", sondern muss sich vor Ort einfügen.

Prozessseitig stehen für die Ingenieurinnen und Ingenieure die konkreten (Arbeits-) Prozesse der Anwenderinnen und Anwender ihrer Planungen und die Rahmenbedingungen der Fertigung wie Zeitstrukturen im Fokus. Dies bedeutet für die Ingenieurinnen und Ingenieure einen Perspektivenwechsel: Sie stellen sich das, woran sie arbeiten, im Einsatz vor. Anders formuliert: Ihr Arbeitsgegenstand wird zum Arbeitsmittel von anderen. Dies setzt sowohl die Bereitschaft zum Perspektivenwechsel als auch einen Einblick in die konkreten Bedarfe und Anforderungen voraus. Entwicklungsingenieurinnen und -ingenieure müssen Bedarfe der Endkundschaft zufriedenstellen, der Betriebsmittelbau muss auf die konkreten Arbeitsprozesse in der Produktion/Fertigung eingehen. Hierzu gehört die Berücksichtigung der engen Taktung und des Schichtsystems. So müssen diese Ingenieurinnen und Ingenieure ein Gespür dafür entwickeln, welche Handgriffe und Arbeitsschritte in der Praxis tatsächlich machbar sind, und zwar nicht nur einmal, sondern wiederkehrend und nicht nur morgens um halb zehn, sondern auch in Spät- und Nachtschichten und wenn den Beschäftigten bereits sieben Stunden Arbeit „in den Knochen stecken". Ein Interviewpartner drückt diesen Umstand folgenderweise aus: „Wenn man das mal selbst ausprobiert, hat man gleich einen ganz anderen Zugang."

Manches, was in der Planung funktioniert, gelingt in der Praxis überhaupt nicht. Ein konkretes Beispiel hierfür ist das Montieren eines Kabelbaums in ein fertiges Bauteil, das von unten nach oben erfolgen müsste: „Das geht auf dem Papier, nicht in der Praxis."

Die Prozessdimension umfasst somit zwei Aspekte. Sie meint zunächst das Funktionieren im Sinne der Machbarkeit, darüber hinaus muss aber auch das Funktionieren im Sinne der realen Möglichkeit, etwas über einen längeren Zeitraum hinweg immer wieder (erfolgreich) zu bewerkstelligen, berücksichtigt werden: „Wenn ich weiß, worauf es in der Fertigung ankommt, kann ich das ja ganz anders planen." Insbesondere Letzteres ist für die Beschäftigten in ausführenden Arbeitsprozessen, beispielsweise in der Montage oder im Handwerk, oft eine zentrale Frage der Anerkennung. Hier wird sichtbar, ob der Betriebsmittelbau die Anforderungen, die an die Beschäftigten aus der Montage gestellt werden, als solche überhaupt wahrnimmt.

Schließlich ist mit der Prozessdimension auch der Blick „zur Seite", also auf die am Prozess beteiligten Kolleginnen und Kollegen in anderen Bereichen gemeint. Auch hier geht es darum, die Bedarfe und das Vorgehen der Personen anderer Bereiche und die Intentionen dahinter zu verstehen: „Es ist gut, wenn man das mal sieht, denn die haben für das, was sie tun, ja auch gute Gründe." Erst mit diesem Verständnis ist es möglich, sich aufeinander zuzubewegen und gemeinsame Vorgehensweisen zu etablieren. Als Beispiel dafür kann die bereits skizzierte Abstimmung zwischen der Produkt- und der Prozesssicht stehen. Kleinste Änderungen von Teilprodukten rufen teilweise erhebliche Veränderungsbedarfe im Produktionsprozess hervor, ohne dass dies den Entwicklerinnen und Entwicklern bewusst wäre.

Allerdings haben auch diese produktseitigen Veränderungen immer Gründe und oftmals eine Vorgeschichte, die vom Betriebsmittelbau berücksichtigt werden müssen. Ein Beispiel: Die Veränderung der Position einer Kontrollleuchte, die den Betriebsmittelbau vor erheblichen (Um-)Planungsaufwand stellte, hatte Sicherheitsgründe. Wenn die Gründe für solche Änderungen bekannt und nachvollziehbar sind, werden Aversionen gegen die Zumutung der Umplanung rechtzeitig vermieden.

Kulturseitig beachten die Ingenieurinnen und Ingenieure, dass die Ergebnisse ihrer eigenen Arbeit, sobald sie zum Einsatz kommen, mit unterschiedlichen kulturellen Orientierungen und Mustern konfrontiert werden, und zwar im Hinblick auf verschiedene standort-, abteilungs- oder teamspezifische Werte und Normen. Dies spiegelt sich bereits zwischen den Beteiligten einzelner Fachbereiche wider, in denen oftmals die „Produktbrille" oder die „Prozessbrille" dominiert und in denen teils „verschiedene Sprachen" gesprochen werden.

Auch zwischen einzelnen Teams kann es mikrokulturell verschiedene Wertsetzungen geben. So berichtet ein Ergonomiebeauftragter von verschiedenen Orientierungsmustern einzelner Fertigungsabteilungen. Während einige an der ergonomischen Entlastung orientiert sind, weisen andere eher eine „Gratifikationsorientierung" auf: Sie nehmen bestehende Arbeitsbelastungen in Kauf und dringen nicht auf Abhilfe, um ihre aus der Belastung entstehenden Ansprüche auf einen monetären Ausgleich nicht zu gefährden. Diese unterschiedlichen Orientierungen muss er abwägen und teilweise gegensteuern.

Sozial klären die Ingenieurinnen und Ingenieure die eigene Rolle in Bezug auf die jeweiligen Arbeitsgegenstände. Beschäftigte sind selbst auch potenzielle Ansprechpartnerinnen und Ansprechpartner in Bezug auf ein gegenstandsbezogenes Kontextwissen – allerdings nur im Hinblick auf „ihre" Produkte und Prozesse. So müssen sie ggf. eine informelle Rollendistanz erwerben. Sie müssen sowohl ihre eigenen Bedarfe als auch die von anderen reflektieren, um im Arbeitsalltag nicht den Überblick zu verlieren. Ein Interviewpartner weist mit seiner folgenden Aussage und Frage genau darauf hin: „Man muss sich schon immer überlegen: Wie dringend ist das jetzt wirklich?" Dies gilt in Bezug auf Arbeitsgegenstände und -prozesse, aber natürlich auch in Bezug auf Kooperationen, auf die im Folgenden näher eingegangen wird.

6.3.2 Kooperationsbezogenes Kontextwissen

Erfahrungsbasiertes Kontextwissen kann – wie bereits ausgeführt – nicht objektivierend weitergegeben werden. Dies bedeutet zum einen, dass es mit Bezug auf konkrete Gegenstände und Prozesse erworben werden muss; es kann nicht einfach „nachgelesen werden". Es bedeutet zum anderen, dass hierfür geeignete Ansprech- und Kooperationspartnerinnen und -partner zur Verfügung stehen und gefunden werden müssen. Beides ist nicht trivial: Es ist keinem Organigramm zu entnehmen, welche Kolleginnen und Kollegen im Sinne eines erfahrungsbasierten Kontextwissens angesprochen werden können. Es kann nirgendwo nachgeschlagen werden, wer über entsprechendes Können verfügt und willens ist, dieses auch weiterzugeben, bzw. wer als Expertin oder Experte für den jeweiligen Bereich zur Verfügung steht. Die hierfür notwendige Kooperation folgt eigenen Gesetzen: Diese gehen weder in ausschließlich sachbezogenem Interagieren noch in inhaltsleeren Netzwerken auf. Bei der Darstellung dieser Kooperation werden – wie zuvor – die Produkt-, Prozess-, Kultur- und Sozialdimension unterschieden.

Produktseitig verstehen Beschäftigte die Notwendigkeit sowie die Bedarfsgetriebenheit von Kooperationen und finden die „richtigen" Ansprechpartnerinnen und Ansprechpartner. Da das erfahrungsbasierte Wissen und Können aus anderen Bereichen nicht angelesen oder einfach transferiert werden kann, sind hierfür geeignete Kolleginnen und Kollegen aus den entsprechenden Abteilungen zu finden. Der Zugang zum erfahrungsbasierten Kontextwissen kann nicht „erworben" werden, indem Ansprechpartnerinnen und Ansprechpartner nach dem Organigramm ausgesucht werden. Die Auswahlkriterien sind andere: Wer verfügt tatsächlich über Erfahrung und Offenheit, um über relevante Inhalte berichten zu können, und will dies auch ausführen? Eine weitere Interviewpartnerin äußert dazu: „Man muss dann halt schauen: Wer kennt sich da so richtig aus und wer will da auch drüber reden."

Prozessseitig bauen die Beschäftigten ein Verständnis für informelle Kooperationslogiken auf. Zu berücksichtigen ist dabei, dass die informelle Kooperation grundlegend anders abläuft als eine Kooperation in formalisierten Strukturen. Anstelle ausgearbeiteter Präsentationen und vorbereiteter Vorträge, wie sie für Meetings typisch sind (Bolte et al. 2008), findet die Kooperation meist situativ statt und bezieht relevante Arbeitsgegenstände und Arbeitsmittel unmittelbar ein. So wird gegenstandsvermittelt kommuniziert und es werden gemeinsame Erlebnisräume geschaffen: Dies kann beispielsweise durch ein gemeinsames Aus- und Herumprobieren oder durch die unmittelbare Demonstration eines Werkzeugs geschehen. Diese gegenstandsvermittelte Kommunikation zeigt sich in den folgenden Worten einer interviewten Ingenieurin: „Da gehe ich direkt in die Fertigung und probiere das mit den Kollegen da aus, arbeite da ein Stück weit mit. Man erlebt das ganz anders und bekommt Hinweise, auf die man am Schreibtisch gar nicht kommt."

Gerade bei unterschiedlichen fachlichen Spezialisierungen und Abteilungen wird so auch ein gemeinsames Vokabular aufgebaut, durch das die Abstimmung erleichtert wird. So sind beispielsweise unübersichtliche Zeichnungen aus den Planungsbereichen mit einer Vielzahl von Tabellen, die wiederum eine Vielzahl unterschiedlicher Informationen enthalten, für die Fertigung oftmals vollkommen ungeeignet. Fertigungsbeschäftigte benötigen einen schnellen Zugriff auf für sie wichtige Informationen.

Ein gemeinsames Vokabular und gemeinsame Erlebnisräume helfen auch dabei, die Fähigkeiten der Kooperationspartnerinnen und -partner wertschätzen zu können. Die Kooperationspartnerinnen und -partner können jenseits abstrakter Vorstellungen erleben, was die jeweils andere Seite in die gemeinsamen Prozesse einbringt und welche Gründe diesem Vorgehen inhärent sind. So berichtet ein Ergonomiebeauftragter über seinen „neuen Praxisblick" auf die Arbeit in der Fertigung, den er durch gegenstandsvermittelte Demonstrationen und das Erproben dieser Prozesse gewonnen hat. Daraus entwickelte sich eine wechselseitige Wertschätzung im Modus der Würdigung: Der Ergonomiebeauftragte kann stärker als bei einer rein kennzahlbasierten Logik die tatsächlichen Arbeitsleistungen nachvollziehen; die dort involvierten Kolleginnen und Kollegen erkennen in ihm einen interessierten und engagierten Kollegen, der sich auch jenseits abstrakter Richtwerte für die Anforderungen und Bedarfe ihrer Arbeit interessiert.

Kulturseitig berücksichtigen die Ingenieurinnen und Ingenieure die unterschiedlichen Abteilungs- und Standortkulturen – und dies sowohl in Bezug auf die jeweils vorherrschenden Gepflogenheiten als auch im Hinblick auf die eigene Außenwirkung.

Sozial berücksichtigen Beschäftigte Herausforderungen kooperativen Vorgehens: Kooperationen leben von einer Balance, die zwischen Instrumentalisierung und Selbstzweck oszilliert. Weder orientieren sich solche Kooperationen ausschließlich an konkreten Bedarfen noch sind sie vollständig hiervon zu lösen. Zwischen Kooperierenden entsteht so eine „professionelle Intimität", und es herrscht ein Prinzip der (mittelfristigen) Wechselseitigkeit, das nicht zuletzt auf wechselseitigem Vertrauen basiert. Weder kommunizieren Beschäftigte im oftmals stressigen Arbeitsalltag „einfach so", noch dürfen Kolleginnen und Kollegen einseitig fordernd und lediglich unpersönlich adressiert werden. Ein Beispiel hierfür bietet ein erfahrener Interviewpartner, der von sich sagt: „Wenn jemand nur eine Mail schreibt, antworte ich grundsätzlich nicht." Wer Fragen an ihn habe oder seine Unterstützung benötige, sei stets herzlich willkommen, solange er sich „anständig vorstelle" und selbst in „kniffligen Fällen" ein offenes Ohr habe.

> **Fazit**
> Unter Bezugnahme auf subjektivierendes Arbeits- und Kooperationshandeln zeigt dieses Kapitel die Relevanz erfahrungsbasierten Kontextwissens am Beispiel hoch qualifizierter technischer Fachkräfte auf. Erfahrungsbasiertes Kontextwissen hilft Beschäftigten, organisationale Grenzen in ihren Arbeitsprozessen zu unterwandern

und ihr Wissen und Können kooperativ, sach- und situationsadäquat einzubringen. Jenseits ausschließlich teambasierter Kooperation oder stark formalisierter Meetings – also jenseits der Überschreitung organisationaler Grenzen – können somit die unterschiedlich gestalteten Arbeitsprozesse verschiedener Abteilungen, ihre Vorgehenslogiken und ihre Ergebnisse aufeinander abgestimmt werden.

Im Einzelnen ist erfahrungsbasiertes Kontextwissen sowohl in Bezug auf die Produkte als auch auf die Kooperationen selbst notwendig. Dabei kann jeweils zwischen der Produkt-, Prozess-, Kultur- und Sozialdimension unterschieden werden. Die Beschäftigten müssen somit ein Wissen dafür entwickeln, in welchen Situationen sie mit Kolleginnen und Kollegen kooperieren sollen und wie sie solche Kooperationen bedarfsorientiert und effizient gestalten können. So können Fehler, die auf fehlender Abstimmung und nicht vorhandenem Verständnis für die Bedarfe und Vorgehensweisen anderer Bereiche resultieren, vermieden werden. Notwendige Abstimmungen finden nicht in im Voraus terminierten Meetings statt, sondern werden zum festen Bestandteil organisationaler Prozesse. Organisationale Grenzen werden damit nicht punktuell überschritten, sondern deren bedarfsorientierte Unterwanderung wird zum „Normalzustand".

Um diesen „neuen Normalzustand" zu erreichen, ist vonseiten der Unternehmen allerdings ein Kurswechsel vonnöten. Nicht mehr organisationale Vereinzelung, wie sie beispielsweise durch abteilungs-, team- und personenbezogene Kennzahlensteuerung ins Werk gesetzt wird, darf leitend für die Steuerung von Prozessen und die Führung sowie die Beurteilung von Beschäftigten sein, sondern die Orientierung an gemeinsamen Zielsetzungen und den effizientesten Wegen, um diese zu erreichen. Die Durchlässigkeit organisationaler Grenzen muss erhöht werden, und Beschäftigte müssen zu deren Unterwandern ermutigt werden. Letzteres erfordert neben einem strukturellen auch einen kulturellen Wandel.

Neben der Offenheit für diese Wandlungsprozesse ist eine Besonderheit dieses Ansatzes, dass das Management zwar Anreize schaffen und Fehlanreize verhindern, die Kooperationen zum Unterwandern organisationaler Grenzen jedoch nicht formal steuern kann. Sich hierauf einzulassen erfordert ein (partielles) Umdenken bei den beteiligten Führungskräften. Dieses partielle „Loslassen" gilt auch für die Beratung und die Wissenschaft. Allzu oft findet sich die Vorstellung, auch informelles Vorgehen könnte objektiviert und verschult vermittelt werden. Einer solchen Steuerungsfiktion ist unserer Überzeugung nach eine Absage zu erteilen. Informelles Kooperieren (nicht nur) zum Unterwandern organisationaler Grenzen kann fokussiert, unterstützt und die Beschäftigten können hierzu ermutigt werden. Ein direktes Eingreifen von Führung oder Beratung und Coaching ist dagegen nicht möglich.

Literatur

Bauer, H. G., Böhle, F., Munz, C., Pfeiffer, S., & Woicke, P. (2002). Hightech-Gespür – Erfahrungsgeleitetes Arbeiten und Lernen in hoch technisierten Arbeitsbereichen. Schriftenreihe des Bundesinstituts für Berufsbildung. Bielefeld: Bertelsmann.

Böhle, F. (2009). Erfahrungswissen – Erfahren durch objektivierendes und subjektivierendes Handeln. In A. Bolder & R. Dobischat (Hrsg.), *Eigen-Sinn und Widerstand. Kritische Beiträge zum Kompetenzentwicklungsdiskurs* (S. 70–88). Wiesbaden: Springer VS.

Böhle, F., & Busch, M. (2012). Von der Beseitigung und Ohnmacht zur Bewältigung und Nutzung – Neue Herausforderungen und Perspektiven im Umgang mit Unsicherheit. In F. Böhle & M. Busch (Hrsg.), *Management von Ungewissheit. Neue Ansätze jenseits von Kontrolle und Ohnmacht* (S. 13–34). Bielefeld: Transcript.

Böhle, F., Bolte, A., Pfeiffer, S., & Porschen-Hueck, S. (2008). Kooperation und Kommunikation in dezentralen Organisationen – Wandel von formalem und informellem Handeln. In C. Funken, & I. Schulz-Schaeffer (Hrsg.), *Digitalisierung der Arbeitswelt. Zur Neuordnung formaler und informeller Prozesse in Unternehmen* (S. 93–115). Wiesbaden: Springer VS.

Böhle, F., Pfeiffer, S., Porschen-Hueck, S., & Sevsay-Tegethoff, N. (2011). Herrschaft durch Objektivierung. Zum Wandel von Herrschaft in Unternehmen. In W. Bonß & C. Lau (Hrsg.), *Macht und Herrschaft in der reflexiven Moderne* (S. 244–283). Weilerswist-Metternich: Velbrück Wissenschaft.

Boltanski, L., & Chiapello, E. (2006). *Der neue Geist des Kapitalismus.* Konstanz: UVK.

Bolte, A. (2017). Subjektivierendes Arbeitshandeln bei der CNC-Programmierung. In F. Böhle (Hrsg.), *Arbeit als Subjektivierendes Handeln. Handlungsfähigkeit bei Unwägbarkeiten und Ungewissheit* (S. 115–143). Wiesbaden: Springer VS.

Bolte, A., & Porschen, S. (2006a). *Die Organisation des Informellen. Modelle zur Organisation von Kooperation im Arbeitsalltag.* Wiesbaden: Springer VS.

Bolte, A., & Neumer, J. (2008). Entscheidungsfindung in Meetings: Beschäftigte zwischen Hierarchie und Selbstorganisation. *Arbeit – Zeitschrift für Arbeitsforschung, Arbeitsgestaltung und Arbeitspolitik, 17*(3), 151–165.

Bornewasser, M. (2015). Industrie 4.0 und Arbeit 4.0: Herausforderungen für die Arbeitsplatzgestaltung im Zeitalter der Digitalisierung. *Praeview, 2*(15), 6–7.

Folkestad, J., & Gonzalez, R. (2010). Teamwork for innovation: A content analysis of the highly read and highly cited literature on innovation. *Advances in Developing Human Resources, 12*(1), 115–136.

Hirsch-Kreinsen, H. (2007). Innovationspartnerschaften in Unternehmensnetzwerken. In J. Ludwig, M. Moldaschl, M. Schmauder, & K. Schmierl (Hrsg.), *Arbeitsforschung und Innovationsfähigkeit in Deutschland* (S. 95–102). München: Hampp.

Kalkowski, P., & Mickler, O. (2015). *Kooperative Produktentwicklung. Fallstudien aus der Automobilindustrie, dem Maschinenbau und der IT-Industrie.* Baden-Baden: Nomos.

Ladwig, D., & Domsch, M. (Hrsg.). (2011). *Exit matters – Auf dem Weg in die Projektgesellschaft.* Bern: Lang.

Moldaschl, M. (2007). Von der Arbeitsinnovation zur Innovationsarbeit. In D. Streich & D. Wahl (Hrsg.), *Innovationsfähigkeit in einer modernen Arbeitswelt: Personalentwicklung – Organisationsentwicklung – Kompetenzentwicklung* (S. 489–500). Frankfurt a. M.: Campus.

Peters, S. (2012). Projektorganisation und Projektmanagement unter den Bedingungen zunehmender Komplexität. In F. Böhle & M. Busch (Hrsg.), *Management von Ungewissheit. Neue Ansätze jenseits von Kontrolle und Ohnmacht* (S. 135–176). Bielefeld: Transcript.

Porschen, S. (2008). *Austausch informellen Erfahrungswissens. Neue Perspektiven für das Wissensmanagement.* Wiesbaden: Springer VS.

Sauer, S., & Pfeiffer, S. (2012). (Erfahrungs-)Wissen als Planungsressource: Neue Formen der Wissens(ver?-)nutzung im Unternehmen am Beispiel agiler Entwicklungsmethoden. In G. Koch & B. Warneken (Hrsg.), *Wissensarbeit und Arbeitswissen. Zur Ethnografie des kognitiven Kapitalismus* (S. 195–209). Frankfurt a. M.: Campus.

Stadelbacher, S., & Böhle, F. (2016). Selbstorganisation als sozialer Mechanismus der reflexivmodernen Herstellung sozialer Ordnung? Zur gesellschaftlichen Verortung von Selbstorganisation und ihre theoretisch-konzeptuelle Bestimmung. In F. Böhle & W. Schneider (Hrsg.), *Subjekt – Handeln – Institution. Vergesellschaftung und Subjekt in der Reflexiven Moderne* (S. 318–348). Weilerswist-Metternich: Velbrück.

Weiterführende Literatur

Böhle, F. (2017). *Arbeit als Subjektivierendes Handeln. Handlungsfähigkeit bei Unwägbarkeiten und Ungewissheit.* Wiesbaden: VS Verlag.

Bolte, A., & Porschen, S. (2006b). *Die Organisation des Informellen. Modelle zur Organisation von Kooperation im Arbeitsalltag.* Wiesbaden: VS Verlag.

Bolte, A., Neumer, J., & Porschen, S. (2008). *Die alltägliche Last der Kooperation – Abstimmung als Arbeit und das Ende der Meeting-Euphorie.* Berlin: Edition Sigma.

Sauer, S. (2017). *Wertschätzend selbst organisieren? Arbeitsvermögens- und anerkennungsbasierte Selbstorganisation bei Projektarbeit.* Wiesbaden: VS Verlag.

Dr. Stefan Sauer arbeitet am Nuremberg Campus of Technology (NCT) an der Friedrich-Alexander-Universität (FAU) Erlangen-Nürnberg. Seine Forschungsschwerpunkte sind Arbeits- und Industriesoziologie und qualitative Methodologie. Derzeit forscht er zu Projektmanagement, Kompetenzen/Kontextwissen, Nachhaltigkeit und Selbstorganisation.

Dr. Annegret Bolte arbeitet am ISF München – Institut für Sozialwissenschaftliche Forschung e. V. Ihre Arbeitsschwerpunkte sind die Kooperation, die Kommunikation und der Kompetenzerwerb in technischen Berufen.

Nutzung und Sicherung von Kompetenzen im Übergang von Lebensphasen

Inhaltsverzeichnis

Kapitel 7　Kompetenzerwerb im Sport – 91
Thomas Apitzsch, Stephan Coester und Sebastian Rüdiger

Kapitel 8　Alter(n) in Wissenschaftsorganisationen – Wissenschaftskarriere eine Frage von Altersgrenzen? – 109
Wibke Frey und Svea Korff

Kompetenzerwerb im Sport

Thomas Apitzsch, Stephan Coester und Sebastian Rüdiger

7.1 Erkenntnisinteresse und Teilnehmende der Studie – 92

7.2 Kompetenzbegriff und Kompetenzmodell – 92

7.3 Ergebnisse – 97

7.4 Der Kompetenzatlas für Individualsportlerinnen und -sportler – 105

Literatur – 107

Zusammenfassung

Das vorliegende Kapitel beschäftigt sich mit den Kompetenzen von Sportlerinnen und Sportlern, die im leistungssportlichen Kontext erworben wurden und in berufliche Handlungssituationen eingebracht werden können. Die Erkenntnisse basieren auf im Jahr 2017 bzw. 2018 durchgeführten qualitativen Interviews mit aktiven und ehemaligen Leistungssportlerinnen und -sportlern aus Individualsportarten. Die Untersuchung wurde mithilfe des KODE® Synonym-KompetenzAtlas für die Sportbranche durchgeführt. Der Atlas wurde beim Interview vorgestellt und die Aussagen der Interviewpartnerinnen und -partner wurden den jeweiligen Teilkompetenzen zugeordnet. Bereits während der sportlichen Karriere notwendige und für die Berufswelt relevante Kompetenzen konnten somit identifiziert werden. Die befragten Athletinnen und Athleten verfügen über ausgeprägte Kompetenzcluster in folgenden Bereichen: Fähigkeiten zum nachhaltigen erfolgsorientierten Handeln, Fähigkeiten zum strukturierten Handeln und Fähigkeiten zum situativ angepassten sozialen Handeln.

7.1 Erkenntnisinteresse und Teilnehmende der Studie

Im Rahmen der in diesem Kapitel vorgestellten Studie wurden Kompetenzen von Sportlerinnen und Sportlern, die im leistungssportlichen Kontext erworben wurden und in berufliche Handlungssituationen eingebracht werden können, erhoben. Hierzu wurden im Jahr 2017 bzw. 2018 qualitative Interviews mit aktiven und ehemaligen Leistungssportlerinnen und Leistungssportlern aus Individualsportarten durchgeführt, die an der Hochschule für angewandtes Management in Ismaning studierten. Eine Ausnahme bildet die Interviewteilnehmerin Laura Siegemund, die an der Fernhochschule Hagen studierte. Eine Übersicht der Teilnehmenden ist der ◘ Tab. 7.1 zu entnehmen.

Zusätzlich wurde die Perspektive der Berufswelt durch ein Interview mit Dr. Armin Zitzmann eingebracht. Dr. Armin Zitzmann ist Vorstandsvorsitzender der Nürnberger Beteiligungs-Aktiengesellschaft und hat die Sportarten Fußball und Tennis lange Jahre selbst aktiv betrieben. Heute spielt er vorrangig Golf.

7.2 Kompetenzbegriff und Kompetenzmodell

Kompetenz wird von den Autoren in Anlehnung an Bartram et al. (2002, S. 7) als eine geeignete Kombination von Verhaltensweisen bzw. -potenzialen zur Erreichung gewünschter Ergebnisse verstanden. Kompetenz ist als Verhaltenspotenzial nicht direkt beobachtbar, sondern wird erst über das Handeln erfassbar (Kauffeld 2006, S. 35). Kompetenzen sind die entsprechenden Fähigkeiten zum Handeln.

Kommt es zu dieser Handlung, spricht man von **Performanz.** Dieser Begriff geht auf den Sprachwissenschaftler Chomsky (1969) zurück. Unter Performanz verstand Chomsky das beobachtbare Verhalten, in dem Kompetenz sichtbar wird (Klug 2008, S. 64). Für Erpenbeck (2010) ist diese Konkretisierung von Kompetenz im Handeln entsprechend bedeutsam. So stellt er fest:

> Fähigkeiten werden erst im Handeln manifest, außerhalb der Handlung haben sie keine Wirklichkeit. Das Handeln, die Performanz, steht im Mittelpunkt." (Erpenbeck 2010, S. 13)

Kompetenzerwerb im Sport

Tab. 7.1 Übersicht der Interviewpartnerinnen und -partner

Name	Sportart	Größter Erfolg
Angerer, Tobias	Skilanglauf	Bronze bei den Olympischen Winterspielen 2002 und 2010 Silber bei den Olympischen Winterspielen 2006 und 2010 2 Gesamtweltcupsiege/11 Weltcupeinzelsiege Tour-de-Ski-Sieger 2007
Eckert, Paul	Skicross	Sieger bei den Juniorenmeisterschaften 2008 4. Platz bei der Weltmeisterschaft 2015
Lutz, Tina	Segeln (49er FX)	Weltmeisterin der Damen im Optimist 2004 Europameisterin im 49er FX 2017
Rebensburg, Viktoria	Ski Alpin	Gold im Riesenslalom bei den Olympischen Winterspielen 2010
Siegemund, Laura	Tennis	2 WTA- (Women's Tennis Association) und 11 ITF-Einzeltitel (International Tennis Federation)
Wellinger, Andreas	Skispringen	Gold mit der Mannschaft bei den Olympischen Winterspielen 2014 Gold bei den Olympischen Winterspielen 2018 von der Normalschanze
Wilmsmann, Florian	Skicross	Junioren-Weltmeister 2017

Nicht immer ist aber ein Handlungsanlass gegeben, der Kompetenz in Form von Performanz im Handeln zum Ausdruck bringt. Das Handlungspotenzial im Sinne einer Disposition ist ebenfalls Bestandteil des Konstruktes „Kompetenz". Dispositionen sind Einstellungen und Verfügbarkeiten zur selbstorganisierten Problemlösung. Diese Selbstorganisation basiert auf Erfahrungslernen, um Ziele anzustreben, Pläne zu entwickeln und Strategien umzusetzen (Erpenbeck und von Rosenstiel 2007, S. XI). Die bevorratete und unmittelbar einsetzbare Handlungsdisposition wird von den Verfassern als Verfügungspotenzial bezeichnet (Apitzsch 2016, S. 46).

Auch Definitionen zur berufsbezogenen Kompetenz beinhalten den Begriff der Disposition. In Anlehnung an Scherm (2014, S. 21) wird berufsbezogene Kompetenz verstanden als

- eine Disposition einer Person,
- die ihr ein effektives, an Leistungskriterien ausgerichtetes Handeln in ihrer Tätigkeit ermöglicht,
- mit einem spezifischen Satz von Fähigkeiten, Fertigkeiten oder Motiven korrespondiert und
- auf der Basis von Lernerfahrung, Trainings o. Ä. entwickelt werden kann.

Innerhalb eines Kompetenzmodells werden die beruflich relevanten Kompetenzen erfasst. Ein **Kompetenzmodell** ist eine Sammlung und Beschreibung von Kompetenzen, die für berufliche Handlungsfelder aktuell erforderlich sind oder es in Zukunft sein werden (Krumm et al. 2012, S. 6 f.). Das Kompetenzmodell einer Organisation stellt dar, welche Kompetenzen die Mitarbeitenden benötigen, um die strategischen

Unternehmensziele zu erreichen. Jede Kompetenz ist mit konkreten Handlungsankern unterlegt. So wird das Unternehmenshandeln beschrieben und dadurch messbar und entwickelbar gemacht.

Für die vorliegende Untersuchung wurde der KODE® KompetenzAtlas von Heyse und Erpenbeck als Ordnungssystem zur Kartografierung der beobachteten Kompetenzen genutzt. Heyse und Erpenbeck benennen vier grundlegende Kompetenzbereiche, denen entsprechende Grundkompetenzen zugeordnet sind (Heyse 2010, S. 81):

- **Personale Kompetenz (P):** die Fähigkeit, sich selbst gegenüber klug und kritisch zu sein, produktive Einstellungen, Werthaltungen und Ideale zu entwickeln
- **Aktivitäts- und Handlungskompetenz (A):** die Fähigkeit, alles Wissen und Können, alle Ergebnisse sozialer Kommunikation, alle persönlichen Werte und Ideale auch wirklich willensstark und aktiv umsetzen zu können und dabei alle anderen Kompetenzen zu integrieren
- **Fach- und Methodenkompetenz (F):** die Fähigkeit, mit fachlichem und methodischem Wissen (gut) ausgerüstet, schier unlösbare Probleme schöpferisch zu bewältigen
- **Sozial-kommunikative Kompetenz (S):** die Fähigkeit, sich aus eigenem Antrieb mit anderen auseinanderzusetzen; kreativ zu kooperieren und zu kommunizieren

Aufbauend auf diesen, in der handlungsorientierten Kompetenzforschung allgemein anerkannten Grundkompetenzen entwickelten Heyse und Erpenbeck den KODE® KompetenzAtlas.

150 Personen aus Forschung, Lehre und Praxis wurde zunächst das – bereits umrissene – Konzept und Verständnis der vier Basiskompetenzen eingehend erläutert.

Dann wurde ihnen die Liste der etwa 300 kompetenzerfassenden Begriffe als Fragenkatalog vorgelegt. Die Begriffe der Teilkompetenzen wurden vor allem aus Beurteilungssystemen und Anforderungsbeschreibungen führender deutschsprachiger Unternehmen und der Literatur entnommen.

Die Expertinnen und Experten wurden gebeten, jedem der Begriffe den in ihnen „enthaltenen" Basiskompetenzen zuzuordnen, wie es der Ausschnitt in ◘ Abb. 7.1 verdeutlicht (Heyse 2007, S. 26).

Die Begriffe, bei denen die Zuordnung zu einer Basiskompetenz oder zu zwei Basiskompetenzen am deutlichsten ausfiel, wurden herausgenommen (im Beispiel: ergebnisorientiertes Handeln: A/F; Loyalität: P). Der Begriff Verhandlungsgeschick mit relativ hohem S-Wert wurde nicht in die 64er-Liste aufgenommen, da andere Begriffe höhere S-Werte haben.

Die ausgewählten Begriffe wurden in ein Raster eingeordnet, das alle Basiskompetenzen und alle Zweierkombinationen systematisch anordnet (also P, A, F, S/PA, PF, PS/AP, AF, AS/FP, FA, FS/SP, SA, SF). Wenn mehrere gleichrangig gewählte Begriffe als „freie Plätze" vorhanden waren, wurden – nach neuerlicher Befragung – diejenigen verwendet, die in der betrieblichen und pädagogischen Praxis am wichtigsten sind. Waren zu wenige Begriffe vorhanden, wurden praxisrelevante Synonyme mit abweichender Bedeutung gesucht und eingebunden. Auf diese Weise und nach weiteren Korrekturen bei der praktischen Arbeit kam der KODE® KompetenzAtlas zustande.

Kompetenzbegriffe sind nie trennscharf. So überlappen sich bereits die Basiskompetenzen: Personalität (P) und Aktivität (A) haben ebenso deutliche Schnittmengen wie Soziales (S) und Aktivität (A). Es ergab sich, dass vor allem die Zuordnungen zu den Feldern Fachlichkeit (F), P und A reichlich besetzt waren. S war geringer besetzt, was

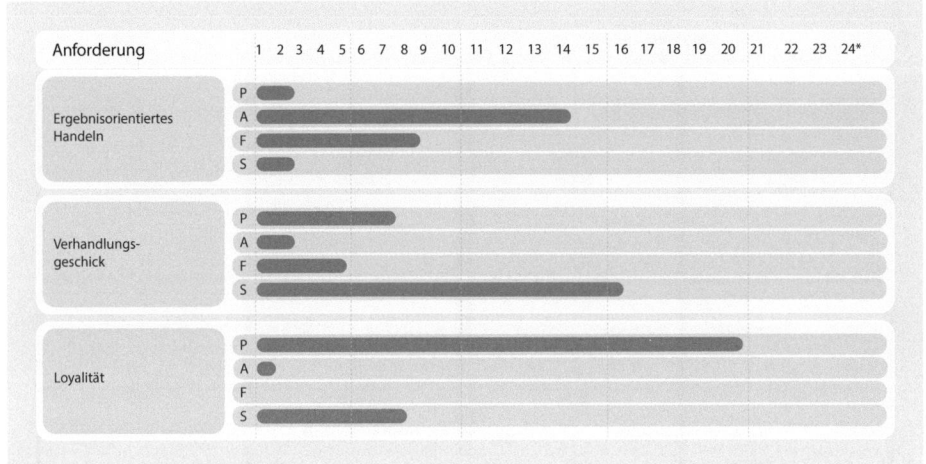

◘ Abb. 7.1 Beispiele der Kompetenzzuordnung im KompetenzAtlas in Anlehnung an Heyse (2007, S. 26)

heißt, dass bei der sozial-kommunikativen Kompetenz sehr stark andere Kompetenzen mitgedacht werden. Hoch besetzt waren ferner S/P und P/S als Ausdruck für das soziale Wesen, und P/A und A/P als Ausdruck für die Tätigkeits- und Handlungsorientierung der menschlichen Persönlichkeit. Ausreichend besetzt war ferner F/P, nicht so aber P/F, was im Klartext heißt: Um Fachliches zu realisieren, bedarf es einer klar umrissenen Persönlichkeit, es gibt aber kaum eine in der Persönlichkeit verankerte Fachlichkeit. Allerdings gibt es Persönlichkeitszüge, die Fachlichkeit klar befördern – beispielsweise Disziplin und Zuverlässigkeit. Weniger vordergründige Verbindungen werden zwischen Fachlichem und Sozialem (F/S und S/F) sowie zwischen Aktivität und Sozialem (A/S und S/A) gesehen.

Der KODE® KompetenzAtlas ist ein wissenschaftlich anerkanntes Ordnungssystem für Kompetenzen und bildet die Basis sowohl für die Entwicklung von Kompetenzmodellen als auch für die Ableitung von Kompetenzen aus Beobachtungen, Gesprächen und Interviews, wie in diesem Kapitel geschehen. Dies wird dadurch möglich, dass jeder der 64 Teilkompetenzen detailliert hinterlegt ist mit
- synonymen Begriffen (insgesamt 211 synonyme Kompetenzbegriffe),
- einer Definition der Teilkompetenz,
- vier Identifikationsmerkmalen,
- einer Beschreibung der möglichen Kompetenzübertreibungen.

Der KODE® KompetenzAtlas hat sich seit seiner Entwicklung in einer Vielzahl von Beratungsaufträgen, aber auch als Ausgangsbasis für wissenschaftliche Untersuchungen bewährt. Im Zuge von Forschungs- und Beratungsprojekten an der Hochschule für angewandtes Management wurden für den KODE® KompetenzAtlas zusätzliche sportspezifische Synonyme durch eine Arbeitsgruppe der Hochschule herausgearbeitet, die für das Handlungsfeld des Sports und das Management im Sport (z. B. auch im Teamsport) relevant sind und den ursprünglichen Begriffen im KODE® KompetenzAtlas entsprechen.

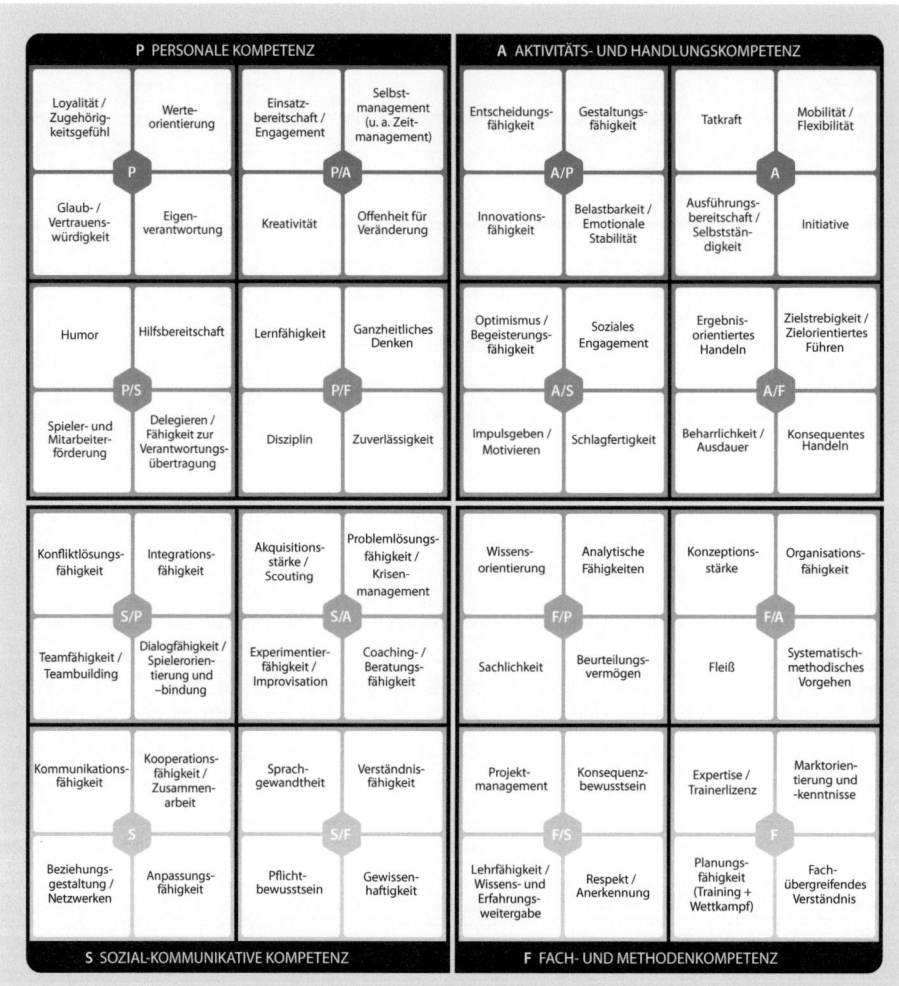

Abb. 7.2 KODE® Synonym-KompetenzAtlas für die Sportbranche

Die Abb. 7.2 stellt den KODE® KompetenzAtlas in seiner aktuellsten sportspezifischen Version vor.

Der Atlas wurde beim Interview vorgestellt und die Aussagen der Interviewpartnerinnen und -partner wurden den jeweiligen Teilkompetenzen zugeordnet. Bereits während der sportlichen Karriere notwendige und gelebte Kompetenzen konnten somit identifiziert werden. Interessant war in den Gesprächen auch die Frage, ob die Dispositionen zum kompetenten Handeln im aktuellen Betätigungsfeld auch in berufliche Handlungssituationen nach der Karriere transferiert werden können. Zudem stellt die leistungssportliche Betätigung selbst einen Beruf bis hin zur unternehmerischen Tätigkeit dar.

7.3 Ergebnisse

Zunächst stellt sich die Frage, ob die Fähigkeit zum kompetenten Handeln im aktuellen sportlichen Betätigungsfeld auch auf berufliche Handlungssituationen nach der Karriere transferiert werden kann. Hierzu sind die Ausführungen von Dr. Armin Zitzmann interessant, nach dessen Ansicht sich im Sport erworbene Kompetenzen auch für berufliche Handlungssituationen einsetzen lassen:

> » Die von mir eingekreisten Kompetenzen [Einsatzbereitschaft, Disziplin, Belastbarkeit, Zielstrebigkeit, Beharrlichkeit, Problemlösefähigkeit, Experimentierfähigkeit, Folgebewusstsein, Anm. der Verfasser] kann man bzw. muss man alle auch in beruflichen Situationen verwenden. (Dr. Armin Zitzmann)

Diese im Sport erworbenen Kompetenzen müssen aber laut Zitzmann durch einschlägige Fachkompetenzen und Qualifikationen für das jeweilige Berufsfeld ergänzt werden. Verständnis für das Unternehmen, seine Prozesse und die Aufgaben(-bereiche) innerhalb der Tätigkeit müssen beim potenziellen Mitarbeitenden gegeben sein. Sind diese Voraussetzungen geschaffen, haben ehemalige Spitzensportlerinnen und -sportler aus seiner Sicht regelmäßig Vorteile bei Rekrutierungsverfahren:

> » Es ist ein offenes Geheimnis, dass bei vielen Firmen schon das Attribut eines ehemaligen Leistungssportlers bis zu einem gewissen Grad positiv wirkt. (Dr. Armin Zitzmann)

Auch die Sportlerinnen und Sportler bestätigen in den Interviews regelmäßig die Übertragbarkeit von im Sport erworbenen Kompetenzen auf andere Handlungsfelder. Dies kann mit einem Zitat von Tobias Angerer zur Organisationsfähigkeit belegt werden:

> » Das merke ich jetzt nach der Karriere, ich bin organisiert. Auf einer anderen Ebene, aber ich habe meine Aufgaben [...] und diese Struktur in meinem Leben, die ich durch den Sport gelernt habe, die nehme ich natürlich mit. (Tobias Angerer)

Zudem stellt die leistungssportliche Betätigung selbst eine unternehmerische Tätigkeit dar. Dies wird am Beispiel des professionellen Tennissports und der dort vorhandenen Einnahmemöglichkeiten deutlich:

> » Als Tennisspieler bist du wie ein Kleinunternehmen. Du bist für dein Team verantwortlich [...], du musst alle bezahlen können, deinen Trainer, deinen Physio. Du musst dir dein Team selbst zusammenstellen und es leiten, das ist ja auch organisatorisch eine Aufgabe. (Laura Siegemund)

Auf der Ebene der Teilkompetenzen ergeben sich aus Sicht der Verfasser aus der Zuordnung der Interviewbeiträge zum KODE® KompetenzAtlas drei Kompetenzcluster, die nunmehr mit den von den Athletinnen und Athleten angesprochenen Teilkompetenzen erläutert werden. Es handelt sich hierbei um die folgenden Kompetenzcluster:
- Fähigkeiten zum nachhaltigen erfolgsorientierten Handeln
- Fähigkeiten zum strukturierten Handeln
- Fähigkeiten zum situativ angepassten sozialen Handeln

Diese drei Bündelungen von Teilkompetenzen werden im Weiteren als Querschnittskompetenzen bezeichnet.

7.3.1 Querschnittskompetenz nachhaltiges (erfolgsorientiertes) Handeln

Diese erste Querschnittskompetenz ist geprägt von folgenden Teilkompetenzen:
- Lernfähigkeit
- Zielstrebigkeit und Einsatzbereitschaft/Engagement
- Disziplin und Fleiß
- Belastbarkeit und Beharrlichkeit/Ausdauer

Diese Fähigkeiten der Nachhaltigkeit sind die Voraussetzung dafür, dass Erfolg im Rahmen einer sportlichen Karriere „erfolgen" kann. Steter Tropfen höhlt sprichwörtlich den Stein, und erfolgreiche Sportlerinnen und Sportler haben gelernt, mit den dauerhaften Herausforderungen im Training und auf Wettkämpfen umzugehen. Die **Lernfähigkeit** wird von ihnen als grundlegende Voraussetzung für die persönliche Leistungsentwicklung betrachtet:

> Lernfähigkeit natürlich. Du kannst nur besser werden, wenn du lernst. (Florian Wilmsmann)

Lernfähige Menschen interessieren sich aktiv für die Erfahrungen anderer und sind offen gegenüber Neuem:

> Lernfähig sollte man immer sein, egal ob im Sport oder im Leben. Die Augen und Ohren offenhalten und mit dem nötigen Willen auch dazulernen wollen. (Andreas Wellinger)

Dr. Armin Zitzmann, der Sportlerkarrieren verfolgt, aber auch (ehemalige) Sportlerinnen und Sportler im eigenen Unternehmen als Mitarbeitende beschäftigt, beobachtet Lernfähigkeit bei erfolgreichen Sportlerinnen und Sportlern insbesondere als Fähigkeit, sich beraten zu lassen:

> Eine positive Eigenschaft, die Sportler in den Beruf mitnehmen ist, dass sie durchaus in der Lage sind, Ratschläge anzunehmen. Ein Sportler der keine Ratschläge annimmt, wird kein erfolgreicher Sportler sein. (Dr. Armin Zitzmann)

Über alle Interviews hatte die Teilkompetenz **Zielstrebigkeit** die meisten Nennungen. Sie ist als die Fähigkeit, Aktivitäten konzentriert auf Ziele hin zu bündeln, ein zentraler Aspekt im Kompetenzprofil der Befragten:

> Zielstrebigkeit [glaube ich,] hat mich am meisten geprägt. (Andreas Wellinger)

Zielstrebigkeit zeigt sich im täglichen Arbeiten für die gesteckten sportlichen Ziele:

> […] die Zielstrebigkeit, dass man sich das Ganze erarbeiten muss; geschenkt wird keinem was. (Andreas Wellinger)

> Dass man Talent hat, dass man zielstrebig ist, dass man Tag ein Tag aus dafür arbeitet. (Viktoria Rebensburg)

Kompetenzerwerb im Sport

Eng mit der Zielverfolgung ist die **Einsatzbereitschaft** für die Zielerreichung verbunden. Bei Topleistenden geht diese Einsatzbereitschaft regelmäßig über das Niveau von Normalleistenden hinaus. Topsportlerinnen und -sportler sind bereit über die „Schmerzgrenze" zu gehen. Wer diese Fähigkeit hat, kann auch im Berufsleben regelmäßig „die Meile mehr leisten" und Topleistungen erbringen.

> » Im Endeffekt sind alle gleich gut. Es kommt dann darauf an, wer das letzte i-Tüpfelchen aus sich herausholt. Dann musst du natürlich auch bereit sein, mehr einzusetzen als die anderen. Das ist im Beruf das Gleiche, dort ist diese Kompetenz auch sehr wichtig. (Tina Lutz)

Unabdingbar für den sportlichen Erfolg in Einzelsportdisziplinen sind die Teilkompetenzen Fleiß, Disziplin und Ausdauer:

> » Ja klar, ohne Fleiß kein Preis. Braucht man immer, wenn man einen Schritt weiter kommen möchte. (Paul Eckert)

Bedingt durch das Anforderungsprofil der Sportart ist **Fleiß** eine unabdingbare Kompetenz, die definiert als konzentriertes und unermüdliches Handeln auch in berufliche Handlungssituationen relevant ist:

> » Langlauf ist ein Fleißsport. Das heißt, du musst viel machen und viel trainieren, und wenn du das alles zusammensetzt, dann wirst du auch erfolgreich sein. Ich kenne keinen, der nicht fleißig ist in der Sportart. Ich glaube auch, dass du es danach im beruflichen Leben, wenn du fleißig bist, auch zu was bringen wirst. (Tobias Angerer)

Disziplin zeigt sich z. B. in der Eigenverantwortung für Trainingsmaßnahmen:

> » Da brauchst du natürlich auch die Disziplin, dass du die Trainingswoche alleine durchziehst, auch wenn du keinen Trainer hast. (Florian Wilmsmann)

Disziplin ist geprägt von freiwilligem und selbstverantwortlichem Handeln und orientiert sich an persönlich angeeigneten Werten und Normen. Für Spitzensportlerinnen und -sportler ist die Kompetenz notwendig, um ganz nach oben zu kommen:

> » Um möglichst weit oben oder um ganz oben zu stehen, ist es einfach extrem viel Arbeit und dafür braucht man Selbstdisziplin und den Willen, seine Ziele erreichen zu wollen. (Andreas Wellinger)

Beharrlichkeit/Ausdauer hilft den Menschen, Widerstände, Belastungen und Hindernisse standhaft und hartnäckig zu überwinden. In dieser Kompetenz kommt die Fähigkeit zum nachhaltigen Handeln besonders gut zum Ausdruck und trennt einmal mehr Top- von Normalleistenden:

> » Gerade beim Thema Beharrlichkeit/Ausdauer sehe ich Unterschiede zwischen den Guten und den sehr Guten. Die sehr Guten haben von beidem immer ein bisschen mehr, die beißen ein bisschen länger, suchen beharrlicher nach Lösungen, lassen sich nicht hängen. (Laura Siegemund)

Die **körperliche Belastbarkeit** ist nicht nur in den jeweiligen Trainings- und Wettkampfsituationen gefragt. Der Gesamtumfang professioneller sportlicher Betätigungen ist sehr hoch und fordert den Sportlern und Sportlerinnen z. B. auf Reisen sehr viel ab:

> » Belastbarkeit ist auch wichtig. Das stimmt. Oft wird das unterschätzt, aber man ist doch recht lang unterwegs. (Florian Wilmsmann)

Neben der körperlichen Belastbarkeit erfordert die Wettkampfsituation eine hohe emotionale Stabilität und mentale Stärke. Wer derartige Situationen erfolgreich gemeistert hat, verfügt auch über das Selbstvertrauen berufliche Handlungssituationen erfolgreich zu meistern:

> » Was ist im Sport eine Drucksituation? Das ist, wenn du bei Olympia Schlussläufer für Deutschland bist. Das ist Druck, und wenn du das aushältst und dann die Medaille nach Hause bringst und deine Leistung abrufst, dann kannst du das überall anders auch abrufen. (Tobias Angerer)

Insgesamt setzen sich die Fähigkeiten zum nachhaltigen Handeln aus Teilkompetenzen im Bereich der Aktivitätskompetenz, der personalen Kompetenz und der fachlich-methodischen Kompetenzen zusammen.

7.3.2 Querschnittskompetenz strukturiertes Handeln

Die zweite Querschnittskompetenz beinhaltet folgende Teilkompetenzen:
- Selbstmanagement und Ausführungsbereitschaft/Selbstständigkeit
- Organisationsfähigkeit
- Entscheidungsfähigkeit
- Analytische Fähigkeiten
- Planungsfähigkeit

Die Interviews brachten deutlich zum Ausdruck, dass Individualsportlerinnen und -sportler über eine ausgeprägte Fähigkeit zum **Selbstmanagement** verfügen. Das eigene Handeln wird gestaltet und die gegebenen Handlungsmöglichkeiten ausgeschöpft. Die Anforderungen im Training erfordern z. B. ein strukturiertes Zeitmanagement von den Athletinnen und Athleten:

> » Selbst- und Zeitmanagement sind definitiv sehr wichtig für den Alltag. Wann macht man sein Training? Was macht man vorher und nachher? Eben die Vorbereitung und Nachbereitung. Sich bewusst sein, was es braucht, um vorwärtszukommen. (Andreas Wellinger)

Auch Tina Lutz, die in ihrer Bootsklasse im Segelsport in einem Zweierteam antritt, hält diese Fähigkeit für sehr wichtig. Sie stellt die Bedeutung von Selbstmanagement auch für berufliche Handlungssituationen in den Vordergrund:

> » Selbstentwicklung, Selbstmanagement, ja das ist sowohl im Beruf als auch im Segelsport essenziell. (Tina Lutz)

Die Fähigkeit zum Selbstmanagement zeigt sich in der Ausführungsbereitschaft der Sportlerinnen und Sportler, die Dinge auch selbst proaktiv in die Hand zu nehmen:

> » Selbstständigkeit – dass mir nicht jeder alles hinterhertragen muss oder ich mich darauf verlasse, dass der Techniker jetzt den Ski gemacht hat, sondern dass ich selbst nachschaue. (Andreas Wellinger)

In enger Verbindung mit den Kompetenzen Selbstmanagement und Ausführungsbereitschaft steht die Fähigkeit, organisatorische Aufgaben aktiv und erfolgreich zu bewältigen.

> » Organisation ist bei uns im Sport ausschlaggebend. (Tina Lutz)

Organisationsfähigkeit vereint die Komponente methodischen Wissens mit der Fähigkeit, dieses Wissen strukturiert mit Tatkraft und Engagement umzusetzen:

> Ein weiterer großer Vorteil ist die Struktur. Diese Organisationsfähigkeit, dass du genau weißt, wie du dich organisierst. Das hast du als Leistungssportler einfach. Ich kenne keinen unorganisierten Leistungssportler, der Weltklasse ist. (Tobias Angerer)

Ein weiterer wichtiger Aspekt ist die Tatsache, dass Leistungssportlerinnen und -sportler regelmäßig mit unterschiedlichen Handlungsmöglichkeiten konfrontiert werden. Diese Alternativen müssen beurteilt und gegeneinander abgewogen werden. Die persönliche Priorisierung und die Konzentration auf das Wesentliche sind Eckpfeiler dieser proaktiven **Entscheidungsfähigkeit:**

> Wichtig ist Entscheidungsfähigkeit, weil Entscheidungen auch mal falsch sein können; aber wichtig ist, dass du Entscheidungen triffst. Wer keine Entscheidung trifft, wird auf der Strecke bleiben. Also musst du eine Entscheidung treffen. (Tobias Angerer)

Die Querschnittskompetenz strukturiertes Handeln beinhaltet weiterhin Methoden des abstrakten Denkens. Diese **analytischen Fähigkeiten** versetzen die Sportlerinnen und Sportler in die Lage, Sachverhalte und Probleme zu durchdringen und zu reflektieren:

> Analytische Fähigkeiten braucht man auch, wenn man einen Lauf gefahren ist und es hat etwas gut oder weniger gut funktioniert, um das dann dementsprechend einordnen zu können. (Viktoria Rebensburg)

Analytische Fähigkeiten sind eng mit der Teilkompetenz **Planungsfähigkeit** verbunden. Die gedankliche Vorbereitung der Handlung basiert auf der Trainings- und Wettkampferfahrung der Sportler/-innen, um beispielsweise die richtige Dosierung der Trainingsreize zu setzen:

> Das Planungsverhalten von Training und Wettkampf ist natürlich essenziell, um Erfolg zu haben. Es muss genau getimet werden, wann ist Pause, wann ist Training und wie viel Pause vor einem wichtigen Wettkampf. Nur die Dosierung wird Erfolg bringen. (Tina Lutz)

Die Fähigkeiten zum strukturierten Handeln stammen in erster Linie aus den Kompetenzgruppen der fachlich-methodischen Kompetenz und der Aktivitätskompetenz.

7.3.3 Querschnittskompetenz situativ angepasstes soziales Handeln

Die dritte Querschnittskompetenz ist geprägt von folgenden Teilkompetenzen:
- Teamfähigkeit und Konfliktlösungsfähigkeit
- Kommunikationsfähigkeit und Beziehungsmanagement
- Mobilität/Flexibilität und Offenheit für Veränderung

In diesem Cluster spielen sozial-kommunikative Kompetenzen die entscheidende Rolle und werden durch Anteile aus der personalen und der aktivitätsorientierten Kompetenzgruppe ergänzt.

Die mit Abstand häufigste Nennung hatte die Teilkompetenz **Teamfähigkeit.** Allerdings gibt es bei der Definition des Teams bei Individualsportlern einige Besonderheiten. Zunächst sind Einzelsportlerinnen und -sportler im Wettkampf auf sich selbst gestellt:

> » Unser Team ist anders zu definieren als ein Fußballteam, weil das Fußballteam ja gemeinsam funktionieren muss. (Paul Eckert)

Innerhalb einer Nationalmannschaft bilden die Einzelsportlerinnen und -sportler automatisch eine Trainingsgemeinschaft und unterstützen sich im besten Fall auch gegenseitig im Wettkampf:

> » Im Ski Alpin ist es eine ganz spezielle Kombination, weil wir natürlich im Team trainieren, aber jeder alleine runterfährt. […] Man unterstützt sich gegenseitig und feuert sich auch an. (Viktoria Rebensburg)

Trotzdem bleiben die Teamkameradinnen und -kameraden am Wettkampftag auch Konkurrentinnen und Konkurrenten um die Platzierungen:

> » […] mit der Nationalmannschaft […], sind wir im Endeffekt ja auch ein Team. Teamsport, aber wenn es hart auf hart kommt, ist jeder Einzelsportler. (Paul Eckert)

Eine gute Stimmung im Team kann allerdings ausgesprochen leistungsfördernd für die Einzelne/den Einzelnen sein:

> » Wenn da eine gute Stimmung ist, dann bin ich auch voll mit dabei […] Ich bin schon jemand, der vom Team sehr viel Energie zieht, dem das Team viel gibt. Wenn da ein gutes Team dahintersteht, dann geht es einfacher von der Hand. (Florian Wilmsmann)

Gerade in den Mannschaftswettbewerben (z. B. Langlaufstaffel oder Skispringen der Mannschaft) spielt der Teamgeist eine enorme Rolle:

> » Staffelwettbewerbe waren das Spiegelbild, wie das Team funktioniert. Wenn wir eine Medaille gewonnen haben oder Weltcupsiege gefeiert haben, haben wir gewusst, es funktioniert einfach gut. Wir sind füreinander da, wir unterstützen uns gegenseitig, wir fordern uns, wir fördern uns, und so muss es sein. Wenn das Ergebnis in der Staffel nicht so war, dann hast du auch gewusst, jetzt kriselt es vielleicht ein bisschen im Team. Für mich war das immer ein Spiegelbild so eine Staffel. (Tobias Angerer)

Die Wertschätzung einer in einem Teamwettbewerb gewonnenen Medaille ist bei vielen Athletinnen und Athleten entsprechend hoch:

> » Also bei Olympia eine Medaille zu gewinnen, ist für jeden Leistungssportler eines der größten Ziele, die man erreichen kann. Ich würde sagen, dass es mit der Teamfähigkeit innerhalb der Mannschaft nochmal etwas ganz Besonderes ist. Weil es genau diese Situation war, dass es zwar eine Einzelsportart ist, aber jeder für sich und für die anderen die Leistung erbringen muss. (Andreas Wellinger).

Aber nicht nur im Verhältnis zu anderen Athletinnen und Athleten innerhalb einer Nationalmannschaft spielt der Teamgedanke eine Rolle. Individualsportlerinnen und -sportler haben ihre ganz persönliche Unterstützungsstruktur um sich herum:

> » Spitzensportler sind ja nicht völlig auf sich allein gestellt, sondern haben meistens ein Team um sich herum. (Dr. Armin Zitzmann)

Dieses Team um eine Sportlerin/einen Sportler kann aus vielen verschiedenen Personen bestehen, die unterschiedlichste Aufgaben für die Athletinnen und Athleten erbringen:

> » Aber mein Team ist mein Servicemann, mein Trainer, meine Physiotherapeutin, dann das Management, dann auch die sportliche Führung vom DSV [Deutscher Skiverband]. Es kommen so viele Menschen dazu, die zu meinem Team gehören, und dementsprechend teamfähig muss man sein bzw. muss man Teamfähigkeit besitzen. (Viktoria Rebensburg)

Zitzmann sieht bezüglich der notwendigen Fähigkeiten zur Teamfähigkeit keinen großen Unterschied zwischen Individualsportlerinnen und -sportlern sowie Mannschaftsportlerinnen und -sportlern:

> » Soweit sind die Themen im Spitzensport gar nicht auseinander. Auch in den Einzelsportarten muss der Spitzensportler absoluter Teamplayer sein, weil er sich einfügen muss, obwohl er eigentlich in Anführungszeichen ‚der Star' in seinem Team ist. (Dr. Armin Zitzmann)

Dies zeigt sich auch in Aussagen von Einzelsportlerinnen und -sportlern, die ihre Leistung zum Teil als Ergebnis der Arbeit ihres Teams betrachten:

> » Aber trotzdem würde ich sagen, dass die Arbeit, die zu dieser Leistung führt, die du in diesem Moment dann abrufst, im Team gemeinsam entstanden ist. Vielleicht schon über Jahre hinweg oder über einen längeren Zeitraum im Voraus. Ich empfinde das, wenn ich etwas gewinne, schon immer als Teamerfolg. (Laura Siegemund)

In enger Verbindung zur Teamfähigkeit steht auch die **Konfliktlösungsfähigkeit,** um trotz Konflikten erfolgreich handeln zu können:

> » Ja ich denke, auch wenn man Einzelsportler war, ist es wichtig, dass man teamfähig ist. Denn nur, wenn man teamfähig ist, kann man auch Konflikte lösen. (Tobias Angerer)

Die Sportlerinnen und Sportler sprechen dieser Kompetenz auch eine hohe Relevanz in beruflichen Handlungsfeldern zu:

> » In unserem Sport auf alle Fälle, und ich glaube auch, dass es dir im Leben und sehr extrem im Berufsleben weiterhilft, wenn du in der Lage bist, Konflikte zu lösen und mit anderen im Team gut zusammenzuarbeiten. (Tina Lutz)

Konfliktlösungsfähigkeit beinhaltet das Erkennen von Interessengegensätzen sowie die individuelle Bereitschaft zur Konfliktbearbeitung. Dies zeigt sich dadurch, dass Themen konsequent angesprochen werden. Eine tolerante Grundhaltung im Team fördert eine (erfolgreiche) gemeinsame Konfliktbewältigung:

> » Man wird dazu gezwungen, Gespräche zu führen, wenn es Konflikte gibt, die dann auch konkret anzugehen und zu lösen. Man muss sich überlegen, wie man das Gespräch führt, um am Ende das gewünschte Ziel zu erreichen. (Viktoria Rebensburg)

> » Bei uns im Team herrscht ein sehr gutes Miteinander. Dadurch werden Themen und Konflikte angesprochen und gemeinsam nach einer Lösung gesucht. (Andreas Wellinger)

Eine Kernkompetenz im Bereich der sozial-kommunikativen Kompetenzen ist die **Kommunikationsfähigkeit.** Diese Teilkompetenz beinhaltet, dass Menschen offen und wohlwollend auf andere zugehen und diesen Personen ihre Wertschätzung entgegenbringen.

> Kommunikationsfähigkeit ist in allen Bereichen im Leben und im Sport wichtig. (Andreas Wellinger)

Kommunikationsfähigkeit ist darüber hinaus eine Voraussetzung für ein gutes **Beziehungsmanagement.** Beziehungsmanagement kennzeichnet das Streben, mit unterschiedlichen Menschen in produktive Kommunikations- und Kooperationsbeziehungen zu treten. Durch authentisches Handeln wird die eigene Anziehungskraft auf das persönliche Umfeld verstärkt und die persönliche Vertrauenswürdigkeit erhöht. Ein gutes Beziehungsmanagement ist bei den Athletinnen und Athleten einerseits wichtig, um ihrem Sport professionell nachgehen zu können, anderseits schaffen die Beziehungen im privaten Bereich den notwendigen Rückhalt und Ausgleich für die Belastungen durch den Sport.

> Zum einen die Trainer oder der Trainer, zu dem man persönlich den besten Bezug hat und fachlich diskutieren und reden kann. Wo waren die Fehler, warum ist es passiert? Dann auch die ganze Familie, Freunde, die dir Rückhalt geben und bei denen man mal nicht an Skispringen denken muss. (Andreas Wellinger)

Ein weiterer Aspekt beim Beziehungsmanagement ist die Vermarktung der Athletinnen und Athleten:

> Wir als Sportler vermarkten uns ja auch selbst. Das heißt, man hat seine Sponsoren oder man will sich gut verkaufen, um gute Sponsoren zu bekommen. (Paul Eckert)

Mobilität/Flexibilität bringt die geistige und körperliche Beweglichkeit einer Person zum Ausdruck. Taktisches Handeln erfordert z. B. entsprechende Umstellungsfähigkeiten:

> Flexibilität ist ganz wichtig, auch im Kopf. Dass du in der Lage bist zu sagen: ‚Hey mit Fahrplan A komme ich jetzt nicht weiter, aber ich habe noch Plan B in der Tasche.' Und diesen dann auch anwenden und sich geistig von Plan A verabschieden zu können. (Laura Siegemund)

Auf die Unvorhersehbarkeiten im Sport müssen Athletinnen und Athleten entsprechend flexibel reagieren können, um die optimale Leistung zum passenden Zeitpunkt realisieren zu können:

> Du musst beim Rennen selbst flexibel bleiben, weil oft stehst du schon im Gate drin und dann kann ein Sturz passieren. Dann hörst du Startstopp, weil der Helikopter kommen muss, und wenn es echt blöd läuft, dann stehst du auf einmal auch eine halbe Stunde oben. (Florian Wilmsmann)

Jede neue Handlungssituation kann mit Stress, Unsicherheit und Ungewissheit verbunden sein. **Offenheit für Veränderungen** ist neben der Flexibilität eine Teilkompetenz, die helfen kann, anspruchsvolle Herausforderungen zu meistern.

> Wenn sich die Gegebenheiten verändern, muss man sich möglich schnell und konzentriert darauf einstellen. (Andreas Wellinger)

Kompetenzerwerb im Sport

Offenheit für Veränderung dokumentiert eine positive Einstellung zur Neugier und Kreativität. Neues als Quelle für die persönliche Weiterentwicklung zu erkennen, ist eine Einstellung und Fähigkeit vieler Topsportlerinnen und -sportler:

> Ich bin bestrebt, immer wieder neue Wege zu beschreiten, offen zu bleiben für Neues ist mir sehr wichtig. Es ist kein Patentrezept, aber ich glaube schon, es ist ein wichtiges Merkmal erfolgreicher Menschen, dass sie nie aufhören, sich weiterentwickeln zu wollen, und sich immer wieder neu erfinden. (Laura Siegemund)

In der Gesamtschau ist die ausgeprägte Kompetenz zum situativ angepassten sozialen Handeln eine wichtige dritte Säule im Kompetenzprofil von Individualsportlerinnen und -sportlern.

7.4 Der Kompetenzatlas für Individualsportlerinnen und -sportler

Über alle Interviews wurde zudem eine hohe **Selbstreflexionsfähigkeit** der Teilnehmenden zum Ausdruck gebracht. Die Interviewer waren von dieser Metakompetenz der Teilnehmenden und den Persönlichkeiten hinter den Gesprächspartnerinnen/-partnern sehr beeindruckt. Für den Experten aus der Wirtschaft, Dr. Armin Zitzmann, begründet sich diese Reflexionsfähigkeit zwingend aus der Verarbeitung der sportlichen Resultate:

> Was Spitzensportler fürs Leben lernen, ist die Fähigkeit, zielorientiert zu arbeiten, sich zu quälen, sich auch selbst zu reflektieren. Sport heißt immer auch, Ergebnisse erzielen. Die Reflexion findet automatisch statt. (Dr. Armin Zitzmann)

Der Kompetenzatlas in ◘ Abb. 7.3 stellt das Untersuchungsergebnis mit den drei Kompetenzclustern abschließend zusammen.

Fazit
Abschließend lassen sich die grenzüberschreitenden Nutzenpotenziale aus dem Hochleistungssport in den Beruf wie folgt zusammenfassen:
- Die leistungssportliche Betätigung an sich entwickelt und fördert Kompetenzen, die auch in beruflichen Handlungssituationen benötigt werden. Kompetenzen wie Einsatzbereitschaft, Disziplin, Fleiß oder Selbstmanagement werden bereits sehr früh in der Karriere entwickelt, da sie erfolgsrelevante Voraussetzungen für sportliche Höchstleistungen sind.
- Topsportlerinnen und -sportler erreichen ihre nachhaltigen Spitzenleistungen durch Zielstrebigkeit, Beharrlichkeit und emotionale Stabilität. Auch diese Kompetenzen werden von Personalentscheidenden in der Wirtschaft sehr geschätzt.
- Individualsportlerinnen und -sportler zeichnen sich im Spitzenbereich durch Kompetenzen aus, die sie auch für Führungspositionen in der Wirtschaft als geeignet erscheinen lassen. Die starke Ausprägung von sozial-kommunikativen Kompetenzen wie Kommunikationsfähigkeit, Teamfähigkeit oder Konfliktlösungsfähigkeit sowie individuelle Flexibilität sind hier zu nennen. Teilweise wären

diese Kompetenzen eher bei Teamsportlerinnen und -sportlern zu vermuten; für erfolgreiche Individualsportlerinnen und -sportler sind sie für das Management des Leistungsumfeldes aber herausragend wichtig.
- Für einen beruflichen Erfolg müssen Kompetenzen, die im Bereich des Leistungssports entwickelt und gefördert werden, jedoch auch auf die notwendigen Qualifikationen in den branchentypischen Handlungsfeldern treffen. Wenn (ehemalige) Sportlerinnen und Sportler die grenzüberschreitenden Nutzenpotenziale in ihren jeweiligen Ausbildungswegen einzusetzen wissen, ist der Erfolg auch in der Unternehmenswelt geebnet.

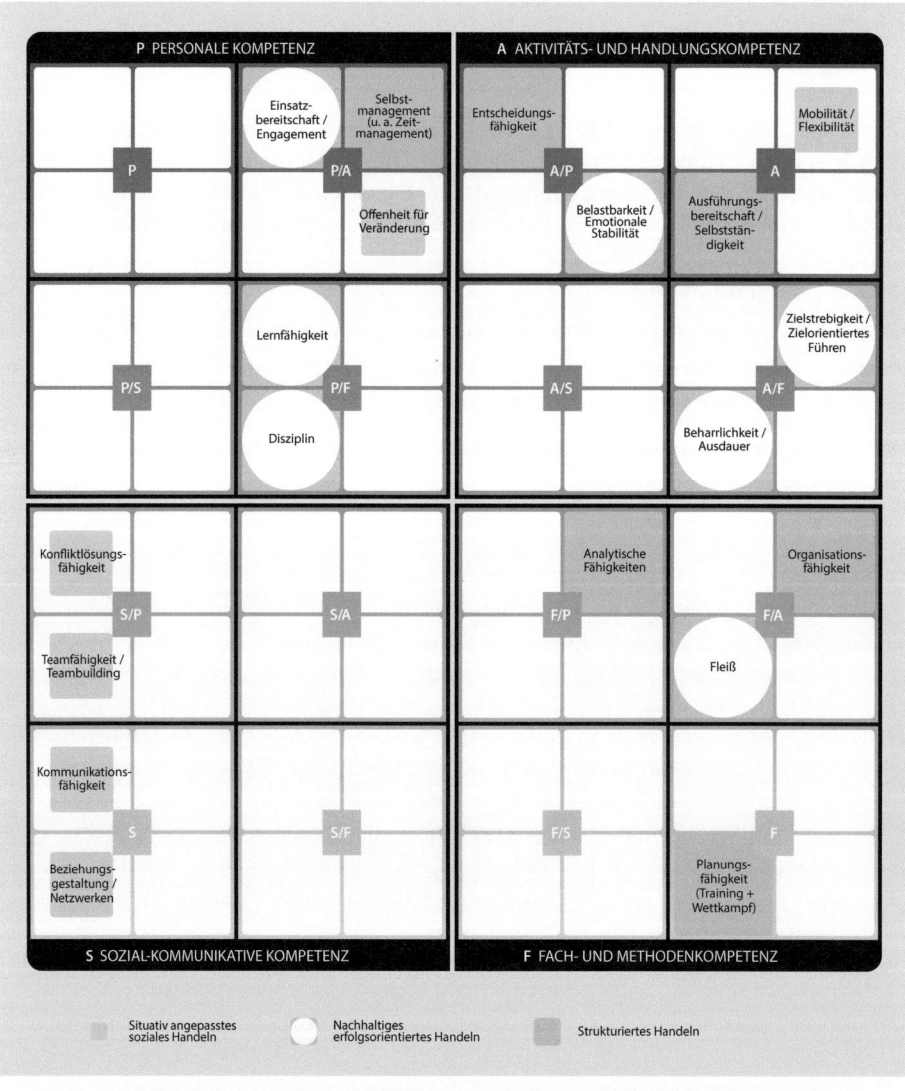

◘ Abb. 7.3 KODE® Synonym-KompetenzAtlas für Individualsportlerinnen und -sportler

Literatur

Apitzsch, T. (2016). *Kompetenzprofile von Trainern und Sportmanagern im Leistungssport*. München: Utz.
Bartram, D., Robertson, I. T., & Callinan, M. (2002). *Organizational effectiveness: The role of psychology*. New York: Wiley.
Chomsky, N. (1969). *Aspekte der Syntax-Theorie*. Berlin: Akademie Verlag.
Erpenbeck, J. (2010). Kompetenzen – eine begriffliche Erklärung. In V. Heyse, J. Erpenbeck, & S. Ortmann (Hrsg.), *Grundstrukturen menschlicher Kompetenzen – Praxiserprobte Konzepte und Instrumente* (S. 13–19). Münster: Waxmann.
Erpenbeck, J., & von Rosenstiel, L. (2007). Vorbemerkung zur 2. Auflage. In J. Erpenbeck & L. von Rosenstiel (Hrsg.), *Handbuch Kompetenzmessung* (S. XI–XVI). Stuttgart: Schäffer-Poeschel.
Heyse, V. (2007). Strategien – Kompetenzanforderungen – Potenzialanalysen. In V. Heyse & J. Erpenbeck (Hrsg.), *KompetenzManagement – Methoden, Vorgehen, KODE® und KODE®X im Praxistest* (S. 11–32). Münster: Waxmann.
Heyse, V. (2010). Verfahren zur Kompetenzermittlung und Kompetenzentwicklung. KODE®im Praxistest. In V. Heyse, J. Erpenbeck, & S. Ortmann (Hrsg.), *Grundstrukturen menschlicher Kompetenzen – Praxiserprobte Konzepte und Instrumente* (S. 55–174). Münster: Waxmann.
Kauffeld, S. (2006). *Kompetenzen, messen, bewerten, entwickeln*. Stuttgart: Schäffer-Poeschel.
Klug, A. (2008). Analyse des Personalentwicklungsbedarfs. In J. Ryschka, M. Solga, & A. Mattenklott (Hrsg.), *Praxishandbuch Personalentwicklung – Instrumente, Konzepte, Beispiele* (S. 35–90). Wiesbaden: Gabler.
Krumm, S., Mertin, I., & Dries, C. (2012). *Kompetenzmodelle*. Göttingen: Hogrefe.
Scherm, M. (2014). *Kompetenzfeedbacks. Selbst- und Fremdbeurteilung beruflichen Verhaltens*. Göttingen: Hogrefe.

Prof. Dr. Thomas Apitzsch lehrt seit 2015 als Professor Sport- und Eventmanagement an der Hochschule für angewandtes Management in Ismaning. Der diplomierte Kaufmann promovierte 2012 an der Deutschen Sporthochschule Köln zum Thema Kompetenzprofile von Trainern/Trainerinnen und Sportmanagern/-managerinnen im Leistungssport. Der begeisterte Sportler hat eine A-Trainer-Ausbildung im Deutschen Tennis Bund und ist im Internationalen Fußball Institut als Experte für die Kompetenzentwicklung von Einzelsportlern/-sportlerinnen und Teams verantwortlich.

Stephan Coester führt nach mehrjährigen CEO- und Geschäftsführer-Mandaten seit 2016 als Geschäftsführender Gesellschafter die KODE GmbH, die alle Rechte an KODE® und KODE®X hält. Nach seinem Studium der Betriebswirtschaft in Düsseldorf und an der University of Alabama, Tuscaloosa, USA, folgte eine erfolgreiche, über 25-jährige Laufbahn in exponierten Führungspositionen in mittelständischen und großen Unternehmen. Der Schwerpunkt seiner Tätigkeiten lag dabei im Auf- und Ausbau von Unternehmensbereichen sowie auf Turnarounds, Restrukturierungen, Post-Merger-Integrationen und Business-Transformationen.

**Sebastian Rüdiger** hat seinen B. A. in Sportmanagement mit dem Schwerpunkt Eventmanagement sowie seinen M. A. in Wirtschaftspsychologie mit dem Schwerpunkt Leadership und Changemanagement erlangt und ist ehemaliger Leistungssportler (Leichtathletik) und leidenschaftlicher Hobbysportler. Seit 3,5 Jahren arbeitet er als Eventmanager bei der Allianz im Bereich Executive Events.

Alter(n) in Wissenschaftsorganisationen – Wissenschaftskarriere eine Frage von Altersgrenzen?

Wibke Frey und Svea Korff

8.1 Alter(n) im Wissenschaftssystem – 110

8.2 Datengrundlage und Methode – 113

8.3 Empirische Ergebnisse – 114

8.4 Fazit: Alter(n) und Altersnormen in Wissenschaftsorganisationen – 122

Literatur – 124

© Springer-Verlag GmbH Deutschland, ein Teil von Springer Nature 2020
R. Knackstedt, K. Kutzner, M. Sitter, I. Truschkat (Hrsg.), *Grenzüberschreitungen im Kompetenzmanagement,* Kompetenzmanagement in Organisationen,
https://doi.org/10.1007/978-3-662-59543-5_8

Zusammenfassung

Mit der sich wandelnden Altersstruktur der Gesellschaft einher geht die Forderung aus der Wissenschaft und der Politik, die Potenziale des Alterns zu erkennen und nicht länger an tradierten Alternsnormen und -bildern festzuhalten: „Jünger" heißt nicht automatisch „leistungsfähiger". Gerade im Wissenschaftssystem mit seinen zahlreichen befristeten Stellen ist das Alter aber nach wie vor ein bedeutender Faktor, wenn es um die eigene Lebens- und Karriereplanung geht. In diesem Kapitel wird der Frage nachgegangen, welche Altersnormen Wissenschaftler und Wissenschaftlerinnen in der Übergangsphase von der Promotion zur Professur selbst inkorporiert haben, welche Auswirkungen dies auf ihre praktische Tätigkeit in Forschung und Lehre hat und welche Forderung daraus für einen nachhaltigen Umgang mit wissenschaftlichem Personal entstehen. Hierfür wurden neun Gruppendiskussionen mit Postdocs ausgewertet und so Einblicke in an Status- und Altersgrenzen orientierte Lebens- und Karriereplanungen im Wissenschaftssystem gewonnen. Dies gilt zumindest bis zu einem Alter von Anfang/Mitte 40 Jahren, denn hier wird ein neuralgischer Punkt verortet, an dem sich die Planung entweder erfüllt haben muss oder gescheitert ist.

8.1 Alter(n) im Wissenschaftssystem

Der demografische Wandel und der damit verbundene Wandel der Altersstruktur unserer Gesellschaft stehen seit Jahren im politischen und wissenschaftlichen Fokus. Dies zeigen z. B. die Altenberichte der Bundesregierung (zuletzt 2016 zur Sorge und Mitverantwortung in der Kommune, BMFSFJ 2016), die Forschungsagenda „Das Alter hat Zukunft" des BMBF (2011) sowie die Förderlinie „Betriebliches Kompetenzmanagement im demografischen Wandel" (2014–2018).

Altersnormen und Altersbilder spielen in der Debatte eine entscheidende Rolle, haben sie doch erheblichen Einfluss darauf, ob und inwiefern ein höheres Durchschnittsalter der Bevölkerung als gesamtgesellschaftliche Herausforderung oder als Chance begriffen wird. Nicht zuletzt sind sie auch entscheidend dafür, ob eine Anpassung von Beschäftigungsverhältnissen an die sich wandelnde Altersstruktur gelingen kann. Dies wird von Politik und Wissenschaft erkannt, wie sich etwa anhand des sechsten Altenberichts der Bundesregierung („Altersbilder in der Gesellschaft", BMFSFJ 2010) und zahlreichen Veröffentlichungen (z. B. van Dyk 2015; Dill und Keupp 2015; Backes 2014 etc.) zeigt. Dabei herrscht weitgehend Einigkeit darüber, dass die Potenziale des Alters ausreichend erfasst und gefördert werden müssen (vgl. etwa die Beiträge in Amann und Kolland 2014; BMFSFJ 2006). In dem Bemühen um einen differenzierteren Blick auf Alter und Altern wird zudem zunehmend versucht, nicht lediglich defizitorientiert die im Alternsprozess mehr oder minder regelhaft auftretenden körperlichen und geistigen Einschränkungen zu thematisieren und nach Kompensationsmöglichkeiten zu suchen, sondern die Chancen der sich ändernden Altersstruktur der Gesellschaft zu begreifen und zu nutzen (Backes 2014). Tradierte Altersnormen sind dabei allerdings hinderlich und stehen dem geforderten gesellschaftlichen Wandel im Weg. Sie aufzudecken und zu reflektieren ist damit ein wichtiger Faktor, soll die Anpassung an den demografischen Wandel gelingen.

In der politischen Debatte sowie im weit überwiegenden Teil der wissenschaftlichen Literatur wird der Bereich des „Alterns in Wissenschaftsorganisationen" nicht näher beleuchtet (Ausnahme: Beiträge in Stehr und Strasser 2011). Das heißt, es findet zwar eine wissenschaftliche Auseinandersetzung mit Alter(n) und Altersbildern in der Politik, Wirtschaft und Gesellschaft statt, das Alter(n) und (re-)produzierte Altersnormen speziell im Wissenschaftssystem und dessen Wissenschaftsorganisationen ist ebenso wie ein Kompetenzmanagement einer nachhaltigen Personalentwicklung als Teil der „Organisationswerdung" der Universitäten (Huber 2012) in diesem Bereich bislang jedoch kaum ein Thema. Dabei lassen sich spezifische Vorstellungen von Alter(n) im Wissenschaftssystem nachweisen, die beispielsweise über die Gesetzgebung im Befristungsrecht die Lebens- und Karriereplanung von Wissenschaftlerinnen und Wissenschaftlern nachhaltig beeinflussen. Bereits die Bezeichnung von Promovierenden und Promovierten als „wissenschaftlicher Nachwuchs" legt eine bestimmte Altersstruktur im Wissenschaftsbereich nahe, die, verstärkt durch den Wandel des Wissenschaftssystems nach Erfolgsfaktoren und Wettbewerb (z. B. durch die größer werdende Konkurrenzsituation beim Einwerben von Drittmitteln, eine gestiegene Anzahl an geforderten einschlägigen Publikationen und vermehrte Begutachtungs- sowie Evaluationsverfahren etc.), für ältere Wissenschaftlerinnen und Wissenschaftler einen spezifischen Leistungsdruck erzeugt.

Während dem jungen wissenschaftlichen Nachwuchs eine größere Innovationsfähigkeit (Bundesregierung 2015, S. 7) sowie eine höhere Produktivität zugesprochen wird, werden positive Eigenschaften wie Erfahrung und Wissen nicht generell bei älteren Wissenschaftlerinnen und Wissenschaftlern, sondern vielmehr in Abhängigkeit von der erreichten Karrierestufe und damit vornehmlich bei Professorinnen und Professoren verortet (Stehr und Strasser 2011; Weingart und Winterhager 2011). Darüber hinaus bedingen die gesetzlichen Rahmenbedingungen bzw. deren Umsetzung durch die Hochschulen die Gefahr einer Prekarisierung gerade für ältere Wissenschaftlerinnen und Wissenschaftler, sofern sie keine Professur anstreben bzw. erhalten oder in andere Arbeitsmarktsegmente ausweichen können. Eine Verjüngung des akademischen Mittelbaus wird dabei oft als erstrebenswertes Ziel und Innovationstreiber bewertet, ohne die Ressourcen bzw. Kompetenzen gerade von älteren Beschäftigten zu würdigen und ihre spezifische Arbeits- und Beschäftigungssituation zu berücksichtigen (Seipel et al. 2015, S. 21).

Mit zunehmender Beschäftigungsdauer im Wissenschaftssystem wird der Wechsel in außerakademische Bereiche durch die Spezifik der wissenschaftlichen Arbeit an Hochschulen und Forschungseinrichtungen zudem erschwert (vgl. dazu auch Wissenschaftsrat 2014, S. 7 f., S. 32 f.; Minks und Schaeper 2002, S. 118 ff.). Das Risiko eines Wechsels in andere Beschäftigungssektoren tragen die Individuen selbst, wenn sie mit 40–45 Jahren z. B. keine adäquate Beschäftigung finden oder einen vergleichsweise geringen Verdienst als „Berufsanfänger/-in" akzeptieren müssen. Sofern aus solchen Gründen ein Ausscheiden aus dem Wissenschaftssystem unterbleibt, besteht die Gefahr negativer Auswirkungen auf die Motivation der Beschäftigten; gelingt der Wechsel, ist die Abwanderung von Erfahrung und Wissen zu befürchten. Die Wissenschaftsorganisationen dagegen spüren die Folgen der Abwanderung oder des Ausscheidens von Wissenschaftlerinnen und Wissenschaftlern erst dann, wenn es zu einem vermehrten Rückzug aus der akademischen Forschung und Lehre kommt oder sich die Bewerberinnen- und Bewerberlage deutlich verschlechtert und im übertragenen Sinne ein „akademischer Fachkräftemangel" vorliegt.

Auch das Risiko eines Verbleibes im Wissenschaftssystem und eines ggf. damit verbundenen potenziellen – auf das Alter bezogenen – späten Ausstiegs tragen die Promovierten in erster Linie selbst. Diese Individualisierung kann im Wissenschaftssystem als organisationale Freisetzung beschrieben werden. Damit ist gemeint, dass anstelle der Übernahme von organisationaler Verantwortung ein transorganisationaler individualisierter Wettbewerb besteht. Dieser Wettbewerb auf individueller Ebene wird geschürt durch befristete Arbeitsverträge, unsichere berufliche Perspektiven, einen selbstständig gesuchten Karriereweg über selbstständig einzuwerbende Mittel (Böhringer et al. 2014). Zudem sind die Reformen im Wissenschaftssystem gekennzeichnet durch eine Orientierung an einer kompetenz- und defizitorientierten Aus- und Weiterbildung. Das heißt, Promovierte – im Folgenden auch „Postdocs" genannt, zur prägnanteren Abgrenzung zum noch promovierenden wissenschaftlichen „Nachwuchs" – werden in der Regel durch programmförmige Fördermaßnahmen adressiert, die zeitlich befristet sind, über Drittmittel finanziert werden und in denen davon ausgegangen wird, dass ihre Zielgruppe nur temporär in dieser Phase verbleibt, um im Anschluss auf eine Professur berufen zu werden (z. B. Professorinnenprogramm des BMBF; Böhringer et al. 2014). Insgesamt besteht jedoch ein äußerst unausgewogenes Verhältnis von vielen Aspirantinnen und Aspiranten und wenigen verfügbaren Professuren. Um das Ziel dennoch zu erreichen, sollen individuelle Defizite ausgeglichen und entsprechende Kompetenzen vermittelt werden (Böhringer et al. 2014). Diese Fokussierung auf personalisierte Einzelmaßnahmen verschärft jedoch vor allem den Wettbewerb unter den Postdocs, nicht aber den durch die Reformen angestrebten Wettbewerb unter den Hochschulen zur Stärkung des Wissenschaftsstandortes Deutschland im (inter-)nationalen Wettbewerb. Solche Maßnahmen ersetzen keine nachhaltige Personalentwicklung mit einem systematischen Kompetenzmanagement z. B. am Übergang von Statusgrenzen als Teil einer Organisationsentwicklung von Wissenschaftsorganisationen.

Diese Entwicklungen kulminieren aktuell in der Situation der Beschäftigungsgruppe der „Postdocs", die einerseits durch die Reformen in den Qualifikationsphasen keine neuen Perspektiven erhalten haben und andererseits in der Reform des Professorenstatus durch die Einführung der Juniorprofessur letztlich „überdeckt" wurden. Und das Alter dieser Gruppe ist im Wissenschaftssystem mit seinen zahlreichen befristeten Stellen ein bedeutender Faktor, wenn es um die eigene Lebens- und Karriereplanung geht. Der Bundesbericht Wissenschaftlicher Nachwuchs (BuWin) zielt auf eine empirische Bestandsaufnahme der Situation des wissenschaftlichen Nachwuchses ab und geht von einer Altersstruktur von bis zu 45 Jahren aus, wobei „Postdocs" als 35- bis 45-jährige Promovierte operationalisiert werden (BuWiN 2017, S. 67 f.). Gleiches gilt für die Untersuchungen des Deutschen Zentrums für Hochschule und Wissenschaft (DZHW) in Hannover, deren befragte Promovierende nicht älter als 45 Jahre alt sind (Jaksztat et al. 2013, S. 5).

> „[Damit ist] die Zeitspanne für eine akademische Karriere relativ kurz; sie beträgt etwa zehn bis zwölf Jahre, wenn man von einem Durchschnittsalter zwischen 40 und 42 Jahren bei der Erstberufung auf eine Professur und einer Altersgrenze von 52 Jahren für die Erstberufung ausgeht." (Borgwardt 2010, S. 12)

Erste Erkenntnisse zu Altersnormen in Wissenschaftsorganisationen kristallisierten sich im BMBF-geförderten Projekt „Chancengleichheit in der strukturierten Promotionsförderung an deutschen Hochschulen – Gender und Diversity" (2009–2012) heraus:

So konnte nachgewiesen werden, dass strukturierte Promotionsprogramme eine recht homogene Altersstruktur erzeugen. Während die Promovierenden in der strukturierten Promotion im Durchschnitt 30 Jahre alt sind, sind die Individualpromovierenden im Durchschnitt zwei Jahre älter und weisen eine wesentlich höhere Varianz in der Altersstruktur auf. Unter dem Aspekt von Alter fördert die strukturierte Promotion demnach keine Diversität (Baader und Korff 2017). In den durchgeführten Expertinnen- und Experteninterviews ließ sich zudem ein Idealbild von Nachwuchswissenschaftlerinnen und -wissenschaftlern rekonstruieren, das „stromlinienförmige Leute" beschreibt, die ihren Berufs- und Karriereweg hin zur Professur auf direktem Weg verfolgen. Im Rahmen eines der Interviews äußerte eine Expertin bzw. ein Experte „[e]s mache sich gut" bereits mit „29" habilitiert zu sein. Auch wenn es sich dabei um eine Übertreibung handelt, spiegelt sich in dieser Aussage eine Altersnorm im Sinne von „je jünger, desto besser" wider. Die Schlussfolgerung der zitierten Expertin bzw. des Experten, dass Diversity vor dem Hintergrund dieses Leitmodells ein „Lippenbekenntnis" bleibe, zeigt, wie sehr das Ideal der Verjüngung von Wissenschaftskarrieren an Universitäten greift. Diverse und von den Altersnormen abweichende Qualifikations- und Karrierewege scheinen wenig Platz im Wissenschaftsbetrieb zu haben (Korff und Roman 2013).

Offen blieb bislang, mit welchen Altersnormen sich wissenschaftliche Mitarbeiterinnen und Mitarbeiter konfrontiert sehen, welche Altersnormen sie selbst inkorporiert haben und welche Auswirkungen dies auf ihre praktische Tätigkeit in Forschung und Lehre hat. Diesen Fragen wird im vorliegenden Kapitel nachgegangen, und es wird versucht zu rekonstruieren, wie der Idealtyp der Wissenschaftlerin bzw. des Wissenschaftlers genormt ist und welchen altersspezifischen Wandlungen er unterliegt.

8.2 Datengrundlage und Methode

In diesem Kapitel wird die Ausarbeitung der forschungsleitenden Fragestellung zu „Alter(n) und Altersnormen in der Postdoc-Phase der deutschen Wissenschaftsorganisationen und deren Auswirkungen auf die praktische Tätigkeit in Forschung und Lehre" auf Basis der Daten des BMBF-geförderten Projekts zur „Chancengleichheit in der Postdoc-Phase in Deutschland – Gender und Diversity"[1] (2012–2015) dargestellt. Das Ziel des Projektes „Chance: Postdocs" war, eine Analyse zu bundesweit existierenden Formen und Strukturen von Qualifizierungswegen in der Postdoc-Phase unter dem Blickwinkel von Gender und Diversity vorzunehmen. Die Datengrundlage bilden neun Gruppendiskussionen mit Promovierten zu ihrer Lebens- und Arbeitssituation als Postdocs in deutschen Wissenschaftsorganisationen (Universitäten, Fachhochschulen und außeruniversitären Forschungseinrichtungen). Die Gruppen waren hinsichtlich Geschlecht, Alter, Herkunft und Fächerzugehörigkeit gemischt und wurden nur zum Zweck der Diskussion gebildet. Dennoch verfügten die Promovierten über einen gemeinsamen Erfahrungshorizont (Przyborski 2004, S. 48), da sich alle in der

---

1 Das dieser Veröffentlichung zugrunde liegende Vorhaben „Chancengleichheit in der Postdoc-Phase in Deutschland – Gender und Diversity" wurde aus Mitteln des Bundesministeriums für Bildung und Forschung und aus dem Europäischen Sozialfonds der Europäischen Union unter den Förderkennzeichen 01FP1207 und 01FP1208 gefördert. Die Verantwortung für den Inhalt dieser Veröffentlichung liegt bei den Autorinnen.

Postdoc-Phase befanden, wodurch sich kollektive Orientierungsmuster abzeichnen können (Bohnsack et al. 2010, S. 8 f.). Forschungsleitend für die Gruppendiskussionen war die Frage, wie die Promovierten selbst die Postdoc-Phase und ihre Lebens- und Arbeitsbedingungen im deutschen Wissenschaftssystem beschreiben, um darüber die in den Gruppendiskussionen hergestellten Gemeinsamkeiten bestimmen zu können.

Insgesamt wurden neun Gruppendiskussionen mit 41 Teilnehmenden durchgeführt. Die Teilnehmenden wurden gebeten, nach den Gruppendiskussionen einen Kurzfragebogen zur Sample-Beschreibung auszufüllen; dabei zeigten sich folgende deskriptive Verteilungen: Unter den Gruppendiskussionsteilnehmenden waren 31 weibliche (76,9 %) und 10 männliche (23,1 %) Personen. Die Verteilung auf die verschiedenen Fachbereiche zeigte, dass mit 42,5 % ($n=17$) Promovierte aus den Geistes- und Kulturwissenschaften die größte Gruppe bildeten, gefolgt von den Rechts-, Wirtschafts- und Sozialwissenschaften mit 25 % ($n=10$) und den Ingenieurwissenschaften mit 15 % ($n=6$). Promovierte aus Mathematik und Naturwissenschaften bildeten die kleinste Gruppe mit 12,5 % ($n=5$).

Da die Kategorien „Alter" und „Verweildauer im Wissenschaftssystem" für dieses Kapitel eine besondere Bedeutung haben, soll hierauf ebenfalls eingegangen werden: Die Teilnehmenden der neun Gruppendiskussionen waren im Durchschnitt 37 Jahre alt ($n=32$; $M=36,7$; $SD=4,95$; $Min/Max=29/53$; Frauen $M=36,1$; Männer $M=38,7$). Nicht alle Teilnehmenden haben in den Kurzfragebögen bei der Frage „Wann sind Sie geboren?" (Angabe: Geburtsjahr vierstellig) ihr Alter angegeben. Die Verweildauer der Teilnehmenden im System seit ihrer Promotion (zum Zeitpunkte der Befragung 2014) lag im Durchschnitt bei fast fünf Jahren ($n=34$; $M=4,7$; $SD=4,1$; $Min/Max=0/20$, Frauen $M=4,4$; Männer $M=6,6$).

Ziel der Gruppendiskussionen war es, ein Gespräch auf Augenhöhe (unter Peers) zwischen den Teilnehmenden anzuregen. Die Leitfragen der Diskussionsleiterinnen hatten nur Impulscharakter. Die Gruppendiskussionen wurden zunächst vollständig Wort für Wort transkribiert. Beim weiteren methodischen Vorgehen kamen – in Anlehnung an die Konzepte und Ideen der Grounded-Theory-Methode – die verschiedenen Stufen des offenen, axialen und selektiven Codierens (Glaser und Strauss 1998) zum Einsatz (Codierung nach Unterthemen, z. B. Unterthema: Zukunft, Kategorie „Zeit"). Nach Eintritt der theoretischen Sättigung (Truschkat et al. 2011) bildeten sechs Gruppendiskussionen den Datenkorpus. In der Analyse konnten in der Kategorie „Zeit" verschiedene Unterthemen identifiziert werden, z. B. Verweildauer, Zukunft, Arbeit, Freizeit und Familie, Gleichzeitigkeit(en), Wettbewerb, (Stellen-/Arbeitssektor-)Wechsel, Zeitdruck oder eben die Thematisierung des Alters, die in den Gruppendiskussionen von den Postdocs kollektiv geteilt wurden.

8.3 Empirische Ergebnisse

Ausgehend von der Kategorie „Zeit" wurden Diskussionsausschnitte ausgewählt und einer Feinanalyse unterzogen, die sich direkt oder mittelbar auf ein bestimmtes Alter, einen Altersabschnitt oder auf altersgebundene Ereignisse beziehen. Die Analyse stützt die Erkenntnisse, dass der Lebens(ver-)lauf in hohem Maß durch zwei Uhren bestimmt ist:

> „erstens einer *biologischen* Uhr, welche auf der Grundlage von Reifungs- und Alterungsprozessen die Zeiträume definiert, innerhalb derer der Eintritt bestimmter Ereignisse eher (un-)wahrscheinlich ist; und zweitens eine *soziale* Uhr, die Übergänge und Ereignisse auf der Grundlage expliziter oder impliziter Vorgaben [bzw. Zuschreibungen] den ‚passenden' Zeitpunkt zuweist." (Filipp und Aymanns 2009, S. 32)

In diesem Kapitel wird nun anhand einer (verkürzten) gruppenübergreifenden Analyse und Interpretation rekonstruiert, wie Postdocs die Frage des Alter(n)s in deutschen Wissenschaftsorganisationen auf unterschiedlichen Ebenen thematisieren.

8.3.1 Wandel des Wissenschaftssystems – eine Frage der Generation

Die Darstellung der Analyseergebnisse beginnen wir mit dem Wandel des Wissenschaftssystems, der stets als Generationenfrage in den Gruppendiskussionen verhandelt wird. So wird an vielen Stellen deutlich, dass sich die Postdocs als eine Generation begreifen. Zum einen wird die Zugehörigkeit zu einer Generation durch die Tätigkeit bzw. das Beschäftigungsverhältnis oder die unterschiedlichen Chancen bei der Erreichung einer Professur hergestellt, zum anderen aber auch auf frühere Generationen verwiesen, denen ältere Wissenschaftler und Wissenschaftlerinnen angehören. Dem Alter wird hier nur zum Teil eine Bedeutung zugewiesen. Der Unterschied zwischen den Generationen wird in erster Linie an verpassten besseren Zeiten und im Wandel der an sie gestellten Anforderungen und Rahmenbedingungen gesehen:

> **Carolin:** „Also, ich meine, hier hat man quasi schon relativ gute Chancen, denke ich, wenn man sich mal auf eine Professur bewirbt."

> **Florian:** „Wobei ich das Gefühl habe, dass wir so ein bisschen gerade knapp an der goldenen Zeit vorbeischrammen als unsere Generation." (Gruppendiskussion 1, Zeile 242–243)

Im Zitat wird deutlich, dass durch einen Vergleich der zeitlichen Generationenabfolge, der weniger auf Fakten, sondern auf Gefühlen basiert, ein Angehöriger der aktuellen Generation zu dem Schluss kommt, sie hätten anscheinend bessere Zeiten verpasst. Diese „goldene Zeit" wird als ein offenbar für die aktuelle Generation bereits abgelaufener, aber durch das Adjektiv „golden" als besonders kostbarer und schöner Zeitraum metaphorisiert. Dadurch erhält die vergangene, verpasste Zeit eine besondere Bedeutung. Und so wie die Zeit von allein abläuft und nicht beeinflussbar ist, ist man den sich wandelnden Strukturen unterworfen und dieses Verpassen der „goldenen Zeit" wird als ein schmerzhafter Prozess empfunden („vorbeischrammen").

Hinzu kommt die Einschätzung, dass sich das Wissenschaftssystem im Wandel befindet und heute höhere Anforderungen an Postdocs gestellt werden. Dadurch wird die besondere Bedeutung der vergangenen, verpassten „goldenen Zeit" noch verstärkt. Nach Auffassung der Diskussionsteilnehmenden wird diese Einschätzung auch von Mitgliedern der früheren Generationen geteilt:

> **Carolin:** „Ich finde, das hat aber auch/Also, es ist so ein bisschen zweischneidig. Ich habe gestern mit dem [Personenname] ein bisschen parliert. Das ist ein ehemaliger Professor, der auch immer sagt: ‚Hätte ich heutzutage diese ganze Phase mit Postdoc und so weiter, ich würde ausflippen', so ungefähr. (lacht)"

> **Silke:** „Ja, glaube ich. (lacht)"

> **Carolin:** „Also, man muss, glaube ich, schon mehr leisten wie jetzt die Professoren damals, in ihren Postdoc-Phasen, was Publizieren und so angeht. Und dann habe ich/ oder habe ich ihm erzählt, wer jetzt so alles neu da ist, und er meinte so: ‚Boah, das ist ja schon Wahnsinn.'" (Gruppendiskussion 1, Zeile 563–573)

Indem die Teilnehmerin durch die indirekte Rede einen ehemaligen Professor zitiert, wird ein Experte einer früheren Generation herangezogen, um der Aussage mehr Authentizität zu verleihen. Auch der Verweis darauf, dass es sich dabei um eine wiederholte Aussage handelt („ein ehemaliger Professor, der auch immer sagt"), unterstreicht die Bedeutung zusätzlich. Nach der Einschätzung des Professors würde dieser unter den Bedingungen „heutzutage […] mit Postdoc und so weiter […] ausflippen". Auf diese Weise wird die als eigene Auffassung gekennzeichnete Position, dass heutige Postdocs mehr leisten müssen, „was Publizieren und so angeht", als frühere, gestützt.

Durch die angeführten Zitate sowie auch an anderen Stellen der Gruppendiskussionen lässt sich zeigen, dass sich die Postdocs als eine Generation in Abgrenzung zu anderen, insbesondere „älteren" bzw. früheren Generationen begreifen. Eine Generation ist dabei spezifischen Rahmenbedingungen und Anforderungen des Wissenschaftssystems unterworfen, das sich im Wandel befindet. Entsprechend werden Strategien entwickelt, um im jeweiligen System zu bestehen. Und die aktuellen Anforderungen werden dabei als größere empfunden als jene, die an frühere Generationen gestellt wurden. Dazu kommt, dass sich die Postdocs altersspezifischen Herausforderungen stellen müssen, die zwar nicht ausschließlich in Wissenschaftsorganisationen eine Rolle spielen, hier aber besondere Charakteristika aufweisen. Das beschriebene Phänomen lässt sich treffend als „Rushhour des Lebens" (Schmidt 2011) bezeichnen und soll im Folgenden ausgeführt werden.

8.3.2 In der Rushhour des Lebens

Die Postdoc-Phase wird, wie bereits eingangs ausgeführt, mit einem bestimmten Alter assoziiert und von den Postdocs selbst als eine Phase der Gleichzeitigkeiten wahrgenommen. Insbesondere bei Frauen führt die nicht beliebig aufschiebbare Familienplanung dazu, dass sie sich einem starken zeitlichen Druck ausgesetzt sehen, bis zum 40. bzw. 45. Lebensjahr grundlegende Entscheidungen über die Karriere im Wissenschaftssystem oder den Ausstieg zu treffen.

> **Ellen:** „[…] Und ich glaube, es spielt auch das Alter eine Rolle, weil in dieser Phase natürlich so viele […] **Dichtigkeitsphänomene** zusammenkommen. Ja also, da ist dann wirklich – äh – Honeymoon over, sondern dann (lacht) ist dann die Frage, Kinder oder nicht, […] vielleicht werden bei manchen schon Eltern pflegebedürftig. Also, es kommt einfach ein ganz anderer, im schlimmsten Fall ein ganz anderer familiärer Druck dazu und gleichzeitig eben, wenn man wirklich in so einer Phase ist, wo so eine Sechsjahresregel, eine zweite noch mal kommt, auch noch da noch mal ein zeitlicher Druck. Und ich glaube, das erzeugt bei vielen […] mehr oder weniger explizit und stark dieses Renngefühl […] und auch dieses Gefühl, eigentlich gar nicht mehr frei entscheiden zu können, was man gerade macht. […] Ich kann mir vorstellen, dass das ein Problem ist, was viele haben. […] Und komischerweise habe ich auch das

Renngefühl, (lachend) obwohl ich weder Kinder habe noch pflegebedürftige Eltern. Aber dieses [...] das ist wie eine andere Uhr, die da tickt. Das ist vielleicht nicht so die biologische bei Frauen, die unbedingt jetzt sofort noch Kinder haben wollen, aber es ist eben trotzdem so eine Uhr, die runtertickt, und wo man dann denkt: ‚Okay, und wenn die dann runtergetickt ist, dann bin ich irgendwie Mitte vierzig, und wenn es dann nicht geklappt hat, was mache ich eigentlich dann?' [...]" (Gruppendiskussion 5, Zeile 69–90)

Das in der Postdoc-Phase auftretende „Dichtheitsphänomen" beschreibt bildlich, genauso wie die „Rushhour" des Lebens (Schmidt 2011), dass sich in der Postdoc-Phase für die Promovierten viel für den weiteren Lebensverlauf entscheidet, sowohl aus privater als auch aus beruflicher Perspektive. Die Entscheidung über die Familienplanung und/oder die Pflege von pflegebedürftigen Eltern wird als „familiärer Druck" aufgefasst, dessen Eintreffen den „schlimmsten Fall" darstellt. Durch Befristungsregelungen kommt ein zeitlicher Druck hinzu, der auch unabhängig von der familiären Situation besteht und als „Problem" empfunden wird. Dieser Druck löst ein „Renngefühl" aus und das Gefühl des Zwangs („nicht mehr frei entscheiden zu können"). Das Bild der tickenden biologischen Uhr wird hier explizit auch auf Personen übertragen, die keine Kinder haben möchten. Diese Uhr tickt gleichermaßen „runter" und stellt damit eine Art Countdown dar, an dessen Ende „irgendwie Mitte vierzig" die Gefahr besteht, dass es keine weitere Perspektive gibt.

Interessant ist auch, dass es anscheinend klare Vorstellungen darüber gibt, was man bis zum Erreichen des 40. bis 45. Lebensjahres geschafft haben muss. Es liegt hingegen keine Strategie für den Fall vor, wenn diese gesteckten Ziele nicht erreicht werden. Der Druck, die Familienplanung für die Karriere aufzuschieben, wird dabei auch aus Altersgründen – insbesondere von Wissenschaftlerinnen – als besondere Belastung empfunden:

> **Laura:** „Das finde ich echt erschreckend, wie viele Frauen also dann erst wirklich spät damit anfangen, so um die 40, und dann bleibt es halt auch bei einem, wenn es denn überhaupt eins gibt, ne? Also wenn man sich mal die Zahlen anguckt, das ist, glaube ich, Nullkomma… weiß nicht, zwei Kinder pro Professorin in Deutschland?" (Gruppendiskussion 6, Zeile 1445–1453)

Die Diskussionsteilnehmerin Laura geht davon aus, dass Frauen im Wissenschaftsbetrieb relativ spät anfangen, Kinder zu bekommen oder sich gegen Kinder entscheiden. Durch den Rekurs auf statistische Daten („wenn man sich die Zahlen anguckt") wird der Aussage ein besonders Gewicht verliehen, auch wenn sich Laura dieser Zahlen selbst nicht sicher ist („glaube ich [...] weiß nicht"). Das Alter von „um die 40" wird von Laura jedenfalls als Grenze empfunden, die für die Geburt von Kindern schon „wirklich spät" ist. Dass viele Frauen keinen Nachwuchs bekommen, nur ein Kind bekommen und das zu diesem späten Zeitpunkt, wird als „echt erschreckend" bezeichnet. Dabei wird ein unmittelbarer Zusammenhang mit dem Status der Professorin hergestellt, die im Schnitt nur selten Kinder hat. Auf diese Weise wird die Entscheidung von Frauen für oder gegen Kinder mit der Entscheidung für oder gegen eine Karriere verbunden, die Wahl zwischen den Alternativen allerdings als erschreckend empfunden.

Mit dieser Vorstellung korrespondierend wird ein Alter von Mitte 30 als sinnvoller Zeitpunkt zum Ausstieg aus dem Wissenschaftssystem aufgefasst:

> **Mareike:** „Ja. Wobei ich ja das erlebe, dass/Ich meine, so, irgendwie, mein kompletter Freundeskreis, die alle **nicht** in der Wissen…/also, nicht alle, aber viele, die nicht in der Wissenschaft sind, haben ja auch gerade diese Phase: ‚Was mache ich jetzt mit meinem Leben, mit Mitte 30, und ist das jetzt der Job für mich?' Und so. Und **da** erlebe ich es eher so, dass viele Leute, gerade auch Frauen, eher, na ja, in die Selbständigkeit gehen und da irgendwas machen. Und sei es im Coaching, das boomt ja jetzt überall, dass jeder Coach werden will, oder irgendwie so. Und ich denke, wenn man flexibler ist, wenn man nicht auf die Wirtschaft angewiesen ist – zumindest rede ich mir das jetzt ein – dann kann man auch später noch irgendwas finden, was man dann macht. (lacht)" (Gruppendiskussion 1, Zeile 290–298)

Die Phase im Alter von Mitte 30 wird als eine Phase verstanden, in der für diese Altersgruppe bestimmte Themen anstehen – unabhängig davon, ob diese innerhalb oder außerhalb der Wissenschaft verortet sind. Es ist eine vorübergehende Phase, in der Menschen ihre Zukunft und insbesondere ihren beruflichen Werdegang hinterfragen. Gerade Frauen würden sich laut Aussage von Diskussionsteilnehmerin Mareike dann für den Wechsel in die Selbstständigkeit entscheiden. Die Tätigkeit in der Wissenschaft wird dabei aber als vorteilhaft eingeschätzt und mit Flexibilität assoziiert. Flexibel sein heißt, nicht auf die Wirtschaft angewiesen zu sein, und das bedeutet, dass man auch später noch „irgendetwas" findet, „was man dann macht". Diese Aussage ist allerdings durch eine gewisse Unsicherheit gekennzeichnet, die Mareike durch die Äußerung „mindestens rede ich mir das jetzt ein" verdeutlicht.

Aus der Perspektive der Lebenslaufforschung erscheint die Thematisierung einer „Findungsphase" zwischen dem 30. und 39. Lebensjahr auch darum von besonderer Bedeutung, weil sich Promovierende als junge Erwachsene in einer Lebensphase befinden, die als „Rushhour des Lebens" (Schmidt 2011) bezeichnet werden kann. In dieser Lebensphase müssen die jungen Erwachsenen, um im Bild zu bleiben, in einem dichten Gedränge mit hoher Geschwindigkeit ihren Karriereweg finden. Es entscheidet sich in dieser Lebensphase viel für den weiteren Lebensverlauf, sowohl in privater als auch in beruflicher Hinsicht. Es ist von hoher Bedeutung für die weitere Karriere, ob jemand in der Rushhour auf den „fast track" gesetzt hat oder nur eine langsame Karriere eröffnet worden ist. Der Weg an die Spitze scheint zumindest in der Wahrnehmung der Akteure/Akteurinnen im Feld mit dem „fast track" verbunden. Nicht umsonst spielen Zeitpolitiken in der Gestaltung der Karrierewege heute eine besondere Rolle (Baader und Schröer 2013, S. IX).

Es ist allerdings nicht nur das eigene Alter, das mitentscheidend für eine bestimmte Strategie in der Lebens- und Karriereplanung ist, auch die in der Wissenschaftsorganisation vorgefundene Altersstruktur hat Auswirkungen auf individuelle Strategieentscheidungen.

8.3.3 Altersstruktur im Arbeitsleben

Die im Arbeitsleben vorgefundene Altersstruktur wirkt sich auf die Motivation und Tätigkeit der Promovierten in Wissenschaftsorganisationen aus. Denn abhängig vom Alter stellen Vorgesetzte unterschiedliche Anforderungen an die Postdocs. Die Eigenschaften und Kompetenzen vergleichsweise „junger" Chefs und Chefinnen werden dabei ambivalent bewertet. Zum einen gelten sie als produktiver, aber auch als egoistischer, da sie sich selbst noch beweisen und dabei „glänzen" wollen.

> **Kirsten:** „Also ich glaube, die Frage der Fremdbestimmung ist ja sozusagen, an welcher Stelle. Du kommst ja in so einen Rahmen, also in ein Projekt, was schon irgendwie definiert ist, wo du jetzt nicht einfach machen kannst, was du willst. Und deine, wenn sie relativ junge Chefs sind, haben durchaus ziemlich klare Vorstellungen, was sie da von dir wollen, weil sie wollen nämlich damit in bestimmter Weise glänzen und wollen dich eigentlich für sich arbeiten haben, auch wenn du Postdoc bist. Dann ist die Frage, machst du exakt das, was sie von dir wollen, dann bist du der brave Postdoc, der nicht irgendwo gegen irgendwelche Wände läuft, oder du sagst: ‚Nein, ich will aber meine Freiheiten haben, ich habe hier eine Idee, die ich für so ein Projekt mitbringe.'" (Gruppendiskussion 2, Zeile 329–338)

„Junge Chefs" werden hier charakterisiert als solche, die „glänzen" wollen und daher feste Vorstellungen darüber haben, wie im Projekt gearbeitet werden soll. Hierdurch entsteht ein Dilemma zwischen den Interessen der Postdocs und denen der Vorgesetzten: Um nicht anzuecken („gegen irgendwelche Wände" zu laufen) müssen sich die Postdocs jüngeren Führungskräften unterordnen und ihnen zuarbeiten, was durchaus kritisch diskutiert wird. Im Verlauf der Gruppendiskussion wird deutlich, dass Kirsten hier aus eigener Erfahrung spricht, gleichwohl sie in dieser Textstelle verallgemeinert. Im Vergleich mit anderen Stellen in den Gruppendiskussionen (insbesondere Gruppendiskussion 2, Zeile 416) wird deutlich, dass junge Vorgesetzte den Postdocs deutlich weniger Freiräume als ältere Vorgesetzte zugestehen. Die älteren gehen deutlich gelassener an die Aufgabenstellung heran, trauen Postdocs mehr zu und lassen ihnen mehr Freiheiten. Obgleich die Haltung der jungen Vorgesetzten kritisiert wird, zeigt sich immer wieder Verständnis für deren Lage, die es erfordert, eigene Strategien für die Karriere im Wissenschaftssystem zu verfolgen, auch wenn diese zulasten der Postdocs gehen. Dies wird auch mit dem Wandel des Wissenschaftssystems und den wachsenden Anforderungen erklärt.

Das Alter von Vorgesetzten hat allerdings nicht nur aufgrund der altersspezifischen Charakteristika Einfluss auf die Tätigkeit der Postdocs, vielmehr wird die eigene Karriere in Abhängigkeit sowohl vom eigenen Alter als auch dem der statushöheren Beschäftigten bewertet:

> **Florian:** „Nein, auch/Wir könnten ja auch sagen: ‚Wir schaffen eben mehr Wissenschaftlerstellen, die im Mittelbau sind, und dann/' Also, ich habe/Ich finde die Aussicht, mein Leben lang quasi unter dann zunehmend irgendwann mal auch jüngeren Professoren dann zu arbeiten, nicht jetzt das, was jetzt unbedingt mein Leben sein muss. Ja, wo ich dann das Gefühl habe, ich bleibe hier auf der Stelle und die anderen entwickeln sich fort. Das ist für mich auch Motivation. Ja, ich brauche nicht den existenziellen Druck. Und deswegen glaube ich, dass das schon was ist, was nicht unbedingt sein muss und was eher hinderlich ist." (Gruppendiskussion 1, Zeile 1444–1451)

Unter jüngeren Professoren zu arbeiten, wird als Zustand empfunden, den es dringend zu vermeiden gilt. Denn dadurch würde sich abzeichnen, dass man sich selbst nicht weiterentwickeln würde. Die Weiterentwicklung besteht darin, selbst Professorin und Professor zu werden, und ist damit an den Übergang von Statusgrenzen gebunden. Die Formulierungen „mein Leben" und die Abgrenzung vom „existenziellen Druck" (im Zusammenhang mit vorangegangener Textstelle verstanden als „materielle Absicherung") verdeutlichen die Dringlichkeit der von der Altersstruktur ausgehenden

Motivation für die eigene Fortentwicklung. Der eigene – auch altersspezifische – Statuszuwachs wird als wichtiger intrinsischer Motivationsfaktor gesehen, sodass der durch prekäre Beschäftigungsverhältnisse entstehende materielle Druck lediglich als hinderlich empfunden wird.

8.3.4 Idealtypus Wissenschaftstreibender und ihr Alter

Bereits in ▶ Abschn. 8.3.2 wurden die Probleme, die aus der „Rushhour des Lebens" (Schmidt 2011) resultieren, ganz überwiegend als problematisch für Frauen diskutiert. Nur weibliche Postdocs haben beim Versuch, die Familie und eine Wissenschaftskarriere zu vereinbaren, das Nachsehen. Hier wird ein Familienbild konstruiert, das meist ausschließlich aus der (promovierten) Mutter und einem oder mehreren Kindern besteht. Väter oder auch Partnerschaft spielen in der Konstruktion von Familie sowohl in der Promotions- als auch in der Postdoc-Phase eine eher untergeordnete Rolle. Umgekehrtes gilt für die Statusgruppe der Professoren. Hier wird ein Typus vom Wissenschaftler oder Professor beschrieben, der „natürlich" (im Sinne von normal) ein Mann ist und zudem von weißer Hautfarbe, von bestimmter Herkunft und in einem bestimmten Alter:

» **Nina:** „Aber tatsächlich ist das/also grundsätzlich ist es aber auch so, dass es, also in meinem Fach […] ist es ein großer, großer, großer Vorteil, und alle Statistiken belegen das, viel, viel einfacher, wenn man ein Mann ist. Und ich glaube, in der [bestimmter Fachbereich] hängt es auch mit so einem gewissen Bild zusammen, je weniger Professuren und Stellen es gibt, desto mehr bildet sich so ein gewisser Genietyp, man sucht the Next Big Thing. Und the Next Big Thing ist natürlich immer ein Mann, weiß, in einem gewissen Alter mit einem gewissen intellektuellen Hintergrund."

» **Doren:** „Ja, mit so einem häuslichen Supportsystem (unverständlich, gleichzeitiges Sprechen)."

» **Nina:** (lacht) „Ja, und das ist so auch ein bisschen nerdy in Philosophie, in [bestimmter Fachbereich] muss man auch so ein bisschen sozial komisch sein, sonst wird einem nicht abgekauft, dass man tatsächlich ein Genie ist. Also es gibt wirklich, das ist so." (Gruppendiskussion 4, Zeile 914–929)

» **Sandra:** „Wenn ich in meinem Fach umsehe und gucke auf Professuren, die besetzt werden von mehr oder weniger gleichaltrigen Menschen, sehe ich fast nur ausschließlich Männer." (Gruppendiskussion 4, Zeile 890–892)

Während in der Promotionsphase für eine typische Wissenschaftlerin und einen typischen Wissenschaftler einzig die Kategorien der Herkunft und des Geschlechts im Vordergrund der Expertinnen- und Expertendiskurse stehen (Korff et al. 2013; Jaksztat 2014, Enders und Bornmann 2001 etc.), kommen in den Gruppendiskussionen mit (internationalen) Postdocs zwei weitere Kategorien hinzu: Ethnie und Alter. Zur Beschreibung der Situation wird von den Postdocs in den Diskussionen ebenfalls als Beleg Expertenwissen herangezogen, das sich auf Statistiken und Zahlenwissen beruft. „Alle Statistiken belegen", dass es viel einfacher ist, auf eine Professur berufen zu werden, „wenn man ein Mann ist". Diese Aussage wird noch dadurch unterstrichen, dass die Gesuchten mit einem „gewissen Genietyp" und „the Next Big Thing" beschrieben werden. Fraglos ist, dass „the Next Big Thing […] natürlich immer ein Mann" ist. Die

Frau bzw. Ehefrau findet nur als „häusliches Supportsystem" im Zusammenhang mit der Statusgruppe der Professoren Erwähnung. Dass „the Next Big Thing" nicht nur männlich ist, sondern sich auch in einem gewissen Alter befindet bzw. Professuren von „mehr oder weniger gleichaltrigen" Männern besetzt werden, ist ein neuer Aspekt, der durch die Postdocs in den Gruppendiskussionen eingeführt wird. Damit wird deutlich, dass dem Alter in der Postdoc-Phase ein höherer Stellenwert zukommt, als es noch in der Promotionsphase der Fall war. Denn in der Postdoc-Phase geht es nun um die Überschreitung einer anscheinend kritischen Altersgrenze, die für beide Geschlechter gilt. Für Frauen hat diese Grenze allerdings eine besondere Bedeutung.

8.3.5 Überschreitung von Altersgrenzen und Altersnormen

Die Überschreitung einer anscheinend kritischen Altersgrenze gilt also für alle Postdocs, die eine Professur anstreben. Denn der in ▶ Abschn. 8.3.4 skizzierte Idealtyp Wissenschaftstreibender muss mit spätestens 40 Jahren einen Ruf auf eine Professur erhalten haben:

» **Carolin:** „Genau. (lachend) Förderung … (unverständlich) (lacht) Hier, das war jetzt so ein bisschen darwinistischer dann, (lachend) (wer sich durchsetzt, der macht das Rennen?) Aber es ist ja/Also, das Problem ist tatsächlich, wenn du dann als Postdoc irgendwann 40 bist und keine Professur kriegst, dann hast du echt ungefähr die schlimmste Arschkarte, glaube ich, wirtschaftlich gesehen. Weil du kannst nicht weiterbeschäftigt werden, die Stellen, die entfristbar sind in der Wissenschaft oder im Management sind echt rar." (Gruppendiskussion 1, Zeile 592–597)

Wie die im Rahmen des ▶ Abschn. 8.3.2 gezeigten Zitate verdeutlichen, wird das Alter von ungefähr („irgendwann") 40 Jahren als wichtige und kritische Grenze wahrgenommen. Wenn bis dahin kein Ruf auf eine Professur erlangt wurde, ist dies „wirtschaftlich gesehen" ein Desaster. Begründet wird dies mit der fehlenden Alternative bzw. Entfristungsmöglichkeit außerhalb der Professur. Gerade durch diesen starken Druck wird die Förderung in der Postdoc-Phase als zweischneidiges Schwert gesehen, denn sie führt dazu, dass mehr Konkurrenz unter den Postdocs um die raren Professuren entsteht – treffend umschrieben durch den Bezug zum darwinistischen Schlüsselsatz „Survival of the Fittest" von Herbert Spencer, der das Überleben des am besten Angepassten zusammenfasst. Das Problem wird hier zwar in einer eindeutig verständlichen Aussage zusammengefasst, die aber dennoch durch Unsicherheit gekennzeichnet ist: Das Problem ist „tatsächlich", besteht also in Wirklichkeit. Es wird trotzdem auf Glauben, nicht auf Wissen rekurriert („glaube ich"). Und die zu vermeidende prekäre wirtschaftliche Lage wird als „echt ungefähr die schlimmste Arschkarte" bezeichnet. Hier treffen also ebenfalls bestätigende („echt") auf unsichere („ungefähr") Attribute, die eine Situation kennzeichnen, in der zwar noch Chancen auf eine Weiterbeschäftigung im Wissenschaftssystem außerhalb der Professur bestehen, diese aber sehr gering („rar") sind. Die höchste Steigerungsform, der Superlativ von „schlimm", unterstreicht noch zusätzlich die Aussichtslosigkeit der Situation. Carolin positioniert sich durch die Verwendung des Personalpronomens „du" nicht selbst in der umschriebenen Risikogruppe und distanziert sich somit selbst von der Situation, fordert aber gleichzeitig andere auf, sich in diese Lage hineinzuversetzen.

8.4 Fazit: Alter(n) und Altersnormen in Wissenschaftsorganisationen

Insgesamt lässt sich anhand der geführten Gruppendiskussionen verdeutlichen, dass das Wissenschaftssystem an zahlreichen Stellen von Altersgrenzen und -normen geprägt ist, die individuelle Karriereentscheidungen maßgeblich (mit-)beeinflussen. Allgegenwärtig ist die Vorstellung, dass der berufliche Status umso höher sein muss, je älter man ist.

Die Lebensphase in den 30ern, in der sich die meisten Diskussionsteilnehmenden selbst befinden, wird als besonders bedeutend für die gesamte Lebens- und Karriereplanung begriffen. Hier werden Entscheidungen für oder gegen eine Familie getroffen sowie die Weichen für den weiteren Werdegang gestellt. Dabei sehen sich die Postdocs höheren beruflichen Anforderungen ausgesetzt als dies bei früheren Generationen der Fall war. Ab einem Alter von 40–45 Jahren ändert sich die Lebensperspektive hingegen anscheinend dramatisch: Jetzt noch Kinder zu bekommen, gilt als „spät" für Frauen, und wenn bis zu diesem Alter keine Professur erlangt wurde, gilt die Karriere als gescheitert. Einen „Plan B" gibt es dann nicht mehr. Als Schlussfolgerung wird ein Ausstieg aus der Wissenschaft bereits vor Erreichen dieser Altersgrenze als sinnvoll erachtet. Die genannten Altersgrenzen werden überwiegend am bestehenden Befristungsrecht festgemacht. So sind die meisten der Diskussionsteilnehmenden befristet beschäftigt und sehen sich erheblichem Druck ausgesetzt, bis zum Ende der Befristungsmöglichkeit in eine unbefristete Stellung zu wechseln. Allerdings, und auch das wird an zahlreichen Stellen der Gruppendiskussionen deutlich, ist nicht die Entfristung das angestrebte Ziel, sondern die Professur. Interessant ist auch, dass die Weiterbeschäftigung am Alter festgemacht wird, obwohl die Möglichkeit der Befristung von der Beschäftigungsdauer und nicht vom Lebensalter abhängt. Auch dass hier mit einem Alter von 40 Jahren eine Art „Verfallsdatum" verbunden wird, ist interessant, da die Ernennung zum Professor bzw. zur Professorin im Beamtenverhältnis auch noch im höheren Alter möglich ist. Welche Altersgrenzen genau gelten, wird von den Ländern in verschiedenen Gesetzen geregelt, beispielsweise sieht das niedersächsische Hochschulgesetz in § 27, Abs. 2, eine Altersgrenze von 50 Jahren vor (zuzüglich bis zu drei Jahre Kindererziehungszeiten).

Es fällt auf, dass die Hochschulen als Organisationen in den Gruppendiskussionen keinerlei Rolle einnehmen und übernehmen. Zwar hat sich im Wissenschaftssystem und seinen Organisationen insgesamt im Kontext der Wettbewerbspolitik ein Verständnis von Personalentwicklung durchgesetzt, das auf die qualifikatorische und personale Entwicklung von Mitarbeiterinnen und Mitarbeitern abzielt. Doch hier gilt es, deutlich zu machen, dass die bislang individualisierten Maßnahmen ins Leere laufen, wenn die organisationalen Rahmenbedingungen für ein nachhaltiges Personalmanagement als Teil einer Organisationsentwicklung der Wissenschaftsorganisationen nicht gegeben sind. Die Fokussierung des Wissenschaftssystems auf personalisierende Einzelmaßnahmen verschärft vor allem den „darwinistischen" Wettbewerb unter den Postdocs, nicht aber den Wettbewerb unter den Hochschulen. Dieser Beitrag deutet zudem eine Verschiebung der Verantwortung von der Hochschule als Organisation auf das Individuum an. Diese Verschiebung zeichnet sich dadurch aus, dass die einzelnen Wissenschaftsorganisationen ihre Personalverantwortung nicht wahrnehmen und alle Herausforderungen auf individueller Ebene von den Postdocs selbst gelöst werden (müssen). Auch auf die Kompetenzen, die erforderlich sind, um die Herausforderungen und die permanente berufliche Unsicherheit zu bewältigen, wurde vielfach hingewiesen (Krawietz et al. 2013; Enders 2008; Weber 2002). Es ist bezeichnend, dass diese nicht nur die fachliche Qualifikation und die intellektuellen

Fähigkeiten betreffen, sondern vielmehr die intrinsische Motivation oder auch die Bereitschaft, Risiken einzugehen und auszuhalten, was wiederum eine gut ausgebildete Unterstützungsstruktur im privaten und beruflichen Bereich voraussetzt (Baader et al. 2017). Sowohl die intrinsische Motivation als auch die Bereitschaft, Risiken einzugehen, sind jedoch keine Kompetenzen, die mit fortschreitendem Alter oder mit fortschreitender Karriere zunehmen (Gundlach und Korff 2019). Es ist vielmehr der Wunsch nach Sicherheit in einem durch Unsicherheit gekennzeichneten Arbeitsumfeld, der in den Vordergrund rückt.

Es liegt also nahe, dass aufgrund der im Wissenschaftssystem anzutreffenden und durch die Befristungsregeln gestützten Altersnormen die Gefahr besteht, dass sich im Mittelbau beschäftigte Wissenschaftlerinnen und Wissenschaftler von der Wissenschaft abwenden, um der Gefahr zu entgehen, mit einem „höheren" Alter ohne Beschäftigung dazustehen.

Der viel geforderte gesellschaftliche Wandel weg von Altersnormen und defizitären Altersbildern hat das Wissenschaftssystem noch nicht erreicht. Dabei dürfte gerade eine gemischte Altersstruktur sowie die Forderung nach Gleichstellung der Geschlechter als Aufgabe eines nachhaltigen Personalmanagements in Wissenschaftsorganisationen einen Beitrag zur Diversität innerhalb des Systems und damit zur viel beschworenen Innovationsfähigkeit liefern, so wie es die Deutsche Forschungsgemeinschaft (DFG) propagiert:

> „Chancengleichheit und Gleichstellung zahlen sich auf mehrfache Weise aus: Sie ermöglichen es, das Talentpotenzial voll auszuschöpfen. Divers zusammengesetzte Arbeitsgruppen zeichnen sich wegen der Vielfalt der Perspektiven, Erfahrungen und Fähigkeiten ihrer Mitglieder durch Kreativität und Innovation aus. Damit wirkt sich Gleichstellung positiv auf die Qualität der Forschung aus und bringt einen beträchtlichen Mehrwert." (DFG 2015)

Fazit
Am Ende dieses Kapitels steht also die Forderung nach einer nachhaltigen akademischen Personalentwicklung zur Überwindung von Altersgrenzen und -normen mit einem systematischen Kompetenzmanagement zur Überwindung von Statusgrenzen. Diese Entwicklung sollte eine wechselseitige Bezugnahme zwischen Personal- und Organisationsentwicklung beinhalten, die gleichermaßen eine Förderung von Individuen als auch integrative Maßnahmen der Organisationsentwicklung vorsieht (Schreyögg 2003, S. 15; Metz-Göckel et al. 2006, S. 137). Implikationen für die Praxis bestehen insbesondere in der Schaffung von mehr entfristeten Stellen oder Alternativen zur Professur. Angeregt wird ein Perspektivwechsel, in dem sich die Aufmerksamkeit weg von Defizitzuschreibungen hin zu integrativen Maßnahmen der Organisationsentwicklung mit nachhaltigem Personalmanagement verschiebt. Denn eine hohe Fluktuation in Organisationen ist keinesfalls gleichbedeutend einem hohen Innovationspotenzial – ganz im Gegenteil (im Detail nachzulesen im „Plädoyer für einen nachhaltigen Umgang mit wissenschaftlichen Personal", Team Chance 2015).

Literatur

Amann, A., & Kolland, F. (Hrsg.). (2014). *Das erzwungene Paradies des Alters? Weitere Fragen an eine Kritische Gerontologie.* Wiesbaden: Springer VS.

Baader, M. S., & Korff, S. (2017). Ungleichheiten in der strukturierten Promotionsförderung – mehr Chancengleichheit durch Strukturierung? In M. S. Baader & T. Freytag (Hrsg.), *Bildung und Ungleichheit in Deutschland* (S. 339–366). Wiesbaden: Springer VS.

Baader, M. S., & Schröer, W. (2013). Strukturierte Promotionsförderung als Laboratorium des Universitätsumbaus – zur Zukunft der Chancengleichheit in der Organisation von Promotion. In S. Korff & N. Roman (Hrsg.), *Promovieren nach Plan? Chancengleichheit in der strukturierten Promotionsförderung* (S. V–X). Wiesbaden: Springer VS.

Baader, M. S., Böhringer, D., Korff, S., & Roman, N. (2017). Equal opportunities in the postdoctoral phase in Germany. *European Educational Research Journal, 16*(2–3), 277–297.

Backes, G. M. (2014). Potenziale des Alter(n)s – Perspektiven des homo vitae longae? In A. Amann & F. Kolland (Hrsg.), *Das erzwungene Paradies des Alters?, Alter(n) und Gesellschaft* (S. 63–100). Wiesbaden: Springer VS.

Böhringer, S., Gundlach, J., & Korff, S. (2014). Nachwuchs im Netz: Eine Untersuchung der Genderrelevanz von Förderprogrammen für Postdocs. *Beiträge zur Hochschulforschung, 3/14,* 52–72. ▶ www.bzh.bayern.de/uploads/media/3-2014-Boehringer-Gundlach-Korff.pdf. Zugegriffen: 20. Sept. 2018.

Bohnsack, R., Przyborski, A., & Schäffer, B. (Hrsg.). (2010). *Das Gruppendiskussionsverfahren in der Forschungspraxis* (2. Aufl.). Opladen: Barbara Budrich.

Borgwardt, A. (Hrsg.). (2010). *Der lange Weg zur Professur.* Berlin. ▶ http://library.fes.de/pdf-files/studienfoerderung/07788.pdf. Zugegriffen: 21 Nov. 2017.

Bundesministerium für Familie, Senioren, Frauen und Jugend (BMFSFJ). (2006). *Fünfter Bericht zur Lage der älteren Generation in der Bundesrepublik Deutschland Potenziale des Alters in Wirtschaft und Gesellschaft – ‚Der Beitrag älterer Menschen zum Zusammenhalt der Generationen' und Stellungnahme der Bundesregierung,* BT-Drs. 16/2190 vom 6.7.2006.

Bundesministerium für Familie, Senioren, Frauen und Jugend (BMFSFJ). (2010). *Sechster Bericht zur Lage der älteren Generation in der Bundesrepublik Deutschland – ‚Altersbilder in der Gesellschaft' und Stellungnahme der Bundesregierung,* BT-Drs. 17/3815 vom 17.11.2010.

Bundesregierung. (2015). *Entwurf eines Ersten Gesetzes zur Änderung des Wissenschaftszeitvertragsgesetzes,* BT-Drs. 18/6489 vom 28.10.2015.

Bundesministerium für Familie, Senioren, Frauen und Jugend (BMFSFJ). (2016). *Siebter Bericht zur Lage der älteren Generation in der Bundesrepublik Deutschland Sorge und Mitverantwortung in der Kommune – ‚Aufbau und Sicherung zukunftsfähiger Gemeinschaften' und Stellungnahme der Bundesregierung,* BT-Drs. 18/10210 vom 2.11.2016.

DFG. (2015). *Grundlagen der Chancengleichheitsarbeit im Fördersystem der DFG.* ▶ http://www.dfg.de/foerderung/grundlagen_rahmenbedingungen/chancengleichheit/grundlagen/index.html#anker02. Zugegriffen: 8. Apr. 2018.

Dill, H., & Keupp, H. (Hrsg.). (2015). *Der Alterskraftunternehmer. Ambivalenzen und Potenziale eines neuen Altersbildes in der flexiblen Arbeitswelt.* Bielefeld: Transcript.

Enders, J. (2008). Professor werden ist sehr schwer, Professor sein dann gar nicht mehr? Zur Personalstrukturreform der deutschen Universitäten. In H. Matthies & D. Simon (Hrsg.), *Wissenschaft unter Beobachtung. Effekte und Defekte von Evaluationen* (Sonderheft 25, S. 83–99). Leviathan.

Enders, J., & Bornmann, L. (2001). *Karriere mit Doktortitel? Ausbildung Berufsverlauf und Berufserfolg von Promovierten.* Frankfurt a. M: Campus.

Filipp, S. – H., & Aymanns, P. (2009). *Kritische Lebensereignisse und Lebenskrisen: Vom Umgang mit den Schattenseiten des Lebens.* Stuttgart: Kohlhammer.

Glaser, B., & Strauss, A. (1998). *Grounded Theory. Strategien qualitativer Forschung.* Bern: Huber.

Gundlach, J., & Korff, S. (2020, i. V.). Wissenschaftsorganisationen als Warte- und Wandelhallen in der Postdoc-Phase – ein exploratives Phasenmodell zur postdoktoralen Wissenschaftskarriere. In S. Korff & I. Truschkat (Hrsg.), *Übergänge in Wissenschaftskarrieren.* Wiesbaden: Springer.

Huber, M. (2012). Die Organisation Universität. In M. Apelt & V. Tacke (Hrsg.), *Handbuch Organisationstypen* (S. 253–273). Wiesbaden: Springer VS.

Jaksztat, S. (2014). Bildungsherkunft und Promotionen: Wie beeinflusst das elterliche Bildungsniveau den Übergang in die Promotionsphase? *Zeitschrift für Soziologie, 43,* 286–301.

Jaksztat, S., Preßler, N., & Briedis, K. (2013). *Promotionen im Fokus. Promotions- und Arbeitsbedingungen Promovierender im Vergleich.* Hannover: HIS.

Konsortium Bundesbericht Wissenschaftlicher Nachwuchs (BuWiN). (2017). *Bundesbericht zur Förderung des Wissenschaftlichen Nachwuchses (BuWin)*. Bonn: BMBF.
Korff, S., & Roman, N. (Hrsg.). (2013). *Promovieren nach Plan? Chancengleichheit in der strukturierten Promotionsförderung*. Wiesbaden: Springer VS.
Korff, S., Krawietz, J., & Roman, N. (2013). Strukturierte Promotion aus Sicht der ExpertInnen. In S. Korff & N. Roman (Hrsg.), *Promovieren nach Plan? Chancengleichheit in der strukturierten Promotionsförderung* (S. 167–197). Wiesbaden: Springer VS.
Krawietz, J., Raithelhuber, E., & Roman, N. (2013). Übergänge in der Hochschule. In W. Schröer, B. Stauber, A. Walther, L. Böhnisch, & K. Lenz (Hrsg.), *Handbuch Übergänge* (S. 651–687). Weinheim, Basel: Beltz Juventa.
Metz-Göckel, S., Kamski, I., & Selent, P. (2006). Riskieren, promovieren und profilieren. Wissenschaftliche Nachwuchsförderung als universitäres Profilelement. *Personal- und Organisationsentwicklung, 1*(2), 40–47.
Minks, K.-H., & Schaeper, H. (2002). *Modernisierung der Industrie- und Dienstleistungsgesellschaft und Beschäftigung von Hochschulabsolventen. Ergebnisse aus Längsschnittuntersuchungen zur beruflichen Integration von Hochschulabsolventinnen und -absolventen (Hochschulplanung 159)*. Hannover: HIS.
Przyborski, A. (2004). *Gesprächsanalyse und dokumentarische Methode. Qualitative Auswertung von Gesprächen, Gruppendiskussionen und anderen Diskursen*. Wiesbaden: VS Verlag.
Schmidt, W. (2011). *Rushhour des Lebens: „Vereinbarungskarrieren" im Brennpunkt des Konfliktes zwischen Berufs- und Familienorientierung*. Berlin: Alert Verlag.
Schreyögg, A. (2003). Personalentwicklung – was ist das? In A. Schreyögg & H. Lehmeier (Hrsg.), *Personalentwicklung in der Schule* (S. 13–31). Bonn: Verlag für Psychologie.
Seipel, C., Benit, N., & Richter, T. (2015). *Zur Beschäftigungssituation des akademischen Mittelbaus. Ergebnisse der ersten Befragung der wissenschaftlichen und künstlerischen Mitarbeiter_innen der Stiftung Universität Hildesheim*. Hildesheim: Universitätsverlag.
Stehr, N., & Strasser, H. (2011). Wider die Vergeudung von kulturellem und sozialem Kapital. *Gegenworte, 25*, 30–33.
Truschkat, I., Kaiser-Belz, M., & Volkmann, V. (2011). Theoretisches Sampling in Qualifikationsarbeiten. Die Grounded Theory Methodologie zwischen Programmatik und Forschungspraxis. In G. Mey & K. Mruck (Hrsg.), *Grounded Theory Reader* (S. 353–379). Wiesbaden: VS Verlag.
van Dyk, S. (2015). *Soziologie des Alters*. Bielefeld: Transcript.
Weber, M. (2002). Wissenschaft als Beruf. In D. Kaesler (Hrsg.), *Max Weber. Schriften 1894–1922* (S. 474–511). Stuttgart: Alfred Kröner Verlag.
Weingart, P., & Winterhagen, M. (2011). Alter in und Altern der Wissenschaft. *Gegenworte, 25*, 33–38.
Wissenschaftsrat (2014). *Empfehlungen zu Karrierezielen und -wegen an Universitäten*. Dresden 2014.
▶ https://www.wissenschaftsrat.de/download/archiv/4009-14.pdf. Zugegriffen: 21. Nov. 2017.

Weiterführende Literatur

Baader, M. S., Böhringer, D., Korff, S., & Roman, N. (2017). Equal opportunities in the postdoctoral phase in Germany. *European Educational Research Journal, 16*(2–3), 277–297.
Böhringer, S., Gundlach, J., & Korff, S. (2014). Nachwuchs im Netz: Eine Untersuchung der Genderrelevanz von Förderprogrammen für Postdocs. *Beiträge zur Hochschulforschung, 3*(14), 52–72.
Team Chance. (2015). *Plädoyer für einen nachhaltigen Umgang mit wissenschaftlichem Personal*. Hildesheim: Universitätsverlag Hildesheim. ▶ https://nbn-resolving.org/urn:nbn:de:gbv:hil2-opus4-3939. Zugegriffen: 23. März 2019.
Weitere Informationen finden Sie auf der Homepage des Forschungsclusters „Hochschule und Bildung" der Stiftung Universität Hildesheim: ▶ https://hochschuleundbildung.de.

Wibke Frey ist wissenschaftliche Mitarbeiterin am Lehrstuhl für Rechtsphilosophie und Öffentliches Recht an der Johannes Gutenberg-Universität Mainz. Die Juristin und Sozialwissenschaftlerin beschäftigt sich insbesondere mit dem Alter als Kategorie des Gesundheitsrechts sowie mit familienrechtlichen Fragestellungen.

 **Dr. Svea Korff** ist wissenschaftliche Mitarbeiterin am Institut für Sozial- und Organisationspädagogik der Stiftung Universität Hildesheim. Ihre Forschungsschwerpunkte liegen in den Bereichen empirische Hochschul- und Bildungsforschung, Ausstiegsprozesse im akademischen Kontext, Strukturen der Nachwuchsförderung, soziale Ungleichheit und Geschlechterverhältnisse in der Wissenschaft, Kompetenzforschung sowie Methoden der quantitativen und qualitativen Sozialforschung. Seit 2015 ist sie Sprecherin des Forschungsclusters „Hochschule und Bildung" der Institute für Sozial- und Organisationspädagogik und für Erziehungswissenschaft – Abteilung Allgemeine Erziehungswissenschaft – an der Universität Hildesheim.

Veränderung des Kompetenzmanagements im Wandel seiner Umwelt

Inhaltsverzeichnis

Kapitel 9 Demografie, Arbeitsmarkt und „neue Arbeitnehmerinnen und Arbeitnehmer" in Ostdeutschland – Werden die Grenzen des Kompetenzmanagements verschoben? – 129
Ingo Singe

Kapitel 10 Kompetenzmanagement 4.0 – Kompetenz und Kompetenzentwicklung in einer digitalisierten Arbeitswelt – 145
Bernd Dworschak, Alexander Karapidis, Helmut Zaiser und Anette Weisbecker

Demografie, Arbeitsmarkt und „neue Arbeitnehmerinnen und Arbeitnehmer" in Ostdeutschland – Werden die Grenzen des Kompetenzmanagements verschoben?

Ingo Singe

9.1 Der demografische Wandel als Game-Changer? – 130

9.2 Das Erbe der begrenzten Integration – 132

9.3 Die neuen Arbeitnehmerinnen und Arbeitnehmer? – 133

9.4 Grenzverschiebungen im Kompetenzmanagement? – 136

9.5 Begrenzte Grenzverschiebungen – 140

Literatur – 142

© Springer-Verlag GmbH Deutschland, ein Teil von Springer Nature 2020
R. Knackstedt, K. Kutzner, M. Sitter, I. Truschkat (Hrsg.), *Grenzüberschreitungen im Kompetenzmanagement*, Kompetenzmanagement in Organisationen,
https://doi.org/10.1007/978-3-662-59543-5_9

Zusammenfassung

Für viele ostdeutsche Unternehmen bestand nach Vereinigung der beiden deutschen Staaten nur wenig Notwendigkeit, ein systematisches Kompetenzmanagement zu betreiben, denn unter personalwirtschaftlich „paradiesischen Bedingungen" stand den Arbeitgebern und Arbeitgeberinnen ein Überangebot fachlich gut qualifizierter Arbeitskräfte zur Verfügung. Gleichzeitig wirkte die fortdauernd hohe Erwerbslosigkeit in Ostdeutschland als Angstmechanismus, der dazu beitrug, dass die Beschäftigten ihre Ansprüche an Arbeit und Beschäftigung an die krisenhafte Situation anpassten. Die betriebliche Integration der Arbeitenden stand in dieser historischen Phase nicht nur unter stetem Vorbehalt, sie war gleichzeitig eng begrenzt: Die Unternehmen adressierten die Menschen primär als Arbeitskraft, umfassendere Kompetenzen und Ansprüche der Beschäftigten brauchten kaum berücksichtigt zu werden.

Inzwischen haben sich die Asymmetrien auf den ostdeutschen Arbeitsmärkten vielfach umgekehrt. In diesem Kapitel wird auf der Grundlage einer Bevölkerungsbefragung in Ostthüringen argumentiert, dass vor dem Hintergrund einer deutlich veränderten Arbeitsmarktsituation die verschiedenen Anspruchsdimensionen der Subjekte an Arbeit neu konfiguriert werden. Eine gelingende Vereinbarkeit von Arbeit und Leben, Beteiligungsmöglichkeiten in der Arbeitsgestaltung und gesundheitsförderliche Arbeitsbedingungen gewinnen in den Anspruchskonstellationen insbesondere Jüngerer eine wachsende Bedeutung.

Der Begriff der Grenzüberschreitungen wird daraus resultierend in einem doppelten Sinn verwendet. Aus Arbeitnehmerinnen- und Arbeitnehmerperspektive werden die vormals engen Grenzen dessen, was die Arbeitenden legitimerweise von Arbeit glaubten, beanspruchen zu können, überschritten: sowohl quantitativ (Entgelt), andererseits auch qualitativ in Forderungen nach erweiterten Möglichkeiten, die subjektiven Kompetenzen in die Arbeit einbringen zu können. Gleichzeitig erfordert die Durchsetzung eines zukunftsfähigen Personalmanagements in Ostdeutschland, dass die Grenzen bisheriger personalpolitischer Praktiken überschritten werden. Denn um unter den Bedingungen aktueller und absehbar fortgesetzter demografischer Schrumpfung Beschäftigtenkompetenzen zu gewinnen, zu binden und zu entwickeln, müssen die veränderten Ansprüche der Subjekte an Arbeit in ihrer Gender-, Generationen- und Lebensphasenspezifik systematisch reflektiert werden. Um für die „neuen Arbeitssubjekte" attraktiv zu werden, müssen die in Ostdeutschland tief verwurzelten Traditionen „begrenzter Integration" durchbrochen werden.

9.1 Der demografische Wandel als Game-Changer?

Wäre Ostdeutschland noch immer ein selbstständiger Staat, wäre es das Land mit dem weltweit höchsten Altersdurchschnitt der Bevölkerung, wurde kürzlich in der renommierten britischen Wirtschaftszeitung Economist („East Germany's population is shrinking" 2017) angemerkt. In Ostthüringen, der Untersuchungs- und Gestaltungsregion des Verbundprojektes „Zukunftsfähiges Kompetenzmanagement – prospektiv, lebensphasenorientiert und regional flankiert. rebeko" (2015–2018, Leitung: Prof. Dr. Klaus Dörre, Friedrich-Schiller-Universität Jena), lassen sich die demografischen Trends, die sich in weiten Teilen Ostdeutschlands entfalten, wie unter einem Brennglas studieren. Zwischen 1990 und 2015 sank die Bevölkerung des Freistaates Thüringen um rund 15 %, in einigen Kreisen Ostthüringens betrug die Bevölkerungsschrumpfung sogar 25 %.

Eine demografische Wende ist derweil nicht in Sicht: Aktuelle Bevölkerungsvorausberechnungen erwarten eine Fortsetzung des Trends und prognostizieren bis zum Jahre 2035 einen weiteren Einbruch der Bevölkerungszahlen um rund 20–25 % in den demografisch besonders betroffenen Kreisen. Allerdings: Diese pauschalen Trends verdecken die Disparitäten der demografischen Dynamik. Denn in Thüringen finden sich, wie in anderen ostdeutschen Regionen auch, inmitten der Schrumpfungslandschaft durchaus Zentren, die sich vom allgemeinen Trend abkoppeln und durchaus beachtliche Wachstumsraten aufweisen (Thüringer Landesamt für Statistik 2015; zur regionalen Differenzierung siehe Ragnitz 2015). Die thüringischen Wachstumskerne, insbesondere Erfurt, aber auch Eisenach und Jena, werden ihre Bevölkerungszahl bis 2035 weiter steigern können, weil sie als dynamische Wirtschaftsräume einen positiven Wanderungssaldo verzeichnen. Ihr Wachstum beruht indes nicht nur auf attraktiven Arbeits- und Lebensbedingungen für junge Menschen. Vielfach ist der ländliche Raum inzwischen bezüglich der (sozialen) Infrastrukturen so geschwächt, dass sich auch ältere Menschen gezwungenermaßen in die Städte orientieren.

Wiewohl die wesentlichen Faktoren des demografischen Wandels in Thüringen inzwischen nur noch abgeschwächt wirken oder sich sogar umgekehrt haben – die Geburtenraten haben sich seit dem Tiefststand von 1994 (0,77 Kinder je Frau) nahezu verdoppelt (aktuell 1,56 Kinder je Frau), und das Wanderungssaldo ist in den letzten Jahren leicht positiv (Slupina et al. 2016) –, wird sich der uneinheitliche demografische Schrumpfungsprozess fortsetzen. An dieser Tatsache ändert auch die aktuell viel diskutierte Fluchtmigration grundsätzlich nichts.

Auch wenn ein weiterer Bevölkerungsrückgang nicht zwangsläufig in eskalierende Arbeitskraftknappheit mündet, weil Rationalisierungseffekte, die konjunkturelle Volatilität und die reduzierte Güternachfrage als wichtige Einflussgrößen auf den Arbeitskraftbedarf wirken, ist festzuhalten: Mit dem demografischen Wandel gehen auch deutliche Veränderungen auf den Arbeitsmärkten einher. Seit 2005 hat sich die Erwerbslosigkeit in Thüringen um mehr als 50 % verringert, die Schulabgängerinnen- und Schulabgängerzahlen sanken nach Angaben des Thüringer Landesamts für Statistik (2015) über einen Zehnjahreszeitraum von 28.508 (2005) auf aktuell rund 17.145. Besetzungsprobleme und Nachwuchsmangel manifestieren sich mittlerweile nicht nur in den viel zitierten (hoch) qualifizierten Mangelberufen (Ingenieurinnen und Ingenieure, IT-Spezialistinnen und -Spezialisten, Humanmedizinerinnen und -mediziner), sondern ebenso in der industriellen Facharbeit, in der qualifizierten Pflege und in weiten Teilen des Handwerks (Bundesagentur für Arbeit 2017). Auch für industrielle Einfachtätigkeiten finden Unternehmen immer weniger Angebot auf den Arbeitsmärkten, so jedenfalls die Eindrücke, die in unterschiedlichen Unternehmen im Rahmen der Forschung zum rebeko-Projekt gewonnen wurden. In einer Region, die lange von hoher Erwerbslosigkeit geprägt war, erodieren folglich die Kompetenzressourcen: In den Betrieben wächst der Ersatzbedarf angesichts des Ausscheidens starker Kohorten betrieblicher Erfahrungsträgerinnen und -träger, während gleichzeitig das Angebot auf den externen Arbeitsmärkten deutlich schrumpft.

Die aktuelle Kompetenzherausforderung für Unternehmen in demografisch benachteiligten Regionen ist jedoch keine ausschließlich quantitative. Die neuen Asymmetrien auf den Arbeitsmärkten (Lutz 2010) bedeuten eine Stärkung der Angebotsseite, die Position von Lohnabhängigen gegenüber der Nachfrageseite verbessert sich seit dem Einsetzen der Trendwende auf dem Arbeitsmarkt im Jahre 2005 nahezu kontinuierlich. Ob aus dieser Positionsverbesserung nun auch erweiterte Ansprüche (zukünftig) Beschäftigter an die Arbeit und die Kompetenzentwicklung erwachsen

(Dörre et al. 2016; Göttert et al. 2016; Schmalz et al. 2017) und ob bzw. wie diese ggf. artikuliert werden, waren wesentliche Forschungsfragen des rebeko-Projektes. Ob ein derart hoher Druck in Richtung personalpolitischer Innovationen und einer Aktualisierung von Kompetenzmanagementstrategien vonseiten der Unternehmen entsteht, dass der demografische Wandel als eine Art „Game-Changer" fungieren kann, war eine der zu klärenden Fragen im Rahmen des Projektes. Die Grundthese lautete entsprechend: Die Arbeitgeberinnen und Arbeitgeber in Ostdeutschland haben ihr Kompetenzmanagement nicht nur an der Tatsache auszurichten, dass das externe Fachkräftereservoir quantitativ schrumpft, sie haben es auch mit „Arbeitnehmerinnen und Arbeitsnehmer neuer Qualität" zu tun. Geschäftliche Praktiken einer begrenzten Integration (▶ Abschn. 9.2 für begriffliche Spezifizierungen) in den betrieblichen Kontext können sich unter diesen Bedingungen – auch aus betriebswirtschaftlicher Sicht – zu einem relevanten Malus-Faktor für Unternehmen entwickeln.

9.2 Das Erbe der begrenzten Integration

Um die Frage zu beantworten, wie ein innovatives Kompetenzmanagement auf demografisch-arbeitsmarktliche Dynamiken sowie Veränderungen der Anspruchskonstellationen von abhängig Beschäftigten an Arbeit angemessen zu reagieren habe, ist ein Blick in die Nachwendezeit der ostdeutschen Arbeitsgesellschaften notwendig (die wiederum nicht zu verstehen ist, ohne eine Berücksichtigung von Arbeit und Herrschaft in der DDR, dazu Neuhauss und Singe 2017). In dieser Phase wurden die Grenzpflöcke eines Kompetenzmanagements eingeschlagen, das aktuell unter Druck gerät.

Für die bis heute ausstrahlende Phase von der Vereinigung bis weit in die Mitte der 2000er-Jahre sprechen wir von einem Kompetenzmanagement der begrenzten Integration. Dieser Begriff wird gewählt, weil die Integration der Arbeitenden in das betriebliche Beschäftigungssystem in hohem Maß unter Vorbehalt stand. Unter wirtschaftlichen Krisenbedingungen kämpften „prekäre Unternehmen" um das wirtschaftliche Überleben. Die im Beschäftigungssystem Verbliebenen gerieten unter einen permanenten Bewährungszwang (Dörre 2011). Für die Arbeitnehmerinnen und Arbeitnehmer wirkten die Arbeitsmarktbedingungen stark disziplinierend (Dörre et al. 2016; Behr und Engel 2001), für die Arbeitgeber/-innen jedoch stand ein Überangebot an sehr gut qualifizierten Arbeitskräften bereit. Unter diesen Bedingungen waren die Beschäftigten quasi an „ihren" Betrieb gekettet (Blien und Phan thi Hong 2015; Bielenski et al. 1992). Die Bereitschaft zu höchster Leistungsverausgabung, hoher Arbeitszeitflexibilität und Arbeit zu geringen Löhnen erschien – auch angesichts der Schwäche der Gewerkschaften und kollektiver Handlungsoptionen – als alternativloser Versuch, die eigene betriebliche Position zu sichern (Röbenack und Artus 2015).

Im Zuge der massiven Deindustrialisierung, die die Industrieproduktion zwischen 1989 und 1991 um rund 73 % schrumpfen ließ, mussten große Mehrheiten der Bevölkerung auf dem Territorium der DDR die Erfahrung von Arbeitslosigkeit machen (Windolf 2001). Insbesondere Industriearbeitende, die formal führende Klasse in der DDR, und die vielfach an den Herd zurückverwiesenen Frauen erlebten diese Phase als eine Entwertung, Kränkung und kulturelle Abwertung (Schmidt und Schönberger 1999). Die sprichwörtliche ostdeutsche Bescheidenheit war also eine durch den Druck der Konkurrenz und der durch den Wegfall der Sicherheit erzwungene Haltung.

Der Terminus der begrenzten Integration verweist aber nicht nur auf ein Kompetenzmanagement, das angesichts der disziplinierend-motivierenden Wirkungen der Arbeitsmarktkrise auf das Versprechen einer stabilen, langfristigen Integration verzichten konnte und einen nachhaltigen Umgang mit Arbeitskraft durch Schaffung gesundheits- und lernförderlicher Bedingungen vernachlässigte (Hinz und Göttert 2017). Die Tradition begrenzter Integration verweist auch auf die Tatsache, dass die Beschäftigten primär in ihrer Funktion als Arbeitskraft und ihrer spezifischen Qualifikationen adressiert wurden. Das Gesamtensemble arbeitnehmerischer Subjektkompetenzen (soziale Kompetenzen, Problemlösungskompetenzen, Kreativität, Fähigkeiten zur Selbstorganisation und -steuerung), das z. B. über Formen eines beteiligungsorientierten Kompetenzmanagements und/oder über institutionalisierte Formen der Mitbestimmung einer betrieblichen Nutzung hätte zugänglich gemacht werden können, stand ganz überwiegend nicht im Fokus betrieblicher Kompetenzstrategien. Natürlich gab es auch auf dem Gebiet der ehemaligen DDR Unternehmen (so auch als Verbundpartner im Projekt „rebeko"), die frühzeitig auf sozialpartnerschaftliche (Tarif-) Arrangements, betriebliche Mitbestimmung, Qualifizierung und Ausbildung setzten und sich von den vielfach praktizierten „Billigerstrategien" abgrenzten. Aber die lange dominierende Form des ostdeutschen Kompetenzmanagements war durch eine doppelte Grenzziehung gekennzeichnet: einerseits durch eine Integration auf Widerruf und andererseits durch eine restriktive Integration, die die eng definierte Arbeitsfähigkeit der Menschen adressierte und ihre umfassenderen Subjektkompetenzen nicht systematisch zur Entfaltung kommen ließ. Daraus ergibt sich für die Zeit nach der Wende bis in die 2000er-Jahre die Dominanz eines Arbeitnehmendentypus, der – vor allem um eine Erhaltung des eigenen Arbeitsplatzes bemüht – niedrige Löhne und belastende Arbeitsbedingungen hinnahm. Die in der Phase der begrenzten Integration entstehende ostdeutsche Bescheidenheit wirkt bis heute nach (Reckwitz 2008).

9.3 Die neuen Arbeitnehmerinnen und Arbeitnehmer?

Im Folgenden wird auf die empirischen Untersuchungen im Rahmen des rebeko-Projektes zurückgegriffen, um die Frage zu beantworten, ob sich die seit 2005 sukzessive verbesserte Arbeitsmarktlage nicht nur in einer strukturell günstigeren Position der Anbieter/-innen von Arbeitskraft niederschlägt, sondern gleichsam zur Herausbildung selbstbewusst-anspruchsvollerer Arbeitssubjekte führt. Die Wahrnehmung von Arbeitsrealitäten, die Ansprüche der Menschen in Ostthüringen an Arbeit und Beschäftigung wurden im Jahre 2016 (Regionalbefragung „Arbeit und Leben in Ostthüringen, RAuL"; Erhebungszeitraum: März bis Mai 2016) mittels computergestützter, telefonischer Interviews erhoben. Befragt wurden 2188 Menschen im Alter zwischen 16 und 75 Jahren; davon befanden sich 64 % in einem Beschäftigungsverhältnis. Neben den Fragen zur konkreten Arbeitssituation bildet die Befragung außerdem Einstellungen zu gesellschaftspolitischen Themen (u. a. Migration, soziale Gerechtigkeit, Gewerkschaften) und zur regionalen Entwicklung ab. Zusätzlich wurden in den am Projekt beteiligten Unternehmen qualitative Befragungen (Einzelinterviews mit Beschäftigten und Führungskräften, Gruppendiskussionen, Workshops) durchgeführt.

Zunächst ist zu konstatieren, dass sich die positive Arbeitsmarktentwicklung im Freistaat Thüringen sowie in der Bundesrepublik in der Wahrnehmung der Beschäftigten deutlich niederschlägt. Von den befragten Arbeitnehmerinnen und Arbeitnehmern bekundeten nur 6 % volle Zustimmung zu der Aussage, dass sie sich um den Verlust des eigenen Arbeitsplatzes sorgten, 10 % stimmten diesem Item eher zu. Rund 84 % stimmten der Aussage, der eigene Arbeitsplatz sei auch langfristig sicher, eher oder voll zu. Diese Befunde kontrastieren deutlich mit Erkenntnissen der frühen Nachwendezeit, als Untersuchungen konstatieren mussten, dass sich 1991 nahezu 50 % der ostdeutschen Beschäftigten große Sorgen um den Fortbestand ihres Arbeitsplatzes machten. Kurz vor der Wende auf dem Arbeitsmarkt lagen die entsprechenden Zahlen im Jahre 2003/2004 noch bei rund einem Drittel der Befragten (Erlinghagen 2010). Auch die eigenen Chancen auf externen Arbeitsmärkten wurden von den Befragten ganz überwiegend positiv gewertet. Rund 76 % der Befragten sind der Ansicht, dass sie dank ihrer eigenen Qualifikationen keine Probleme hätten, einen Arbeitsplatz zu finden. Diese Wahrnehmung ist unter Hochqualifizierten mit akademischem Abschluss besonders weitverbreitet, aber auch Facharbeitende und Fachangestellte sehen ihre Arbeitsmarktoptionen noch zu 70 % als positiv an. Wenig überraschend ist, dass jüngere Menschen ihre Arbeitsmarktchancen tendenziell positiver bewerten als ältere, ab 45 Jahren sinkt das Vertrauen in die eigene Durchsetzungsfähigkeit am Arbeitsmarkt. Nachdem sich viele Beschäftigte angesichts der Arbeitsmarktsituation in Ostdeutschland quasi alternativlos an ihren Betrieb gebunden sahen und der Arbeitsmarkt quasi „eingefroren" war, ist neuerdings zu beobachten, dass Arbeitnehmerinnen und Arbeitnehmer den Arbeitsmarkt als Handlungsfeld begreifen, Chancen sondieren und das Beschäftigungsverhältnis wechseln. Aktuell berichten Arbeitgeber/-innen, dass sie erstmalig mit Eigenkündigungen von Beschäftigtenseite konfrontiert seien, und aktuelle Zahlen belegen, dass Beschäftigungsverhältnisse derzeit eher vonseiten der Arbeitnehmenden als von Arbeitgebern bzw. Arbeitgeberinnen gekündigt werden (Putzing et al. 2017).

Die dargelegten empirischen Ergebnisse untermauern einen ersten zentralen Befund: Ein begrenztes Kompetenzmanagement, das vornehmlich auf die vom Arbeitsmarkt ausgehenden disziplinierenden Wirkungen auf Beschäftigte setzt und Arbeitsengagement über Angst und Alternativlosigkeit zu generieren trachtet, büßt in der aktuell guten Wirtschafts- und Arbeitsmarktkonstellation deutlich an Wirkkraft ein. Ein Kompetenzmanagement, das die Motivationsgrundlagen der Arbeitskraftverausgabung sichern möchte, müsste daher Konzepte einer erweiterten Integration von Beschäftigten realisieren und als solches die materiellen und immateriellen Beschäftigtenansprüche in ihrer konkreten Konfiguration systematisch analysieren und praktisch adressieren.

Die Befragungsdaten beinhalten daneben aber einen durchaus kritischen Befund, und zwar dergestalt, dass die deutlich wahrnehmbaren Personalengpässe bisher in den Augen der Befragten nicht in eine Aufwertung von Arbeit, erweiterte Integrationsmodi und eine Grenzverschiebung des Kompetenzmanagements gemündet sind. Oder: Vielfach vertreten die Arbeitenden die Auffassung, dass sie an der wirtschaftlichen Positiventwicklung nur unzureichend beteiligt werden. Eine Mehrheit aller Befragten ist der Auffassung, dass die Betriebe in Thüringen noch immer auf schlechte Arbeitsbedingungen und geringe Löhne setzten. Dieser Aussage stimmen rund 21 % voll und ganz zu, 37 % stimmten eher zu. Auffällig sind dabei regionale Disparitäten: Im Landkreis Altenburg, der den bundesweit höchsten Altersdurchschnitt der Bevölkerung (49,8 Jahre) aufweist und gleichzeitig noch immer von hoher Arbeitslosigkeit gekennzeichnet ist, beklagten rund 66 % schlechte Arbeitsbedingungen und geringe Löhne. Im Saale-Holzland-Kreis mit einer deutlich geringeren Arbeitslosigkeit stimmte nur eine knappe Mehrheit zu. Thüringenweit dominiert die Wahrnehmung, dass die Interessen der Arbeitnehmerinnen und Arbeitnehmer sogar immer weniger berücksichtigt würden. Rund 60 % aller Befragten stimmten dieser Aussage eher bzw. voll und ganz zu. Rund 20 % der befragten Arbeitnehmerinnen und Arbeitnehmer bekunden, mit dem eigenen Einkommen kaum über die Runden zu kommen. In den Segmenten qualifizierter Facharbeit und unter Fachangestellten bekundeten sogar rund 29 % eine prekäre Einkommenssituation, und in dieser Gruppe befürchten 28 %, den aktuellen Lebensstandard zukünftig nicht halten zu können. Eine relevante Minderheit der Erwerbstätigen von rund einem Drittel empfindet sich als nicht leistungsgerecht entlohnt, unter Facharbeitenden und Fachangestellten beklagten rund 40 % ein unausgewogenes Verhältnis von Leistung und Entgelt.

Bis hierhin ist als Zwischenbilanz festzuhalten: Die arbeitsmarktinduzierte Prekarität, die über lange Perioden der Nachwendezeit disziplinierend auf viele ostdeutsche Beschäftigte wirkte, hat an Wirksamkeit verloren. Hauptbedrängnis für die Arbeitenden ist aktuell nicht mehr die alltägliche akute Sorge um den eigenen Betrieb und den Fortbestand von Beschäftigung. Die Beschäftigten realisieren das Sinken der Erwerbslosigkeit und die stark gesteigerte Erwerbsbeteiligung. Nicht zuletzt der Beschäftigungsaufbau in den beschäftigenden Unternehmen und die gute Auslastung, teilweise einhergehend mit eskalierenden Leistungsanforderungen, machen die wirtschaftliche Aufwärtsentwicklung der letzten Jahre im Arbeitsalltag greifbar. Deutlich wird aber auch, dass vielerorts das Gefühl vorherrscht, an dieser ökonomischen Positiventwicklung, zu der man mit eigener Arbeitsleistung wesentlich beiträgt, nur unzureichend zu partizipieren. Relevante Teile der Arbeitnehmerinnen und Arbeitnehmer leben noch immer unter prekären Bedingungen materieller Knappheit, die neuen Asymmetrien auf den Arbeitsmärkten haben sich bisher nicht in umfassenden Entgelterhöhungen niedergeschlagen. Die ostdeutschen Bundesländer finden sich in der Rangliste der Bruttolöhne allesamt am unteren Ende, im „Schlusslichtland" Thüringen liegen die Bruttomonatsentgelte Vollzeitbeschäftigter um mehr als 1000 EUR unter denen in Hessen oder Baden-Württemberg (Destatis 2017).

Nun wird die Arbeitszufriedenheit der Menschen nicht nur ausschließlich und direkt von den materiellen Tauschaspekten des Beschäftigungsverhältnisses bestimmt. Der Lohn-Leistungs-Tausch ist stets umwoben von einem Netz gegenseitiger normativer Erwartungen, in Vorstellungen von Gerechtigkeit, Legitimität und in wechselseitigen Anerkennungsbeziehungen. Das Sozial-Immaterielle des Betriebes stellt einen wichtigen Motivations- und Bindungsfaktor dar, befriedigende Sozialbeziehungen im Betrieb (zwischen Unternehmensleitungen, zwischen Abteilungen, zwischen einzelnen Arbeitnehmerinnen und Arbeitnehmern) können materiell unbefriedigende Zustände partiell kompensieren. Die durchgeführte Befragung zeigt recht deutlich, dass in den Anspruchskonstellationen abhängig Beschäftigter an Arbeit neue Akzentuierungen zu beobachten sind. Wie bereits dargelegt, sind die materiellen Ansprüche relevanter Beschäftigtengruppen bei Weitem nicht erfüllt und auch unter den neuen Arbeitsmarktbedingungen bleiben Sicherheitsansprüche für die Arbeitssubjekte von höchster Bedeutung. Allerdings nehmen immaterielle Ansprüche, wie die an betriebliche Beteiligung und „gute Führung", Gesundheit und sozial verträgliche Arbeitsarrangements (Arbeitszeiten) in den Anspruchskonstellationen eine zunehmend wichtige Position ein. Zu dieser Feststellung führen jedenfalls die eigenen empirischen Untersuchungen. So scheint angesichts der Arbeitsmarktlage die Bereitschaft zur Unterordnung sozialer Belange außerhalb der Arbeit unter die Erfordernisse der Berufstätigkeit nicht besonders stark ausgeprägt. So jedenfalls lassen sich die Aussagen insbesondere jüngerer Befragter (16–35 Jahre) interpretieren, die im Mittel mit 78 %

angaben, dass ihnen soziale Beziehungen, Familie und Freunde wichtiger seien als die Arbeit. Diese quantitativen Daten werden durch die qualitativen Befragungen in den Verbundunternehmen gestützt. Hier sind es nicht ausschließlich (mittlere) Leitungskräfte, die eine „nachlassende Arbeitsethik" jüngerer Beschäftigter konstatieren und beispielsweise von geringer Bereitschaft zur Ausbildungsaufnahme in Unternehmen mit Schichtbetrieb berichten. Klagen über eine zu geringe Einsatzbereitschaft Jüngerer werden durchaus auch von älteren Beschäftigten artikuliert, die die eigenen, über die vertraglichen Verpflichtungen hinausgehenden Anstrengungen mit einer restriktiveren Arbeitskraftverausgabung Jüngerer kontrastieren und mit gewissem Stolz auf die Bewältigung früherer, entbehrungsreicher Zeiten verweisen, in denen es darum ging, „den Karren aus dem Dreck zu ziehen". Tatsächlich würde eine Mehrheit der sich in Beschäftigung befindenden Männer (54 %) die eigene Arbeitszeit gerne reduzieren, unter den (oftmals teilzeitbeschäftigten) Frauen möchte zumindest eine relevante Minderheit (43 %) weniger arbeiten.

Nach ihren prioritären Arbeitsansprüchen an Arbeit und Beschäftigung gefragt, entschied sich deutlich mehr als die Hälfte der Befragten für das Item „Beruf und Leben gut miteinander vereinbaren zu können", nur jeweils rund 20 % dagegen priorisierten Sicherheits- und Selbstverwirklichungsansprüche an und in der Arbeit. Erweiterte Ansprüche, die sich deutlich von rein instrumentellen Arbeitshaltungen unterscheiden, artikulierten die Befragten nahezu unisono. Zu einer idealen Arbeit gehören danach Spaß, Sinn, Anerkennung und ein gesellschaftlicher Nutzen der eigenen Tätigkeit.

Die Befragung macht zudem deutlich, dass aufseiten der Beschäftigten ein Interesse an einer erweiterten Integration in den betrieblichen Kontext besteht. Wichtige Bestandteile eines „idealen Arbeitsplatzes" sind danach mit großer Zustimmung eine regelmäßige Information durch Vorgesetzte (89 %) und eigene Entscheidungs- und Gestaltungsspielräume bei der Arbeit (rund 87 %). Nicht in dieser Deutlichkeit zu erwarten, waren die Ergebnisse einer Gefährdungsbeurteilung in einem Fallunternehmen. Hier zeigte sich, dass Mitspracheansprüche nicht nur in Bereichen (hoch) qualifizierter Tätigkeiten bedeutsam sind. In diesem Betrieb, der auf dem Shopfloor von körperlich belastender, industrieller Einfacharbeit in Anlerntätigkeiten gekennzeichnet ist, resultierten Fehlbeanspruchungen in erster Linie aus mangelnden Mitsprachemöglichkeiten. Offensichtlich wird hier der Modus eines verengten Kompetenzmanagements, das auf die eng begrenzte Integration der Arbeitenden als ausführende Organe setzt, bis in die Gegenwart fortgesetzt.

Das Beschäftigteninteresse an einer inhaltlich-fachlichen Entwicklung wird in der nahezu 100 %igen Zustimmung deutlich, die das Item „Regelmäßige Weiterbildungsmaßnahmen sollten allen Mitarbeitern zugänglich sein" erfährt.

9.4 Grenzverschiebungen im Kompetenzmanagement?

In einem Positivszenario begründen die genannten Entwicklungen in ihrer Kombination eine Dynamik für eine Grenzverschiebung des Kompetenzmanagements. Aus dieser Perspektive entwickeln sich vor dem Hintergrund der demografischen Prozesse und der seit nunmehr zehn Jahren fast ungebrochenen positiven Arbeitsmarktentwicklung neue Anspruchskonstellationen an Arbeit und ein neues Selbstbewusstsein von Arbeitnehmerinnen und Arbeitnehmern in Ostdeutschland (Behr 2017). Forschungsergebnisse belegen mittlerweile überzeugend (Dörre et al. 2016), dass ein gestärktes

Arbeitnehmerinnen- und Arbeitnehmerselbstbewusstsein mancherorts bereits mit einer erhöhten Bereitschaft zu kollektiver Organisation und zu kollektivem Handeln einhergeht und die Arbeitenden die Gewerkschaften quasi neu entdecken. Hier könnte also „von unten" Druck in Richtung eines erneuerten Kompetenzmanagements entstehen, das die alten Formen begrenzter Integration in doppelter Weise überwindet: einerseits durch ein Zurückdrängen der unsicheren Beschäftigung unter Vorbehalt mittels einer Entprekarisierung von Beschäftigung und durch eine Stärkung der regulierenden Institutionen der Arbeit (insbesondere der Tarifverträge); andererseits durch eine erweiterte Form der Integration von Menschen in der Arbeit, die darauf abzielt, die Subjektkompetenzen umfassend zur Geltung kommen zu lassen und das Interesse der Arbeitenden an Beteiligung, Gestaltungsspielräumen in der Arbeit und Qualifizierung im betrieblichen Alltag real werden zu lassen.

Für die Arbeitgeber/-innen sollte es aus verschiedenen Gründen zielführend sein, mit den Beschäftigten Innovationsallianzen für ein derart erneuertes Kompetenzmanagement zu schmieden: Aktuelle Studien (Schmerbauch 2017) belegen, dass der Fachkräftemangel in der Wahrnehmung der Unternehmen in der Region Ostthüringen ein drängendes Problem darstellt. Danach gibt es aktuell in zwei Drittel der befragten Betriebe unbesetzte Fachkräftestellen, 37 % der Unternehmen haben unbesetzte Ausbildungsstellen und mehr als ein Viertel der teilnehmenden Unternehmen berichten über steigende Fehlzeiten angesichts der betrieblichen Altersstrukturen (Schmerbauch 2017, S. 16).

Innovationsdruck in Richtung einer Erneuerung des Kompetenzmanagements entsteht aber nicht nur durch die intensivierte Konkurrenz um Arbeitskraft und die damit einhergehende Notwendigkeit, die Subjektansprüche der Menschen an Arbeit systematisch zu adressieren. Eine umfassendere Kompetenznutzung und Aufwertung von Arbeit wird anscheinend durch die Tatsache erzwungen, dass das Gesamtensemble der Mitarbeiterinnen- und Mitarbeiterkompetenzen unter Bedingungen dynamisch-komplexer Märkte eine zentrale Ressource darstellt, deren „Unternutzung" dysfunktional für die Sicherung der Anpassungs- und Innovationsfähigkeit von Unternehmen ist. Auf den ersten Blick scheinen die Bedingungen für eine Grenzverschiebung des Kompetenzmanagements also günstig, weil sich bedeutende Interessenüberlappungen zwischen den Interessen der Arbeitnehmer/-innen sowie jenen der Arbeitgeber/-innen identifizieren lassen, die aus wirtschaftlichen Erwägungen heraus eine erweiterte Integration der Beschäftigten anstreben sollten.

Bevor der Frage nachgegangen wird, ob sich Tendenzen der Durchsetzung eines erweiterten Kompetenzmanagements bereits empirisch nachweisen lassen, und – so viel sei vorweggenommen – damit eine dann doch recht ernüchternden Realität in den Blick zu nehmen ist, sei daran erinnert, dass die Geschichte der Arbeitspolitik in dieser Hinsicht manche Enttäuschungen bereithält. Hoffnungen, dass technologische Innovationen und eine flexible Qualitätsproduktion im Anschluss an die Krise der fordistischen Massenproduktion mit betrieblich-sozialen Innovationen auf breiter Front („Partizipationseuphorie") einhergehen würden und unternehmerische Effizienzgewinne zunehmend auf die „ganzheitliche Ausschöpfung des Arbeitsvermögens" und die betriebliche Integration der Arbeitenden als „mündige Menschen" (Kern und Schumann 1984, S. 20) angewiesen seien, wurden häufig enttäuscht (Kern und Schumann 1998; Dörre 2001; Thompson 2003).

Feststellbar ist zunächst, dass arbeitgeberseitig tatsächlich – und anscheinend verstärkt – unterschiedlichste Maßnahmen entwickelt werden, um die Kompetenzbasis der Unternehmen zu sichern und zu entwickeln (Schmerbauch 2017). Dazu gehören neben verschiedenen Incentives für Auszubildende (Beteiligung an Kosten für Unterkunft, Führerschein, Reisen) intensivierte Rekrutierungsbemühungen, die auch auf Gruppen abzielen, die lange nur von marginalem Interesse waren (Ältere jenseits der 50 Jahre, Quereinsteiger/-innen, Teilzeitbeschäftigte). Zusätzliche Maßnahmen zur Kompetenzsicherung und -entwicklung umfassen z. B. Qualifikationsbedarfsanalysen und Entwicklungsgespräche. Diese Methoden werden laut Schmerbauch (2017) von mehr als 80 % der befragten Unternehmensvertreter genutzt. Maßnahmen zur Gesundheitsförderung sind ebenfalls verbreitet: 81 % gestalten ihre Arbeitsplätze nach ergonomischen Prinzipien, 47 % bieten Maßnahmen zur Gesundheitsförderung an und 81 % geben an, regelmäßige Gefährdungsbeurteilungen durchzuführen. Auffällig ist, dass die hier präsentierten Zahlen einer Arbeitgeberbefragung in Kontrast zu den Wahrnehmungen großer Teile der im Rahmen des rebeko-Projektes Befragten stehen und Zweifel – wenn nicht an der Verbreitung, dann doch an der Wirksamkeit – der entwickelten Maßnahmen wecken. Besonders auffällig ist die hohe Verbreitung von Gefährdungsbeurteilungen in Thüringen. In der Stichprobe von Schmerbauch (2017, S. 42 f.) geben 62 % der Befragten an, psychische Belastungen als Teil der Gefährdungsbeurteilung zu ermitteln. Damit liegt die Verbreitung deutlich über dem Bundesschnitt. Hier ist davon auszugehen, dass von den Unternehmen, die Gefährdungsbeurteilungen durchführen, weniger als jedes dritte Unternehmen psychische Belastungen berücksichtigt (Ahlers 2016). Auf Basis der eigenen Empirie muss angezweifelt werden, dass sich ein nachhaltiger Umgang mit Arbeitskraft in der Breite bereits realisiert hat. In der rebeko-Befragung gaben knapp weniger als die Hälfte der Befragten an, in den letzten 12 Monaten an einer Qualifizierungsmaßnahme teilgenommen zu haben.

Die physischen und psychischen Belastungen bei der Arbeit sind weiterhin verbreitet: Fast 40 % sehen sich an ihrem Arbeitsplatz starken körperlichen Belastungen ausgesetzt, beinahe 60 % fühlen sich bei der Arbeit gehetzt und stehen häufig unter Zeitdruck. Die Ergebnisse sind kongruent mit anderen aktuellen Studien, die über die Arbeitsbedingungen aus Beschäftigtensicht aufklären und zu der Schlussfolgerung kommen, dass die Qualität der Arbeit in Thüringen im Bundesvergleich sehr kritisch beurteilt wird und weiterhin durch „[…] relativ niedrige Entlohnungen, mangelnde betriebliche Sozialleistungen und starke Belastungen gekennzeichnet [ist]" (Heyme und Martens 2016, S. 7). Der Index des Deutschen Gewerkschaftsbundes (DGB) „Gute Arbeit" zeigt, dass in Thüringen 29,8 % der Befragten die Qualität der Arbeit als schlecht bezeichnen, bundesweit sind es 20,5 % (Heyme und Martens 2016, S. 14).

Es ist festzuhalten, dass bezüglich der basalen Faktoren, die für die Gewinnung von Fachkräften und Bindung von Kompetenzträgerinnen und -trägern an die Unternehmen höchst bedeutsam sind, bisher keine umfassende Abkehr von tradierten Praktiken erfolgt ist. Das Kompetenzmanagement verläuft in vielerlei Hinsicht auch unter den neuen Arbeitsmarktbedingungen in den alten Grenzen. Man kann dies zunächst an zwei Trends festmachen: Erstens ist bisher ist keine klare Tendenz zur Entprekarisierung von Beschäftigung festzustellen. Die starke Expansion atypischer Beschäftigung, die seit den frühen 1990er-Jahren beobachtet wird, hat tendenziell zur Herausbildung einer prekären Vollerwerbsgesellschaft (Dörre 2014) geführt: Die Erwerbsbeteiligung erreicht regelmäßig neue Höchststände, gleichzeitig gewinnen Beschäftigungsformen jenseits des Normalarbeitsverhältnisses an Gewicht. Auch wenn die Prekarisierungsdynamik jüngst an Dynamik verloren hat, bleiben unsichere Beschäftigungsverhältnisse weitverbreitet. Das gewerkschaftsnahe Wirtschafts- und Sozialwissenschaftliche Institut (WSI) kommt auf Grundlage der Daten der Bundesanstalt für Arbeit für Thüringen im Jahr 2016 auf eine Quote von rund 37 % atypischer Beschäftigungsverhältnisse, im Vergleich zu etwa 28 % im Jahr 2005. Berechnungen, die einer anderen Systematik folgen (abweichende Definition von Teilzeitbeschäftigung), dokumentieren einen wesentlich geringeren Verbreitungsgrad atypischer Beschäftigung in Thüringen (Hagn 2016) und sehen diese im Jahr 2014 bei nur rund 18 % (2000: 15 %). Jenseits dieser Diskrepanzen ist folgende Trendaussage von Bedeutung: Eine Entprekarisierung – und damit eine Rücknahme der Integration auf Widerruf, die sich z. B. in einem Abbau von Befristungen, in der Transformation von Leiharbeit in feste Beschäftigungsverhältnisse, in der Umwandlung von Teil- in Vollzeit niederschlagen müsste –, findet nicht statt. Die Betroffenheit von atypischen Beschäftigungsverhältnissen findet sich zugespitzt unter Frauen, Menschen ohne eine abgeschlossene Berufsausbildung und unter den vermeintlich hart umworbenen jungen Menschen (Hagn 2016).

Neben der Persistenz atypischer Beschäftigung ist festzustellen, dass auch eine umfassende materielle Aufwertung von Arbeit in Form von Entgelterhöhungen bisher nicht in der Fläche stattfindet. Thüringen bleibt bisher Niedriglohnland in Bezug auf die Bruttodurchschnittsstundenlöhne (2014: 13,83 EUR), die drei bis sechs Euro unter den westdeutschen Flächenbundesländern liegen. Auch wenn der Anteil der Niedrigentlohnten in Ostdeutschland zwischen 2010 und 2014 um 2 % gesunken ist, bleibt festzuhalten, dass die Quote von Beschäftigten mit Niedriglohn in Ostdeutschland noch immer fast doppel so hoch ist wie im Westen, wo sie bei rund 21 % liegt (Destatis 2017). Das Institut Arbeit und Qualifikation (IAQ) sieht bei einer Niedriglohnschwelle von 10,22 EUR derzeit rund 36 % der ostdeutschen Beschäftigten im Niedriglohnsektor (Kalina und Weinkopf 2017). Für Thüringen sowie für die anderen ostdeutschen Länder muss festgestellt werden, dass auch eine abgeschlossene Berufsausbildung nicht vor einem „Feststecken" im Niedriglohnsektor schützt: Im Freistaat konnten 2014 rund 38 % der Niedriglohnbeschäftigten auf einen Berufsabschluss verweisen (Deutscher Bundestag 2016).

Die präsentierten Daten zeigen: Selbst unter Bedingungen einer dynamischen Wirtschafts- und Arbeitsmarktentwicklung und des Austrocknens von Kompetenzressourcen ist in Thüringen keine Form des Kompetenzmanagements hegemonial geworden, die neue betriebliche Sicherheitskonstellationen etablieren würde. Arbeit und Beschäftigung bleiben damit vielfach prekär, sie halten relevante Teile der Arbeitnehmerinnen und Arbeitnehmer in atypisch-unsicheren Beschäftigungsbedingungen und unter Bedingungen materieller Knappheit.

Betrachtet man nun die nicht materiellen Aspekte eines erneuerten Kompetenzmanagements, das auf eine umfassende Einbindung der Menschen und ihrer erweiterten Subjektkompetenzen zielen würde, besteht gleichsam wenig Anlass, von einer manifesten Grenzverschiebung auszugehen. Vergleichende Erhebungen (Heyme und Martens 2016) zeigen, dass Kritik an Arbeit und Beschäftigung bezüglich des materiellen Tausches (Einkommen, Sozialleistungen) und der körperlichen Belastungen bei der Arbeit in Thüringen besonders eindeutig artikuliert wird. Auch bezüglich der Einfluss- und Gestaltungsmöglichkeiten sowie Führungsqualität und Betriebskultur ordnen die Arbeitnehmerinnen und Arbeitnehmer die hiesigen betrieblichen Verhältnisse eher im unteren Mittelfeld ein und bewerten diese schlechter als die westdeutschen Kollegen und Kolleginnen. In der Thüringer Sonderauswertung des Index „Gute Arbeit" (Heyme und Martens 2016) berichten rund 22 %, dass es keine Möglichkeiten einer selbstständigen Planung und Einteilung der Arbeit gäbe. Circa 33 % der Befragten geben an, keinen Einfluss auf die Arbeitszeitgestaltung zu haben, und rund 21 % sehen keine Möglichkeiten,

Probleme gegenüber Vorgesetzen offen anzusprechen. 16 % beklagen, dass es keine Förderung von Kollegialität gäbe. Alle diese Zahlen liegen über den westdeutschen Vergleichswerten. In der rebeko-Befragung beklagten rund 32 %, dass ihre Leistung durch die Vorgesetzten nicht regelmäßig anerkannt würde, rund 29 % fühlten sich durch Arbeitgeber/-innen nicht rechtzeitig über Neuerungen informiert und rund 18 % hatten keine bis wenig Möglichkeiten für eigenverantwortliche Entscheidungen im Unternehmen. Rund 30 % der Arbeitnehmerinnen und Arbeitnehmer in Ostthüringen fühlten sich am Arbeitsplatz nicht als Person anerkannt, sondern ausschließlich als Arbeitskraft bewertet.

Diese Zahlen zeigen eine kritische Minderheit, die mangelnde Beteiligung, Anerkennungs- und Führungsdefizite, geringe Entscheidungsspielräume und eine verengte betriebliche Integration primär als Arbeitskraft beklagt. Über die Relevanz dieser Minderheit mag man geteilter Meinung sein. Zwei Hinweise sollen dennoch geäußert werden: Trifft es zu, dass nicht materielle Elemente in den Anspruchskonstellationen von Arbeitssubjekten eine zunehmend wichtige Rolle spielen, könnte sich ein restriktives Kompetenzmanagement, das Ansprüche an Beteiligung nicht adressiert, als bedeutsamer Malus im Kampf um knappe Personalressourcen herausstellen. Daneben zeigen die im Bundesvergleich kritischeren Werte in Thüringen, dass vergleichsweise schlechte materielle Arbeitsbedingungen nicht durch positive „weiche" Faktoren kompensiert werden und hieraus eine Fortschreibung unterlegener Positionen im Wettkampf um knappes Personal erwachsen könnte.

9.5 Begrenzte Grenzverschiebungen

Den eigenen Beobachtungen zufolge hat sich die günstige Ausgangssituation, die aktuell für eine Grenzverschiebung des Kompetenzmanagements in Ostdeutschland existiert, bisher keine reale Transformation in Richtung Entprekarisierung und erweiterter Subjektintegration in den betrieblichen Zusammenhang nach sich gezogen. Der Handlungsdruck für die Etablierung eines innovativen Kompetenzmanagements, der aus der Fachkräfteproblematik und der Überalterung einerseits, und neuen, anspruchsvolleren Arbeitskräften andererseits resultiert, hat bisher nicht zu einer konzertierten und umfassenden Grenzverschiebung im Kompetenzmanagement geführt. Nicht in Abrede gestellt werden soll, dass es auf einzelbetrieblicher Ebene durchaus zu Anpassungen kommt: Innovative und intensivierte Rekrutierungsstrategien, Programme zur Gesundheitsförderung und Qualifizierungsinitiativen sind genauso zu beobachten wie selektive Entgelterhöhungen für besonders benötigte Arbeitskraftgruppen (die dann wiederum innerbetriebliche Konflikte um ungerechte Privilegierungen hervorrufen) oder Formen nicht rechtlich institutionalisierter Partizipation. In der Gesamtschau dominieren aber die Kontinuitäten eines Systems, das sich unter den Nachwendebedingungen herausgebildet hat. Die Reaktion der Arbeitgeber/-innen auf die neuen Arbeitsmarktbedingungen bleibt vielerorts spontan-reaktiv, ein integriertes und strategisch ausgerichtetes Kompetenzmanagement findet sich nur in Ansätzen.

Dass die Möglichkeiten für das Durchbrechen der Grenzen des „alten Kompetenzmanagements" kaum in reale Transformationen münden, liegt auch in der Schwäche der institutionellen Regulierung von Arbeit in Ostdeutschland begründet. Eine Folge dieser institutionellen Schwäche ist, dass auf betrieblicher Ebene die Überführung von nicht eingelösten Arbeitsansprüchen in kollektiv-betriebspolitisch auszuhandelnde Gegenstände nicht ausreichend gut funktioniert. Anders gesagt: Die Beschäftigtenkritik kann im Rahmen eines begrenzten Kompetenzmanagements ihre innovationsförderlichen Funktionen kaum zur Entfaltung bringen, die Kritik verharrt zu oft im Verborgenen. Auch wenn Trends zur Gründung bzw. zur interessenpolitischen Reorientierung von Betriebsräten relevant und wahrnehmbar sind (Röbenack und Artus 2015; Dörre et al. 2016) bleibt die Verbreitung dieser Institutionen defizitär. Schließlich haben die Akteure und Akteurinnen kaum Erfahrung in der kollektiv-produktiven Bearbeitung betrieblicher Interessengegensätze. Selbst dort, wo Betriebsräte existieren, ist keineswegs sichergestellt, dass diese in der Lage sind, die Ansprüche der Beschäftigten zu identifizieren, zu aggregieren und angemessen zu artikulieren. Fehlen adäquate, rechtlich basierte, Voice-Mechanismen, bleiben die Beschäftigten auf Exit-Optionen (Hirschman 1970) verwiesen – entweder wechseln sie den Arbeitgeber oder sie „driften" in eine resignative Anpassungshaltung. In beiden Fällen erleidet der Betrieb schmerzliche Kompetenzverluste.

Der zweite Aspekt der institutionellen Schwäche bezieht sich auf die geringe Verbandsbindung der Arbeitgeber/-innen und die schwache Prägekraft des Tarifsystems in Ostdeutschland. Damit sind wesentliche Arenen der Entwicklung geteilter Problemanalysen und der betriebsübergreifenden Diffusion innovativer Praktiken im Kompetenzmanagement nur schwach entwickelt. Insbesondere kleine und mittlere Unternehmen (KMU), die sich – mit begrenzten personalwirtschaftlichen Ressourcen ausgestattet – unter intensiven Konkurrenzbedingungen bewähren müssen, sehen sich bei der Bewältigung der Kompetenzherausforderung häufig auf sich allein gestellt. Angesichts der schwachen Tarifbindung droht das Entgelt zudem, ein zentraler Wettbewerbsfaktor im Wettkampf der Unternehmen um Arbeitskräfte zu werden und sich gleichzeitig zum betrieblichen Konfliktgegenstand zu entwickeln.

Die finale These lautet entsprechend: Die institutionelle Schwäche der Arbeitsbeziehungen in Ostdeutschland nach der Wende „erlaubte" den Arbeitgebern und Arbeitgeberinnen eine quasi unilaterale Gestaltung der Arbeits- und Beschäftigungsbedingungen. Unter den krisenhaften Bedingungen einer hohen Erwerbslosigkeit mochte ein Kompetenzmanagement in engen Grenzen funktional sein, weil die Betriebsbindung und die Arbeitsmotivation über den Angstfaktor („fear-factor") generiert wurden. Unter den Bedingungen des demografischen Wandels und der austrocknenden Personalressourcen wird die institutionelle Schwäche nun zu einem Hindernis für eine notwendige Grenzverschiebung im Kompetenzmanagement.

> **Fazit**
> Bei Etablierung von Innovationsstrategien, die auf eine Grenzverschiebung des Kompetenzmanagements und die Verbreitung „guter Arbeit" abzielen, können die zuvor skizzierte Problematik schwerlich ignoriert werden. In der Unternehmenslandschaft in Thüringen lassen sich wie in anderen Teilen Ostdeutschlands durchaus Unternehmen finden, die bereits innovative Formen des Kompetenzmanagements etabliert haben. Diese Unternehmen reagieren praktisch und vielgestaltig auf den sich immer deutlicher entfaltenden Handlungsdruck, der sich aus dem demografischen Wandel und den neuen Arbeitsmarktasymmetrien für das Kompetenzmanagement ergibt. Bei diesen „Grenzverletzern" handelt sich nicht nur um avancierte Unternehmen aus den Feldern der Digitalwirtschaft, sondern ebenso um KMU aus eher

traditionellen Industriebranchen. Einzelbetrieblich isoliert ist die Kompetenzherausforderung allerdings längerfristig kaum zu bewältigen. In Schrumpfungsregionen verlieren auch personalpolitisch innovative Unternehmen auf Dauer die notwendigen ökonomischen und infrastrukturellen Rahmenbedingungen erfolgreichen Wirtschaftens. Kompetenzen müssen daher als eine Art regionales Kollektivgut verstanden werden, dessen Sicherung und Fortentwicklung eine Querschnittsaufgabe darstellt, der sich ein breites Spektrum regionaler Akteure/Akteurinnen zu widmen hat.

Anzuregen wäre zunächst eine Netzwerkbildung von „Grenzverletzern", also ein branchenunspezifischer Zusammenschluss personalpolitisch innovativer Unternehmen. Ein solcher Zusammenschluss ermöglicht Prozesse wechselseitigen Lernens sowie das gemeinsame Intervenieren in den politischen Raum und eine wirksame Öffentlichkeitsarbeit. Unabdingbar ist, dass derartige Netzwerke die Stimme der lebendigen Arbeit systematisch berücksichtigen. Wenn es zutrifft, dass in Ostdeutschland eine weitere Erosion der regionalen Kompetenzreservoirs droht und die veränderten Arbeitsansprüche der Menschen weiterhin nicht adressiert werden, müssen Gewerkschaften (und betriebliche Interessenvertretungen) als Repräsentanten der Arbeitnehmerinnen- und Arbeitnehmerinteressen unbedingt Teil von Netzwerkstrukturen sein. Die Erfahrungen des rebeko-Projektes zeigen aber auch, dass Netzwerke auf Stützungsleistungen aus der Politik angewiesen sind. Es geht dabei nicht ausschließlich um dringend erforderliche organisatorische und strukturelle Unterstützung für Netzwerkbildungen und nachhaltige Kooperationsformen (auch unter Beteiligung von Wissenschaft), sondern genauso um unterstützende diskursive Akzentsetzungen. Anders gesagt: Ein arbeitspolitischer Aufbruch bedarf eines umfassenden gesellschaftlichen Diskussionsprozesses um die Frage, welche Produkte und Dienstleistungen zukünftig unter welchen Bedingungen hergestellt werden sollen. Ohne Impulse aus der Politik, die auf die Beteiligung breiter Öffentlichkeiten an einer Diskussion über die Gestaltung von Arbeit angesichts der Digitalisierung und der demografischen Schrumpfung zielen, drohen die betrieblichen Grenzverschiebungen im Kompetenzmanagement stecken zu bleiben. Notwendig wäre jedoch das Gegenteil, nämlich eine Abkehr in der Breite von zunehmend dysfunktionalen lohn-, arbeits- und personalpolitischen Strategien.

Literatur

Ahlers, E. (2016). *Arbeit und Gesundheit im betrieblichen Kontext. Befunde aus der Betriebsrätebefragung des WSI 2015*. Düsseldorf: Wirtschafts- und Sozialwissenschaftliches Institut in der Hans-Böckler-Stiftung.

Behr, M. (2017). Das Ende des ostdeutschen Arbeitsspartaners. Warum der Umbruch auf dem Arbeitsmarkt die Arbeitskultur verändern wird. *Berliner Debatte Initial, 3*, 29–42.

Behr, M., & Engel, T. (2001). Entwicklungsverläufe und Entwicklungsszenarien ostdeutscher Personalpolitik. Ursachen, Folgen und Risiken der personalpolitischen Stagnation. In P. Pawlowsky & U. Wilkens (Hrsg.), *Zehn Jahre Personalarbeit in den neuen Bundesländern. Transformation und Demographie* (S. 255–278). München: Hampp.

Bielenski, H., Magvas, E., & Parmentier, K. (1992). Arbeitsmarkt-Monitor für die neuen Bundesländer. *Mitteilungen aus der Arbeitsmarkt- und Berufsforschung, 2*, 136–157.

Blien, U., & Phan thi Hong, V. (2015). 25 Jahre nach der Wiedervereinigung. Schwierige Startbedingungen wirken nach. *IAB-Forum, 1*, 4–14.

Bundesagentur für Arbeit. (2017). *Blickpunkt Arbeitsmarkt – Fachkräfteengpassanalyse*. Nürnberg: Bundesagentur für Arbeit.

Deutscher Bundestag. (2016). *Antwort der Bundesregierung auf die Kleine Anfrage der (…) Fraktion DIE LINKE– Drucksache 18/10369 – Niedriglöhne in der Bundesrepublik Deutschland*. Berlin: Drucksache 18/10369 vom 21.11.2016. ▶ http://dip21.bundestag.de/dip21/btd/18/103/1810369.pdf. Zugegriffen: 1. Dez. 2018.

Dörre, K. (2001). Das deutsche Produktionsmodell unter dem Druck des Shareholder Value. *Kölner Zeitschrift für Soziologie und Sozialpsychologie, 4*, 675–704.

Dörre, K. (2011). Prekarität und Macht. Disziplinierung im System der Auswahlprüfungen. *WSI-Mitteilungen, 8*, 394–401.

Dörre, K. (2014). *Das deutsche Jobwunder. Vorbild für Europa?* Brüssel: Rosa-Luxemburg-Stiftung.

Dörre, K., Goes, T., Schmalz, S., & Thiel, M. (2016). *Streikrepublik Deutschland? Die Erneuerung der Gewerkschaften im Osten*. Frankfurt a. M.: Campus.

Economist. (2017). East Germany's population is shrinking (15.04.2017). ▶ https://www.economist.com/finance-and-economics/2017/04/15/east-germanys-population-is-shrinking. Zugegriffen: 1. Nov. 2018.

Erlinghagen, M. (2010). Zunehmende Angst vor Jobverlust trotz gleichbleibender Beschäftigungsstabilität. *Informationsdienst Soziale Indikatoren, 44*, 1–4.

Göttert, A., Hinz, S., Meyer, D, Schmalz, S., Singe, I., & Dörre, K. (2016). *Erste Ergebnisse der Regionalstudie „Arbeit und Leben" (RAuL)*. Jena. ▶ https://www.soziologie.uni-jena.de/Arbeitsbereiche/Arbeits__+Industrie_+und+Wirtschaftssoziologie/Herausgeberschaften/Working+Papers.html. Zugegriffen: 2. Jan. 2018.

Hagn, H. (2016). Atypische Beschäftigung in Thüringen. *Statistisches Monatsheft Thüringen, 23*, 32–38.

Heyme, R., & Martens, B. (2016). *Arbeiten in Thüringen. Ergebnisse einer Repräsentativbefragung von Beschäftigten in Thüringen 2016*. Erfurt: Thüringer Ministerium für Arbeit, Soziales, Gesundheit, Frauen und Familie.

Hinz, S., & Göttert, A. (2017). Das Ende des „Raubbaus"? Der demografische Wandel als Gelegenheitsfenster für nachhaltige Arbeit in Ostdeutschland. *Arbeits- und Industriesoziologische Studien, 2*, 37–52.

Hirschman, A. O. (1970*). Exit, voice and loyalty: responses to decline in firms, organizations and states*. Cambridge MA: Harvard University Press.

Kalina, T., & Weinkopf, C. (2017). *Niedriglohnbeschäftigung 2015 – bislang kein Rückgang im Zuge der Mindestlohneinführung*. ▶ http://www.iaq.uni-due.de/iaq-report/2017/report2017-06.pdf. Zugegriffen: 15. Febr. 2018.

Kern, H., & Schumann, M. (1984). *Das Ende der Arbeitsteilung? Rationalisierung in der industriellen Produktion: Bestandsaufnahme, Trendbestimmung*. München: Beck.

Kern, H., & Schumann, M. (1998). Kontinuität oder Pfadwechsel. Das deutsche Produktionsmodell am Scheideweg. *SOFI-Mitteilungen, 26*, 7–14.

Lutz, B. (2010). *Fachkräftemangel in Ostdeutschland, Konsequenzen für Beschäftigung und Interessenvertretung*. Frankfurt a. M.: Otto Brenner Stiftung.

Neuhauss, M.-E., & Singe, I. (2017). Vom Planerfüllungspakt zur Konfliktbereitschaft? Zur Geschichte des Arbeiterbewusstseins in Ostdeutschland. *Berliner Debatte Initial, 3*, 43–57.

Putzing, M., Frei, M., Kriwoluzky, S., Walter, G., & Prick, S. (2017). *IAB-Betriebspanel. Länderbericht Thüringen*. Erfurt: Thüringer Ministerium für Arbeit, Soziales, Gesundheit, Frauen und Familie.

Ragnitz, J. (2015). Ostdeutschland im Schatten gesamtwirtschaftlicher Entwicklung. *Berliner Debatte Initial, 26*(2), 5–17.

Reckwitz, A. (2008). Subjekt/Identität: Die Produktion und Subversion des Individuums. In S. Moebius & A. Reckwitz (Hrsg.), *Poststrukturalistische Sozialwissenschaften* (S. 75–92). Frankfurt a. M.: Suhrkamp.

Röbenack, S., & Artus, I. (2015). *Betriebsräte im Aufbruch? Vitalisierung betrieblicher Mitbestimmung in Ostdeutschland*. Frankfurt a. M.: Otto Brenner Stiftung.

Schmalz, S., Hinz, S., Hasenohr, A., & Singe, I. (2017). Totgesagte leben länger: Demografischer Wandel und Arbeitspolitik in Ostdeutschland. *Berliner Debatte Initial, 3*, 7–21.

Schmerbauch, A. (2017). *Fachkräfteentwicklung und Demografie – Perspektiven und Strategien in Ostthüringer Unternehmen*. Erfurt: IWT – Institut der Wirtschaft Thüringens GmbH.

Schmidt, W., Schönberger, K. (1999). *„Jeder hat jetzt mit sich selbst zu tun". Arbeit, Freizeit und politische Orientierungen in Ostdeutschland*. Konstanz: UVK.

Slupina, M., Damm, T., & Klingholz, R. (2016). *Im Osten auf Wanderschaft. Wie Umzüge die demografische Landkarte zwischen Rügen und Erzgebirge verändern*. Berlin: Berlin Institut für Bevölkerung und Entwicklung.

Statistisches Bundesamt (Destatis). (2017). *Verdienste auf einen Blick, 2017*. Wiesbaden: Statistisches Bundesamt.

Thompson, P. (2003). Disconnected capitalism: Or why employers can't keep their side of the bargain. *Work, Employment & Society, 2*, 359–378.

Thüringer Landesamt für Statistik. (2015). *Entwicklung der Bevölkerung Thüringens 2015 bis 2035 nach Kreisen – Bevölkerungsvorausberechnung*. Erfurt: Thüringer Landesamt für Statistik.

Windolf, P. (2001). Die wirtschaftliche Transformation. Politische und ökonomische Systemrationalitäten. In W. Schluchter & P. Quint (Hrsg.), *Der Vereinigungsschock* (S. 392–413). Weilerswist: Velbrück Wissenschaft.

Ingo Singe ist Diplom-Soziologe und war von 2008–2018 als wissenschaftlicher Mitarbeiter an der Friedrich-Schiller-Universität Jena tätig und zuvor an der Cranfield School of Management (UK). Momentan arbeitet er am Zentrum für Arbeit und Politik der Universität Bremen. Seine Forschungsschwerpunkte liegen in den Bereichen Arbeitsbeziehungen, Arbeitsansprüche, Ostdeutschland und Angestelltensoziologie.

Kompetenzmanagement 4.0 – Kompetenz und Kompetenzentwicklung in einer digitalisierten Arbeitswelt

Bernd Dworschak, Alexander Karapidis, Helmut Zaiser und Anette Weisbecker

10.1 Zum Verständnis von Kompetenz und Kompetenzmanagement – 146

10.2 Fraunhofer-Kompetenz-Kompass – strategieorientiertes Kompetenzmanagement – 147

10.3 Kompetenzanforderungen in der Industrie 4.0 – 150

10.4 Basiskonzept Kompetenzentwicklung Industrie 4.0 – Entwicklung von Soll-Kompetenzprofilen – 150

10.5 Zur Anwendung des Konzeptes – 153

Literatur – 154

© Springer-Verlag GmbH Deutschland, ein Teil von Springer Nature 2020
R. Knackstedt, K. Kutzner, M. Sitter, I. Truschkat (Hrsg.), *Grenzüberschreitungen im Kompetenzmanagement*, Kompetenzmanagement in Organisationen,
https://doi.org/10.1007/978-3-662-59543-5_10

Zusammenfassung

Insbesondere in Zeiten der Transformation hin zu einer vermehrten Digitalisierung und Industrie 4.0 ist es notwendig, Früherkennung von Kompetenzanforderungen zu betreiben. Dabei sind jene Anwendungsfelder, Tätigkeitsbereiche oder Berufe in den Blick zu nehmen, die vornehmlich von Digitalisierung betroffen sein werden und in denen sich die Arbeit dadurch verändert. Spezielle Einzelanalysen von Arbeitsplätzen, Tätigkeiten oder Berufen müssen durchgeführt werden, um tatsächliche Auswirkungen auf die jeweils notwendigen Kompetenzprofile von unterschiedlichen Beschäftigtengruppen einschätzen zu können. Technik und Arbeit sind gestaltbar, und wenn der Mensch tatsächlich im Mittelpunkt stehen soll, dann muss sich dies auch in der Form des Kompetenzmanagements widerspiegeln. Unter einem Kompetenzmanagement 4.0 wird hier nicht ein digitalisiertes Kompetenzmanagement verstanden, sondern vielmehr ein Kompetenzmanagement, das den Anforderungen der Digitalisierung und Industrie 4.0 Rechnung trägt.

Zur Einordnung bietet sich der Fraunhofer-Kompetenz-Kompass an, der sämtliche Prozessschritte des Kompetenzmanagements abdeckt. Die Vorgehensweise, die in Anlehnung an die DIN PAS 1093 (Stracke 2009) entwickelt wurde, umfasst sechs Schritte des Kompetenzmanagements: Strategieanbindung, Kompetenzstrategie, Kompetenzmodell, Kompetenzmessung, Kompetenzaufbau sowie Kompetenzevaluation. In unserem Fall bilden die Entwicklungen durch die zunehmende Digitalisierung und der Übergang zur Industrie 4.0 den Ausgangspunkt für den ersten Prozessschritt der Strategieanbindung. Vor diesem Hintergrund werden zu erwartende Kompetenzanforderungen und mögliche Kompetenzentwicklungsmaßnahmen abgeleitet. Strategieorientiertes Kompetenzmanagement macht es erforderlich, in Fragen der Kompetenzanforderungen und möglicher Kompetenzentwicklungsmaßnahmen über Detailkenntnisse zu verfügen. Dies bedeutet aber auch, über fachliche, methodische, soziale und personale Kompetenzen, die durch Digitalisierung und Industrie 4.0 erforderlich werden, in der Tiefe informiert zu sein bzw. diese zu erarbeiten und für die jeweilige Zielgruppe zu bestimmen.

Dieses Kapitel skizziert schließlich jene Kompetenzanforderungen produktionsnaher Industrie-4.0-Arbeit und beschreibt ein für kleine und mittelständische Unternehmen (KMU) geeignetes Weiterbildungskonzept, das sowohl von betrieblichen als auch außerbetrieblichen Weiterbildnern zur Erarbeitung von Weiterbildungsinhalten genutzt werden kann. „Grenzüberschreitungen" im Kompetenzmanagement finden hierbei in zweifacher Hinsicht statt: Zum einen versuchen wir mit dem Ansatz des strategieorientierten Kompetenzmanagements die Grenze zwischen strategischem und operativem Kompetenzmanagement, die in vielen Unternehmen oftmals völlig getrennt voneinander existieren, zu überwinden. Zum anderen soll die Grenze zwischen einem fachlichen und einem überfachlichen Kompetenzmanagement überschritten werden, indem ein übergreifendes Konzept angeboten und umgesetzt wird.

10.1 Zum Verständnis von Kompetenz und Kompetenzmanagement

Der Kompetenzbegriff ist Gegenstand zahlreicher Fachdisziplinen wie u. a. der Psychologie, Berufspädagogik und Betriebswirtschaft. Dadurch haben sich im Laufe der Zeit unterschiedliche Perspektiven herausgebildet, und die Bandbreite an Definitionen ist überaus groß (Arnold und Schüssler 2001; Zaugg 2006). Während die Psychologie Kompetenz unter dem Blickwinkel kognitiver Fähigkeiten (z. B. Chomsky 1965) und motivationaler Gesichtspunkte (z. B. White 1959) betrachtet (für einen Gesamtüberblick siehe z. B. Klieme und Hartig 2007), befasst sich die Berufspädagogik mit der Gesamtheit aller Leistungsdispositionen, die einen Menschen dazu befähigen, die an ihn gestellten beruflichen Anforderungen zu erfüllen (Bernien 1997; Bunk 1994; Grote 2006). Insgesamt lässt sich feststellen, dass nahezu alle Fachbereiche, die sich mit dem Thema „Kompetenzen" auseinandersetzen, den Kompetenzbegriff auf individueller Ebene formulieren, im Sinne der Handlungsfähigkeit einer Person. Demgemäß verstehen sie das Individuum als tatsächlichen oder potenziellen Träger von Kompetenzen und stellen damit die Mitarbeitenden in den Mittelpunkt der Konzeptentwicklung.

Die Betriebswirtschaft hingegen befasst sich außerdem mit sog. „organisationalen Kompetenzen" auf der Ebene des strategischen Managements und begreift die Performance des Unternehmens als zentrale Wirkungsrichtung von Kompetenzmanagement (Arnold und Schüssler 2001). So fokussiert diese Perspektive nicht nur den Erhalt des gegenwärtig benötigten Kompetenzbestands, sondern auch dessen Aktualisierung im Hinblick auf die Bewältigung zukünftiger Anforderungen (Hamel und Prahalad 1995).

Aufgrund der großen Anzahl verschiedener Perspektiven und Definitionen ist es folglich unabdingbar, im Zuge der Erarbeitung eines Kompetenzmanagementkonzeptes stets das zugrunde liegende Kompetenzverständnis vorab festzulegen und zu erläutern. Im Rahmen unseres Konzeptes wird der Kompetenzbegriff aus der arbeitswissenschaftlichen Perspektive heraus betrachtet, um die Anwendbarkeit für die Unternehmenspraxis sicherzustellen. Insofern bedeutet Kompetenz hier und pragmatisch gedacht, dass eine Person bzw. Organisation bestimmte (Arbeits-)Aufgaben in einer definierten Situation bewältigen kann. Zudem wird empfohlen, den Kompetenzbegriff in fachliche sowie überfachliche, also methodische, persönliche und soziale Kompetenzen aufzugliedern (z. B. Becker 2008; Bernien 1997; Erpenbeck und von Rosenstiel 2007; Grote 2006).

Das auf diesem Begriffsverständnis beruhende Kompetenzmanagement befähigt Unternehmen dazu, den Kompetenzbestand im Unternehmen strategie- und zielorientiert zu steuern. So zielt Kompetenzmanagement also darauf ab, individuelle sowie organisationale Kompetenzen im Unternehmen erfassbar zu machen, um sie nutzbringend (z. B. im Hinblick auf die Wettbewerbsfähigkeit) einzusetzen und sowohl systematisch als auch gezielt entwickeln zu können (North et al. 2013; Sauter und Staudt 2016; Zaugg 2006).

10.2 Fraunhofer-Kompetenz-Kompass – strategieorientiertes Kompetenzmanagement

Der Megatrend „Digitalisierung" durchdringt zunehmend unsere Lebenswelt und spiegelt sich nahezu branchenunabhängig im Wandel der Arbeit wider (Andelfinger 2017; Samulat 2017). Für Unternehmen bedeutet dies nicht nur eine stetige Veränderung der Arbeitsaufgaben, Tätigkeiten und Prozesse, sondern auch, dass sich das Wettbewerbsumfeld jederzeit überraschend und massiv ändern kann und ad hoc neuartige, bisher unbekannte Anforderungen zu bewältigen sind (Deutsche Gesellschaft für Personalführung e. V. 2016). Kompetenzmanagement kann Unternehmen dabei unterstützen,

Abb. 10.1 Fraunhofer-Kompetenz-Kompass

mit diesen Veränderungen und Anforderungen umzugehen. Es handelt sich hierbei jedoch nicht um ein originäres Betätigungsfeld von Personalabteilungen, sondern adressiert darüber hinaus auch Organisationsentwicklungen, Unternehmensstrategien etc. Wenn die Personalabteilung also zum versierten Businesspartner auch in strategischen Fragen avancieren will, müssen Personalerinnen und Personaler zu Kompetenzmanagerinnen und Kompetenzmanagern werden. Dies bedeutet, alle Prozessschritte des Kompetenzmanagements zu beherrschen und über Detailkenntnisse hinsichtlich zukünftiger Kompetenzanforderungen und möglicher Kompetenzentwicklungsmaßnahmen durch Digitalisierung und Industrie 4.0 zu verfügen (Bauer et al. 2017).

Kompetenzmanagement 4.0 bezieht sich hierbei nicht auf die Digitalisierung von Human-Resources-Management und Kompetenzmanagement selbst, sondern vielmehr darauf, das Konzept so zu implementieren, dass es die Digitalisierungsaktivitäten im Unternehmen flankiert. Diesbezüglich ist der Fraunhofer-Kompetenz-Kompass ein geeignetes Instrument zur adäquaten Umsetzung, das in Anlehnung an die DIN PAS 1093 (Stracke 2009) entwickelt wurde und sämtliche Prozessschritte eines ganzheitlichen Kompetenzmanagements 4.0 umfasst (◘ Abb. 10.1).

Konkret können die einzelnen Phasen folgendermaßen beschrieben werden (Bauer et al. 2017):

- **Strategieanbindung:** Analyse der strategischen Ziele und/oder des Geschäftsmodells im Hinblick auf kompetenzrelevante Handlungsfelder für die Konzipierung der Kompetenzmanagement-Aktivitäten (z. B. Jochmann 2007; Lichtsteiner 2006; zur Unterscheidung von Strategie und Geschäftsmodell siehe Schmidt 2015)
- **Kompetenzstrategie:** Planung der Kompetenzmanagementaktivitäten in Unterstützung der strategischen Zielerreichung und/oder des Geschäftsmodells sowie Einbettung in den organisatorischen und kulturellen Unternehmenskontext (z. B. North et al. 2013; Weissenberger-Eibl und Kölbl 2006)
- **Kompetenzmodell:** Auswahl, Modifizierung und Ausarbeitung des Kompetenzmodells unter Berücksichtigung des spezifischen Unternehmenskontextes sowie Anpassung an aktuelle und zukünftige Anforderungen (z. B. Jochmann 2007; Sauter und Staudt 2016)
- **Kompetenzmessung:** Messung und Beurteilung des im Unternehmen vorhandenen Kompetenzbestands zur Identifikation des Entwicklungsbedarfs (z. B. Becker 2008; Erpenbeck und von Rosenstiel 2007; North et al. 2013)
- **Kompetenzaufbau:** Auswahl und Durchführung geeigneter Maßnahmen für Kompetenzaufbau und -weiterentwicklung (z. B. Frieling et al. 2009; Heyse 2010; Ledergerber und Meyer-Ferreira 2010)
- **Kompetenzevaluation:** Bilanzierung und Optimierung aller vorangegangenen Kompetenzmanagementaktivitäten (z. B. North et al. 2013; Evaluation der Kompetenzentwicklungsmaßnahmen z. B. nach Kirkpatrick und Kirkpatrick 2006)

Im Rahmen des vorliegenden Kapitels bilden die Entwicklungen durch die zunehmende Digitalisierung und der Übergang zur Industrie 4.0 den Ausgangspunkt für den ersten Prozessschritt der Strategie- bzw. Geschäftsmodellanbindung und die Erarbeitung der Kompetenzstrategie im zweiten Schritt des Fraunhofer-Kompetenz-Kompasses. Im Sinne eines strategieorientierten Kompetenzmanagements versuchen wir, die Grenzen zwischen strategischem und operativen Kompetenzmanagement zu überwinden, indem beispielsweise notwendige Kompetenzen zur Bewältigung von Strategieaufgaben bis auf die operative Teamebene hinunter identifiziert werden. Dieser Versuch ist dem Umstand geschuldet, dass in vielen Unternehmen strategisches und operatives Kompetenzmanagement oftmals völlig getrennt voneinander existieren. Zum einen gibt es in den meisten Fällen ein strategisches Kompetenzmanagement, das – meist stark betriebswirtschaftlich geprägt – die Entwicklungspfade des Unternehmens oder der Organisation umfasst und die strategischen Kompetenzen spezifiziert, die notwendig erscheinen, um auch in Zukunft erfolgreich am Markt agieren zu können und für neue Heraus- und Anforderungen gewappnet zu sein. Diese Art des Kompetenzmanagements verharrt häufig auf der Ebene von Abteilungen oder bezieht sich durchaus auf das Gesamtunternehmen, weist aber keinerlei oder sehr wenig Bezugspunkte zur operativen Ebene von Gruppen, Teams oder anderen operativen Organisationseinheiten auf. Zum anderen gibt es häufig ein operatives Kompetenzmanagement, das auf eben jener operativen Ebene von Gruppen oder Teams bis hin zu einzelnen Beschäftigten versucht, notwendige Kompetenzen zu organisieren und zu entwickeln, die zur Erfüllung der jeweils aktuellen Arbeitsaufgaben notwendig zu sein scheinen.

Eine dezidierte Verbindung zwischen einem so beschriebenen strategischen und operativen Kompetenzmanagement ist in den meisten Fällen nicht gegeben. Wir versuchen nun also, auf der operativen Ebene gemeinsam mit Teams Strategieableitungen vorzunehmen und zu identifizieren, wie sich deren Prozesse und Aufgaben verändern und welche Kompetenzen hierfür notwendig zu sein scheinen. Genau hiermit wird unseres Erachtens die Grenze zwischen strategischem und operativem Kompetenzmanagement überwunden, da eine unmittelbare Verbindung von Strategie und operativer Ebene geschaffen wird. Der Fraunhofer-Kompetenz-Kompass ist hierfür ein vornehmliches Vehikel; die eigentliche „Grenzüberschreitung" erfolgt durch die beschriebene Vorgehensweise.

Der Fraunhofer-Kompetenz-Kompass folgt außerdem einer modularen Logik. Dadurch kann eine weitere Flexibilisierung von Kompetenzmanagement erreicht werden, indem je nach Unternehmenskontext einzelne Prozessschritte besonders betont werden oder keine Berücksichtigung finden. Insgesamt kann das hier dargestellte Kompetenzmanagementkonzept somit aufgrund seiner flexiblen Gestaltungsoptionen Change-Prozesse und Digitalisierungsaktivitäten effektiv und vor allem aktiv unterstützen. Im Zuge der Durchführung spiegelt Kompetenzmanagement zudem den aktuellen Status der Digitalisierung im Unternehmen wider und kann folglich auch als Früherkennungssystem für Kompetenzanforderungen und etwaige Schwachstellen fungieren.

Im folgenden Abschnitt sollen nun übergreifende Kompetenzanforderungen umrissen werden, die im Zuge der Digitalisierung, hier am Beispiel der Industrie 4.0 dargestellt, relevant werden und somit die Ausgangsbasis für sämtliche Aktivitäten des Kompetenzmanagements darstellen.

10.3 Kompetenzanforderungen in der Industrie 4.0

Grundsätzlich ist bei Industrie 4.0 statt von einer „Revolution" eher von einer jahrelangen Evolution von Produktionssystemen auszugehen (Dworschak et al. 2012; VDI Technologiezentrum GmbH 2014; ZEW 2015). Dennoch gibt es heute absehbare technische Kompetenzanforderungen. Diese beziehen sich auf übergreifende Kompetenzen in den Bereichen Mechanik und Elektronik, Mikrosystemtechnik und Automatisierung sowie deren Integration, insbesondere im Zuge einer Konvergenz mit (Produktions-)IT.

So verlangt eine echtzeitnahe Synchronisierung der physischen Prozesse mit deren digitalen Daten und Modellen – als Voraussetzung der mit Industrie 4.0 anvisierten Flexibilität und Produktivität – eine physisch-digitale Prozessbeherrschung. Es ist notwendig, zu verstehen, wie die physischen Prozesse, also die Maschinen und Anlagen, mit den digitalen Prozessen, also den Abläufen in der Software, miteinander interagieren und verbunden sind. Nur so kann z. B. bei Störungen überhaupt noch in das System eingegriffen bzw. dieses gesteuert, kontrolliert und gewartet werden.

Unter anderem ist für die Prozessbeherrschung mitentscheidend, ob die mit der Industrie 4.0 verbundene Flut digitaler Daten so aufbereitet werden kann, dass sie als richtig ausgewählte, d. h. relevante Informationen möglichst echtzeitnah am richtigen Ort zur Verfügung stehen. Die Fähigkeit, relevante Daten auszuwählen, zu Informationen aufzubereiten und am Ende richtig zu interpretieren, stellt eine der wesentlichsten Industrie-4.0-Anforderungen dar.

Moderne Produktionsarbeit erfolgt in situativ veränderlichen Netzwerken aus spezialisierten Rollen, wie sie etwa Prozessingenieurinnen und -ingenieure, Produktionsplanerinnen und -planer, Instandhalterinnen und -halter, Maschinenbedienerinnen und -bediener oder Produktions-IT-Spezialistinnen und -Spezialisten einnehmen. Dies erfordert Kompetenzen zur Kommunikation, Kooperation und Organisation in interdisziplinären, wechselnden Teams. Charakteristisch für die Industrie 4.0 ist nun, dass die Funktionen – wenn nicht spezialisierte Rollen – nicht alleine von Menschen, sondern ebenso von technischen Rollen- und Funktionsträgern – typischerweise über unterschiedliche Ebenen vernetzte cyber-physische Systeme (CPS) – übernommen werden können. So können beispielsweise im Rahmen der **Predictive Maintenance** (vorausschauende Instandhaltung) Funktionen, z. B. die Bestellung von Ersatzteilen, die vormals den Instandhalterinnen und -haltern vorbehalten war, direkt vom System ausgeübt werden oder es können sich produzierte Waren quasi autonom einlagern und somit direkt eine Logistikfunktion übernehmen.

10.4 Basiskonzept Kompetenzentwicklung Industrie 4.0 – Entwicklung von Soll-Kompetenzprofilen

Angesichts dieser Anforderungen wurde ein Konzept entwickelt, das sowohl von betrieblichen als auch außerbetrieblichen Weiterbildnern zur Erarbeitung von Soll-Kompetenzprofilen und damit zur Identifizierung von Weiterbildungsinhalten genutzt werden kann. Es entstand im Rahmen des vom Ministerium für Wirtschaft, Arbeit und Wohnungsbau Baden-Württemberg geförderten Projektes „Kompetenzen der Zukunft in der Industrie 4.0 (FutureKomp4.0)" und wird hier in Auszügen beispielhaft vorgestellt.

Viele Kompetenzmanagementkonzepte sind entweder rein fachlich oder – weitaus häufiger – rein überfachlich ausgerichtet. Dies bedeutet, sie fokussieren entweder ausschließlich Fachkompetenzen oder ausschließlich überfachliche Kompetenzen wie methodische, soziale oder personale Kompetenzen. Mit unserem Konzept möchten wir die Grenze zwischen fachlichem und überfachlichem Kompetenzmanagement überschreiten, indem ein übergreifendes Konzept angeboten und umgesetzt wird. Übergreifend bedeutet hier, dass sowohl fachliche wie auch überfachliche Kompetenzen einbezogen werden. Das Konzept soll hierfür lediglich als Beispiel dienen. Diese „Grenzüberschreitung" kann auch in jedem anderen Konzept, das sowohl fachliche wie auch überfachliche Kompetenzen einschließt, vollzogen werden.

Der ausgewählte kompetenzfeldorientierte Ansatz verfolgt die Frage, welche zukunftsfähigen Kompetenzen für welche Zielgruppe oder einzelnen Mitarbeitenden im Anwendungsszenario- und Rollenkontext benötigt werden. Dies geschieht mithilfe eines Rahmenschemas von Industrie-4.0-Kompetenzfeldern nach Kompetenzklassen und -niveaus, wobei die Kompetenzfelder u. a. auf Grundlage ausgewählter Sekundärquellen identifiziert wurden (bayme/vbm 2016; Gebhardt et al. 2015; Kunz 2015; Müller 2015; Pfeiffer 2015; Zeller et al. 2012). Die Kompetenzfelder sind als entweder fachlich, methodisch, sozial oder personal nach den einschlägigen Kompetenzklassen geordnet. Bei jedem Feld werden mit Expertinnen- und Experten- (E), Fortgeschrittenen- (F) und Basisniveau (B) drei Kompetenzniveaus unterschieden und mit der Soll-Anforderungsausprägung versehen, die die Zielgruppen oder einzelne Mitarbeitende durch Kompetenzentwicklung erreichen sollen.

Dies wird nachfolgend an den Beispielen der Netzwerktechnik und softwaregestützten Steuerungstechnik als zwei der derzeit zehn im Rahmenschema enthaltenen fachlichen Kompetenzfelder illustriert (◘ Tab. 10.1).

Die beabsichtigte, möglichst starke Industrie-4.0-Spezifik des Weiterbildungskonzeptes zeigt sich exemplarisch daran, dass die softwarespezifische Steuerungstechnik und nicht die Steuerungstechnik insgesamt im Rahmenschema enthalten ist. Weil neue Felder aufgenommen und eventuell obsolet werdende herausgenommen werden können, ist das Konzept anpassungsfähig und offen für die weitere Industrie-4.0-Entwicklung.

Neben dem disziplinübergreifenden technischen Anforderungsbereich wurden die aufgrund der echtzeitnahen Synchronisierung der physischen und digitalen Prozesse sowie der Produktionsarbeit in Mensch-Technik-Rollennetzwerken entstehenden Anforderungen im obigen ▶ Abschn. 10.3 skizziert. Auch die mit diesen Anforderungsbereichen verbundenen Kompetenzfelder sind im Rahmenschema nach obigem Muster mit ihren Niveaus genauer differenziert. Die Kompetenzfelder der Arbeit in Rollennetzwerken sind der Klasse der sozialen, jene der Prozesssynchronisierung der Klasse der methodischen Kompetenzen zugeordnet. Zu den methodischen Kompetenzen gehört auch das Feld „Medien und Informationen" (◘ Tab. 10.2).

Dies bedeutet beispielsweise, dass für die Industrie 4.0 in Bezug auf Medien und Informationen schon auf Basisniveau nicht alleine allgemeine, sondern spezielle Kompetenzen für einen im konkreten Produktionsumfeld effizienten Umgang mit mobilen Web-Kommunikationsmitteln und sozialen Netzwerken notwendig sind. Die im Rahmenschema enthaltenen personalen Kompetenzfelder sind ähnlich spezifiziert. So bestehen hinsichtlich des Denkens und Handelns im Industrie-4.0-Kontext erhöhte Anforderungen bezüglich des systemischen Denkens und des strukturierten Handelns.

Tab. 10.1 Fachliche Kompetenzen der Netzwerktechnik und Softwaregestützten Steuerungstechnik

Kompetenzfeld	Kompetenzniveau	Kompetenz	✓
Netzwerktechnik Infrastruktur- und Verbindungstechnik Netzwerkprotokolle/ IP-Adressierung	E	Netzwerktechnik entwickeln, Vernetzung implementieren, netzwerktechnische Probleme lösen	
	F	Netzwerktechnik beherrschen, Netzwerktechnik mit einführen, Fehler entlang der Netzwerklogik suchen, Störungen in Netzwerkteilen beheben	
	B	Funktionsweise verstehen, Netzwerkstörungen als solche erkennen, eingegrenzt weiter geben	
Softwaregestützte Steuerungstechnik	E	Steuerungstechnik konfigurieren und anbinden, Funktionsfähigkeit prüfen und sichern, Probleme lösen	
	F	Softwaregestützte Steuerungstechnik beherrschen und optimieren, Funktionsstörungen beseitigen	
	B	Steuerungstechnik grundlegend verstehen und einfache Störungen erkennen und beseitigen	

Tab. 10.2 Methodische Kompetenzen im Feld „Medien und Informationen"

Kompetenzfeld	Kompetenzniveau	Kompetenz	✓
Medien und Informationen	E	Entwicklung und Management von Informationssystemen, vertieftes Verständnis des digitalen Netzes (Web 1.0, 2.0, …) in die Weiterentwicklung von Daten- und Systemsicherheit umsetzen	
	F	Informationssysteme mit implementieren und anpassen, Web 2.0/Social Media für den Bedarf im konkreten Produktionsumfeld anpassen	
	B	Medien zur (mobilen) Web-Kommunikation im Produktionsumfeld effizient nutzen, Informationen schnell und systematisch beschaffen und auswählen, digitales Netz (Web 1.0, 2.0, …) in Grundzügen verstehen	

In seiner Breite und Tiefe impliziert das Rahmenschema – über alle Belegschaftsebenen hinweg – vielfältige und relativ hohe Kompetenzanforderungen. Dies korrespondiert durchaus damit, dass das Weiterbildungskonzept besonders für KMU geeignet sein soll. Gerade in KMU kann der Übergang zur Industrie 4.0 in der Regel nur schrittweise mit hohen wandelbezogenen Anforderungen an die Gesamtbelegschaft erfolgen.

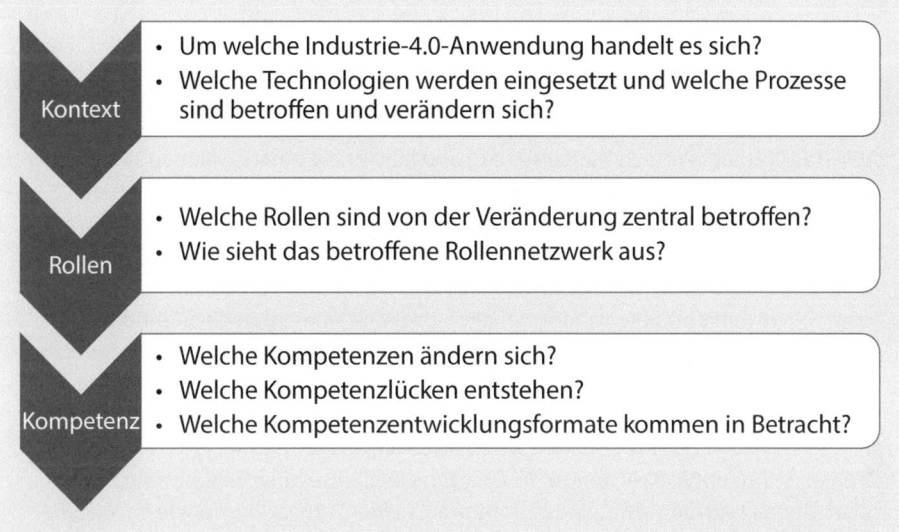

◘ Abb. 10.2 Vorgehensweise zur Spezifikation der Zielgruppe von Kompetenzentwicklung in der Industrie 4.0

10.5 Zur Anwendung des Konzeptes

Sowohl betriebliche als auch außerbetriebliche Weiterbildner können das Konzept entlang einer Vorgehensweise zur Spezifikation und Eingrenzung der Zielgruppe für die Erarbeitung der Inhalte von Industrie-4.0-Weiterbildungsaktivitäten und -angeboten bzw. Kompetenzentwicklung nutzen (◘ Abb. 10.2). Mit dem Konzept können Soll-Kompetenzprofile für die jeweils ausgewählte Beschäftigtengruppe erstellt werden, die dann wiederum mit bestehenden Ist-Kompetenzprofilen abgeglichen werden können.

Hinsichtlich des Kontextes der jeweiligen Kompetenzerfassung ist zunächst zu klären, welche Arbeitsprozesse von einer neuen oder veränderten Industrie-4.0-Anwendung oder -Technologie betroffen sind und wie sich die Veränderungen auswirken. Dann kann analysiert werden, welche Rollen bzw. Beschäftigtengruppen von der Veränderung betroffen sind und wie sich ggf. deren Rollennetzwerke verändern.

Auf Grundlage der Informationen über den Kontext und die Rollen(-netzwerke) wird eine Rollen-/Beschäftigtengruppe (etwa Prozessingenieurinnen und -ingenieure oder Instandhalterinnen und -halter) ausgewählt, auf die das Konzept angewandt werden soll. Mit dem Wissen um den Kontext und die Arbeitsanforderungen werden nun im Sinne eines Soll-Kompetenzprofils die zukünftig benötigten Kompetenzen für die Rollen-/Beschäftigtengruppe bestimmt und in der rechten Spalte des (in ◘ Tab. 10.1 und 10.2 auszugsweise abgebildeten) Rahmenschemas nach dem notwendigen Kompetenzniveau markiert. Nach Durchlaufen des Schemas entsteht ein Soll-Kompetenzprofil für die ausgewählte Rollen-/Beschäftigtengruppe.

Im Nachgang kann das Soll-Kompetenzprofil als Reflexionsfolie dienen, um zu bestimmen, welche Kompetenzlücken durch die mit Industrie 4.0 verbundenen Änderungen entstehen und im Rahmen welcher Aktivitäten oder Angebote welche Formate zur Schließung der Kompetenzlücken und Erschließung von Potenzialen in Betracht kommen.

> **Fazit**
> Die Frage, welche Formate geeignet sein könnten, Kompetenzentwicklung zu betreiben und etwaige Kompetenzlücken zu schließen, ist die letzte Frage und zugleich Antwort auf eine ganze Reihe von Herausforderungen, die im Zuge der Transformation durch Digitalisierung und Industrie 4.0 zu bewältigen sind. Zuvor stellt sich die Frage nach der strategischen Anbindung von Aktivitäten des Kompetenzmanagements. Hier sind unternehmensspezifische Kompetenzanalysen notwendig, die bis auf die Teamebene hinab aufgabenorientiert vorhandene und erforderliche Kompetenzen spezifizieren und so die Grenzen zwischen strategischem und operativem Kompetenzmanagement – im Sinne eines strategieorientierten Kompetenzmanagements – verschwimmen lassen. Dies haben wir versucht, im ersten Teil dieses Kapitels darzustellen. Des Weiteren ist es notwendig, zu Entscheidungen über die Relevanz von fachlichen und überfachlichen Kompetenzen im jeweiligen Kontext zu gelangen. Idealerweise sind beide Kompetenzbereiche in Betracht zu ziehen und zu entwickeln, um so die Grenzen einer einseitigen Betrachtung zu überwinden und die vollständigen Potenziale beider Entwicklungspfade zu nutzen. Dies wurde mithilfe des beschriebenen Konzeptes zur Kompetenzentwicklung in der Industrie 4.0 illustriert.

10 Literatur

Andelfinger, V. P. (2017). Einführung. In V. P. Andelfinger & T. Hänisch (Hrsg.), *Industrie 4.0: Wie cyber-physische Systeme die Arbeitswelt verändern* (S. 1–8). Wiesbaden: Springer Gabler.

Arnold, R., & Schüssler, I. (2001). Entwicklung des Kompetenzbegriffs und seine Bedeutung für die Berufsbildung und für die Berufsbildungsforschung. In G. Franke (Hrsg.), *Komplexität und Kompetenz: Ausgewählte Fragen der Kompetenzforschung* (S. 52–74). Bielefeld: Bertelsmann.

Bauer, W., Dworschak, B., & Zaiser H. (2017). Kompetenzmanagement und Kompetenzentwicklung 4.0. In K. Schwuchow (Hrsg.), *HR-Trends 2018: Strategie, Kultur, Innovation, Konzepte* (S. 333–342). Freiburg/Brsg.: Haufe-Lexware.

bayme/vbm (Bayerischer Unternehmensverband Metall und Elektro/Verband der Bayerischen Metall- und Elektro-Industrie). (Hrsg.). (2016*). Industrie 4.0 – Auswirkungen auf Aus- und Weiterbildung in der M+E Industrie*. Studie, erstellt von der Universität Bremen (Leitung: Georg Spöttl). ▶ https://www.baymevbm.de/Redaktion/Frei-zugaengliche-Medien/Abteilungen-GS/Bildung/2016/Downloads/baymevbm_Studie_Industrie-4-0.pdf. Zugegriffen: 10. Juli 2018.

Becker, M. (2008). *Messung und Bewertung von Humanressourcen: Konzepte und Instrumente für die betriebliche Praxis*. Stuttgart: Schäffer-Poeschel.

Bernien, M. (1997). Anforderungen an eine qualitative und quantitative Darstellung der beruflichen Kompetenzentwicklung. Kompetenzentwicklung '97. *Berufliche Weiterbildung in der Transformation – Fakten und Visionen*, 17–83.

Bunk, G. P. (1994). Kompetenzvermittlung in der beruflichen Aus- und Weiterbildung in Deutschland. *Europäische Zeitschrift für Berufsbildung, 1*, 9–15.

Chomsky, N. (1965). *Aspects of the theory of syntax*. Cambridge (Ma.): MIT Press.

Deutsche Gesellschaft für Personalführung e. V. (Hrsg.). (2016*). Leitfaden: Kompetenzen im digitalisierten Unternehmen*. DGFP-PRAXISPAPIERE, Leitfaden 02/2016.

Dworschak, B., Zaiser, H., Brand, L., & Windelband, L. (2012). Qualifikationsentwicklungen durch das Internet der Dinge und dessen Umsetzung in die Praxis. In L. Abicht & G. Spöttl (Hrsg.), *Qualifikationsentwicklungen durch das Internet der Dinge: Bd. 15. FreQueNz-Buchreihe.* (S. 7–24). Bielefeld: Bertelsmann.

Erpenbeck, J., & von Rosenstiel, L. (Hrsg.). (2007). *Handbuch Kompetenzmessung: Er-kennen, verstehen und bewerten von Kompetenzen in der betrieblichen, pädagogischen und psychologischen Praxis*. Stuttgart: Schäffer-Poeschl.

Frieling, E., Grote, S., & Kauffeld, S. (Hrsg.). (2009). *Handbuch Kompetenzentwicklung*. Stuttgart: Schäffer-Poeschel.

Gebhardt, J., Grimm, A., & Neugebauer, L. M. (2015). Entwicklungen 4.0 – Ausblicke auf zukünftige Anforderungen an und Auswirkungen auf Arbeit und Ausbildung. *Journal of Technical Education (JOTED), 3*(2), 45–61. ▶ http://www.journal-of-technical-education.de/index.php/joted/article/view/58. Zugegriffen: 10. Juli 2018.

Grote, S. (2006). Kompetenzen und deren Management: ein Überblick. In S. Grote, S. Kauffeld, K. Denison, & E. Frieling (Hrsg.), *Kompetenzmanagement – Grundlagen und Praxisbeispiele* (S. 15–32). Stuttgart: Schäffer-Poeschl.

Hamel, G., & Prahalad, C. K. (1995). *Wettlauf um die Zukunft: Wie Sie mit bahnbrechenden Strategien die Kontrolle über Ihre Branche gewinnen und die Märkte von morgen schaffen*. Wien: Ueberreuter.

Heyse, V. (2010). Verfahren zur Kompetenzermittlung und Kompetenzentwicklung. KODE® im Praxistest. In V. Heyse, J. Erpenbeck, & S. Ortmann (Hrsg.), *Grundstrukturen menschlicher Kompetenzen: Praxiserprobte Konzepte und Instrumente* (S. 55–174). Münster: Waxmann.

Jochmann, W. (2007). Von unternehmerischen Erfolgsfaktoren zu personalwirtschaftlichen Kompetenzmodellen. In W. Jochmann & S. Gechter (Hrsg.), *Strategisches Kompetenzmanagement* (S. 3–24). Berlin: Springer.

Kirkpatrick, D. L., & Kirkpatrick, J. D. (2006). *Evaluating training programs*. San Francisco: Berrett-Koehler.

Klieme, E., & Hartig, J. (2007). Kompetenzkonzepte in den Sozialwissenschaften und im erziehungswissenschaftlichen Diskurs. *Kompetenzdiagnostik, Sonderheft, 8,* 11–31.

Kunz, C. (2015). *Next generation competencies for a digital world – Erfahrungen aus dem Siemens-Projekt „Industrie 4.0@SPE"*. BWP 6/2015, 33–35.

Ledergerber, K., & Meyer-Ferreira, P. (2010). Competence Management. In P. Meyer-Ferreira (Hrsg.), *Human capital strategisch einsetzen: Modelle und Konzepte für die Unternehmenspraxis* (S. 136–168). Köln: Hermann Luchterhand.

Lichtsteiner, R. A. (2006). Kompetenzorientiertes HRM. In R. J. Zaugg (Hrsg.), *Handbuch Kompetenzmanagement: Durch Kompetenz nachhaltig Werte schaffen* (S. 281–288). Bern: Haupt.

Müller, K. (2015). *Fachkräfte für die intelligente Produktion – Aus- und Weiterbildungskonzepte für Industrie 4.0*, Papier zum Forum „Qualifikation und Qualifizierung" beim Thementag 2015 „Industrie 4.0 – Handlungsfelder und Herausforderungen" in Stuttgart-Hohenheim.

North, K., Reinhardt, K., & Sieber-Suter, B. (2013). *Kompetenzmanagement in der Praxis: Mitarbeiterkompetenzen systematisch identifizieren, nutzen und entwickeln*. Wiesbaden: Springer Gabler.

Pfeiffer, S. (2015). Auswirkungen von Industrie 4.0 auf Aus- und Weiterbildung. ITA-manu:scripts ITA-15-03. In Institut für Technikfolgen-Abschätzung (ITA) in der Österreichischen Akademie der Wissenschaften (Hrsg.). Wien. ▶ http://epub.oeaw.ac.at/ita/ita-manuscript/ita_15_03.pdf. Zugegriffen: 10. Juli 2018.

Samulat, P. (2017). *Die Digitalisierung der Welt: Wie das Industrielle Internet der Dinge aus Produkten Services macht*. Wiesbaden: Springer Gabler.

Sauter, W., & Staudt, F.-P. (2016). *Strategisches Kompetenzmanagement 2.0: Potenziale nutzen – Performance steigern*. Wiesbaden: Springer Gabler.

Schmidt, A. (2015). Überlegene Geschäftsmodelle: Wertgenese und Wertabschöpfung in turbulenten Umwelten. In K. Bellmann, C. Burmann, J. Freiling, H. G. Gemünden, W. H. Güttel, P. Hammann, H. Hinterhuber, D. von der Oelsnitz, H. Proff, C. Rasche, G. Specht, M. Stephan, E. Zahn, & S. Laudin (Hrsg.), *Strategisches Kompetenz-Management*. Wiesbaden: Springer Gabler.

Stracke, C. M. (2009). *PAS 1093: Personalentwicklung unter besonderer Berücksichtigung von Aus- und Weiterbildung – Kompetenzmodellierung in der Personalentwicklung*. Berlin: Beuth.

VDI Technologiezentrum GmbH. (Hrsg.). (2014). *Innovations- und Effizienzsprünge in der chemischen Industrie? Wirkungen und Herausforderungen von Industrie 4.0 und Co*. Düsseldorf. ▶ http://www.boeckler.de/pdf/p_fofoe_innovations_und_effizienzspruenge_chem_indust.pdf. Zugegriffen: 10. Juli 2018.

Weissenberger-Eibl, M., & Kölbl, S. (2006). Strategisches Kompetenzmanagement als Aufgabe des Human Resource Managements. In C. Burmann, J. Freiling, & M. Hülsmann (Hrsg.), *Neue Perspektiven des Strategischen Kompetenz-Managements* (S. 351–372). Wiesbaden: Springer Gabler.

White, R. W. (1959). Motivation reconsidered: The concept of competence. *Psychological Review, 66*(5), 297–333.

Zaugg, R. J. (Hrsg.). (2006). *Handbuch Kompetenzmanagement: Durch Kompetenz nachhaltig Werte schaffen.* Bern: Haupt.

Zeller, B., Achtenhagen, C., & Föst, S. (2012). Qualifikationsanforderungen durch das Internet der Dinge in der industriellen Produktion. In L. Abicht & G. Spöttl (Hrsg.), *Qualifikationsentwicklungen durch das Internet der Dinge* (S. 193–267). Bielefeld: Bertelsmann.

ZEW (Zentrum für Europäische Wirtschaftsforschung). (Hrsg.). (2015). *ZEW IKT Report. Industrie 4.0: Digitale (R)Evolution der Wirtschaft.* ▶ http://www.zew.de/fileadmin/FTP/div/IKTRep/IKT_Report_2015.pdf. Zugegriffen: 10. Juli 2018.

Bernd Dworschak ist Teamleiter am Fraunhofer Institut für Arbeitswirtschaft und Organisation (IAO) in Stuttgart. Seine Arbeitsschwerpunkte liegen in den Bereichen der Digitalisierung und Arbeit, der Früherkennung von Qualifikationsentwicklungen, dem Kompetenzmanagement und der Kompetenzentwicklung.

Alexander Karapidis ist Politikwissenschaftler und Soziologe (M. A.) und seit 1998 am Fraunhofer-Institut für Arbeitswirtschaft und Organisation (IAO) in Stuttgart tätig. In seiner Position als Senior Researcher beschäftigt er sich in national und international ausgerichteten Projekten mit sich verändernden Kompetenzen in der digitalen Transformation von Arbeitsumgebungen.

Helmut Zaiser ist wissenschaftlicher Mitarbeiter (M. A.) am Fraunhofer-Institut für Arbeitswirtschaft und Organisation (IAO) in Stuttgart. Seine Arbeitsschwerpunkte liegen in den Bereichen Entwicklungspfade und Anforderungen von Industriearbeit sowie vorausschauende Qualifikations- und Technologieanalysen.

 **Prof. Dr. Anette Weisbecker** ist stellvertretende Institutsleiterin am Fraunhofer-Institut für Arbeitswirtschaft und Organisation (IAO) in Stuttgart. Sie promovierte und habilitierte an der Universität Stuttgart zum Thema Softwaremanagement. Ihr Forschungsschwerpunkt ist die Zusammenführung von Software-Engineering und der Mensch-Technik-Interaktion, um die Entwicklung und den Einsatz von aufgabengerechten und benutzerorientierten Anwendungen und Services zu verbessern und neue Technologien für die Nutzer/-innen zu erschließen.

Zusammenführung von Forschungsergebnissen, -disziplinen und -projekten

Inhaltsverzeichnis

Kapitel 11 **Ein modellbasierter Vergleich von softwaregestützten Kompetenzmanagementsystemen – 161**
Kristin Kutzner, Andrea Lübke, Julien Hofer und Ralf Knackstedt

Kapitel 12 **Kompetenzen in der Unternehmensmodellierung – Konstruktion eines Bezugsmodells zur Förderung einer grenzüberschreitenden Entwicklung – 181**
Anna Kaufhold, Jennifer Kolomitchouk, Kristin Kutzner und Ralf Knackstedt

Ein modellbasierter Vergleich von softwaregestützten Kompetenzmanagementsystemen

Kristin Kutzner, Andrea Lübke, Julien Hofer und Ralf Knackstedt

11.1 Vorzüge eines modellbasierten Vergleichs in der wissenschaftlichen Begleitung – 162

11.2 Begriffsbestimmung der Modellbildung – 163

11.3 Methodisches Vorgehen – 164

11.4 Modellierung ausgewählter Kompetenzmanagementsysteme zur Überwindung von Grenzen – 166

11.5 Nutzen eines modellbasierten Vergleichs für die wissenschaftliche Begleitung und zukünftige Projekte – 177

Literatur – 178

© Springer-Verlag GmbH Deutschland, ein Teil von Springer Nature 2020
R. Knackstedt, K. Kutzner, M. Sitter, I. Truschkat (Hrsg.), *Grenzüberschreitungen im Kompetenzmanagement*, Kompetenzmanagement in Organisationen,
https://doi.org/10.1007/978-3-662-59543-5_11

Zusammenfassung

Forschungsvorhaben schöpfen teilweise die Synergien ähnlicher Forschung unzureichend aus, indem beispielsweise Ergebnisse anderer nur geringfügig und nicht kontinuierlich in eigene Vorhaben einbezogen werden. Disziplinübergreifende Ansätze der Begleitforschung wie der modellbasierte Vergleich erlauben es, Querbezüge in Projekten aufzuzeigen und somit Grenzen zwischen Forschungsprojekten zu überwinden. In diesem Kapitel wird ein beispielhafter modellbasierter Vergleich ausgewählter Kompetenzmanagementsysteme, die in Forschungsprojekten entwickelt wurden, präsentiert. Ausgehend von den modellierten Systeminhalten können Gemeinsamkeiten und Unterschiede sowie Potenziale für Synergien aufgezeigt werden. Sowohl die betrachteten Projekte als auch zukünftige Projekte in Forschung und Praxis profitieren von diesem Vergleich, indem bereits vorhandene Forschungsergebnisse eingesehen, Lösungsansätze gegenübergestellt sowie forschungs- und praxisrelevante Lücken aufgezeigt und geschlossen werden können.

11.1 Vorzüge eines modellbasierten Vergleichs in der wissenschaftlichen Begleitung

Die Vergangenheit zeigt, dass Forschungsvorhaben teilweise unabhängig voneinander agieren und Synergien ähnlicher Forschung nicht ausgeschöpft werden. Beispielsweise werden Ergebnisse angrenzender Projekte unterschiedlicher Disziplinen nur geringfügig und nicht kontinuierlich in eigene Vorhaben einbezogen – Grenzen zwischen Forschungsprojekten werden unzureichend überwunden. Dabei erscheint es vielversprechend, auch an Lösungsansätze anderer anzuknüpfen sowie diese in die eigene Ideenfindung einzubringen und so innovative Lösungen zu erarbeiten. Disziplinübergreifende Ansätze der Begleitforschung, z. B. Diskurs-, Netzwerk- und Trendanalysen, erlauben es, solche Querbezüge in Forschungs- und Entwicklungsprojekten aufzuzeigen (Knackstedt et al. 2019). Die Analysen ermöglichen das Bündeln von Arbeitsschwerpunkten sowie Lösungsansätzen der Projekte, sodass projektübergreifende Analysen ermöglicht und somit Grenzen aufgezeigt und überwunden werden.

Das Programm „Arbeiten – Lernen – Kompetenzen entwickeln. Innovationsfähigkeit in einer modernen Arbeitswelt" des vom BMBF geförderten Förderschwerpunktes „Betriebliches Kompetenzmanagement im demografischen Wandel" umfasst eine Vielzahl an Projekten, die das betriebliche Kompetenzmanagement aus unterschiedlichen Perspektiven untersuchen. Die vielfältigen Sichten auf das betriebliche Kompetenzmanagement im demografischen Wandel setzen über die Projektgruppen hinweg an unterschiedlichen Betrachtungsebenen an: Es werden u. a. verschiedene Branchen (z. B. Produktion, Handwerk, Dienstleistung, Landwirtschaft und Pflege), Unternehmensgrößen (z. B. kleinbetriebliche Strukturen) sowie die Entwicklung innovativer Ansätze zur Förderung ausgewählter Kompetenzen u. a. bei Beschäftigten und Organisations- und Arbeitsstrukturen (z. B. Reputations-, Gesundheits-, Arbeitsgestaltungskompetenz) untersucht. Außerdem werden Diagnoseinstrumente für die Evaluation von Maßnahmen sowie spezifische Lösungen und Technologien zur Entwicklung neuer Organisationsstrategien wie Kompetenzentwicklung und -management erarbeitet, um den demografischen Einflüssen auf das betriebliche Kompetenzmanagement zu begegnen (Kühnapfel und Lucumi 2017).

Um Querbezüge zwischen Forschungsvorhaben, beispielsweise zwischen den zuvor beschriebenen Projekten, aufzuzeigen und Grundlagen für Innovationen zu schaffen, kann eine modellhafte Abbildung von Forschungsergebnissen unterstützen. In diesem Kapitel sollen die Vorteile eines modellbasierten Vergleichs von Forschungsergebnissen als Instrument für die wissenschaftliche Begleitforschung exemplarisch aufgezeigt werden. Hierfür werden zwei im Förderschwerpunkt entwickelte Kompetenzmanagementsysteme der Projekte „Integrierte Kompetenzentwicklung im Handwerk: regional, gewerkspezifisch, betrieblich, individuell (In-K-Ha)" und „Assistenzsystem zum demografiesensiblen betriebspezifischen Kompetenzmanagement für Produktions- und Logistiksysteme der Zukunft (ABEKO)" sowie ein in der Praxis häufig eingesetztes System, das SAP®-Talentmanagement, unter Berücksichtigung etablierter Inhalte modellhaft abgebildet und gegenübergestellt.

Nachdem die Begrifflichkeiten der Modellbildung eingeführt wurden (▶ Abschn. 11.2), folgt die Beschreibung des methodischen Vorgehens zur Durchführung eines modellbasierten Vergleichs (▶ Abschn. 11.3). Anschließend wird der modellbasierte Vergleich am Beispiel ausgewählter Kompetenzmanagementsysteme aufgezeigt (▶ Abschn. 11.4). Nach Festlegung des Betrachtungsfokus (▶ Abschn. 11.4.1) sowie der Auswahl des Modelltyps und der Modellierungssprache sowie Festlegung von Modellierungskonventionen (▶ Abschn. 11.4.2), werden Ausschnitte der Modelle der Kompetenzmanagementsysteme dargestellt (▶ Abschn. 11.4.3). Anschließend werden die Modelle der Systeme gegenübergestellt, sodass Querbezüge zwischen den Vorhaben aufgezeigt und damit Grenzen überwunden werden können (▶ Abschn. 11.4.4). Abschließend wird der Nutzen eines modellbasierten Vergleichs für die wissenschaftliche Begleitung und zukünftige Projekte herausgestellt (▶ Abschn. 11.5).

11.2 Begriffsbestimmung der Modellbildung

Die natürliche Sprache bringt bei der Darstellung von Sachverhalten (hier von Forschungsergebnissen) gelegentlich Nachteile, beispielsweise eine fehlende Eindeutigkeit, schwer nachzuvollziehende Vollständigkeit oder auch Widersprüchlichkeit, mit sich. Verbale Beschreibungen für die Spezifikation von Sachverhalten eignen sich daher nur bedingt. Angelehnt an die Informationssystemmodellierung können Modelle und Modellierungsmethoden eine semiformale Beschreibungsmöglichkeit für spezifische Problemstellungen liefern (Scheer 1998). Stachowiaks (1973) allgemeinem Modellbegriff folgend, bezieht sich ein Modell immer auf ein durch das Modell abgebildetes Original (Abbildungsmerkmal) und verfügt über einen bestimmten Zweck (pragmatisches Merkmal). Das Original kann ein reales Objekt oder auch ein gedankliches Konstrukt sein. Weiterhin verkürzt ein Modell das Original (Verkürzungsmerkmal), indem unwesentliche Aspekte unberücksichtigt bleiben, dabei aber bestimmte Aspekte im Verhältnis zum Original stärker betont werden als andere. Oftmals werden einem Modell auch zusätzliche Aspekte beigefügt, die keine Entsprechung im Original haben (Stachowiak 1973). Die Modellierung ist daher ein Vorgang, bei dem Personen auf Basis ihrer Wahrnehmung eine Repräsentation des Sachverhaltes konstruieren. Dabei werden häufig künstliche und formalisierte Sprachen genutzt (Modellierungssprachen), um Modelle darzustellen.

Bei der Analyse vielfältiger Aspekte von Geschäftsprozessen wie der Untersuchung von Überschneidungen oder Strukturbrüchen (z. B. Medienbrüche) können verschiedene Modelle, jeweils abgebildet mithilfe einer Modellierungssprache, unterstützen. Dazu werden unterschiedliche Sichten und Ebenen eingeführt sowie dazugehörige Modelle aufgezeigt (Scheer 1998): Zur formalen Darstellung beispielsweise eines betriebswirtschaftlichen Problems (Fachkonzeptebene) werden vier Sichten unterschieden: Organisation, Daten, Funktionen, Prozesse:

- Die **Organisationssicht** betrachtet die Aufbauorganisation eines Unternehmens und kann mithilfe eines Organigramms abgebildet werden. Ein Organigramm strukturiert die Organisationseinheiten und setzt diese miteinander in Beziehung.
- Die **Datensicht** berücksichtigt relevante Informationen eines Unternehmens (z. B. Kunden/Kundinnen und Lieferanten/Lieferantinnen) und nutzt Datenmodelle zur Dokumentation. Zur Datenmodellierung stehen verschiedene Modellierungssprachen, beispielsweise die Entity-Relationship-Modellierung (ER-Modellierung; Chen 1976), die Unified-Modeling-Language-Modellierung (UML-Modellierung; Muller 1999) oder reine objektorientierte Modellierungsansätze, zur Auswahl.
- Die **Funktionssicht** umfasst alle betriebswirtschaftlich relevanten Tätigkeiten (Funktionen, z. B. „Rechnung schreiben", „Rechnung prüfen"), ihre inhaltlichen Beschreibungen sowie ihre hierarchischen Beziehungen untereinander. Funktionsdekompositionsdiagramme ermöglichen hier beispielsweise die modellhafte Abbildung.
- Die **Prozesssicht** stellt mithilfe von Prozessmodellen den Zusammenhang der Organisations-, Daten- und Funktionssicht her (Scheer 1998). Die Prozessmodellierung kann beispielsweise mithilfe der Modellierungssprache „erweiterte Ereignisgesteuerte Prozesskette" (eEPK) abgebildet werden (z. B. Keller et al. 1992). Um eine einheitliche Verwendung der ausgewählten Modellierungssprache zu erzielen und somit die Modellqualität zu erhöhen, sind ferner Modellierungskonventionen, d. h. Regeln für die Modellierung, einzuführen (Becker et al. 2008).

Diese Modelltypen eignen sich beispielhaft für einen modellbasierten Vergleich von Forschungsergebnissen in Form von IT-Artefakten. Je nach Untersuchungsgegenstand können IT-Artefakte unterschiedliche Ausprägungen annehmen (Gregor und Hevner 2013): Es können Konstrukte wie die Vokabeln und Symbole einer Domäne oder Modelle als Abstraktionen und Repräsentationen der Realität als zu untersuchende Artefakte verstanden werden. Auch Methoden wie Algorithmen und Praktiken sowie Instanzen in Form implementierter und prototypischer Systeme können als Artefakte betrachtet werden.

11.3 Methodisches Vorgehen

Um Querbezüge zwischen Forschungsvorhaben aufzuzeigen, kann eine modellhafte Abbildung von Forschungsergebnissen unterstützen. Hierfür unterbreiten wir einen Vorschlag zum Vorgehen (◘ Abb. 11.1):

1. **Festlegung des Betrachtungsfokus:** Zunächst sollte ein Betrachtungsfokus festgelegt werden, indem der Untersuchungsgegenstand (d. h. „Welche Forschungsergebnisse/Artefakte sollen untersucht werden?") bestimmt wird (▶ Abschn. 11.2). Hier können auch unterschiedliche Teilaspekte von Artefakten betrachtet werden, um detaillierte Analysen zu ermöglichen.
2. **Auswahl von Modelltyp, Modellierungssprache und -konventionen:** Je nach Betrachtungsfokus werden ein Modelltyp und eine Modellierungssprache ausgewählt und Modellierungskonventionen eingeführt, um eine Basis für Vergleichbarkeit zu schaffen (▶ Abschn. 11.2).

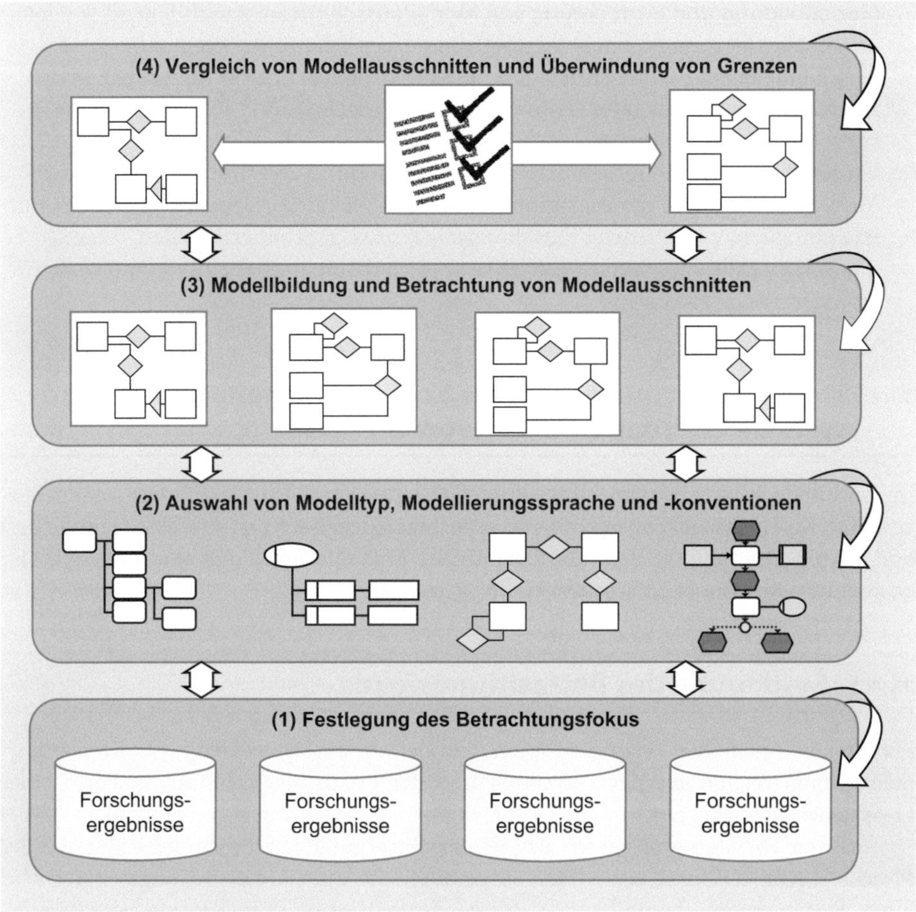

Ein modellbasierter Vergleich von softwaregestützten ...

Abb. 11.1 Phasenmodell – modellbasierter Vergleich

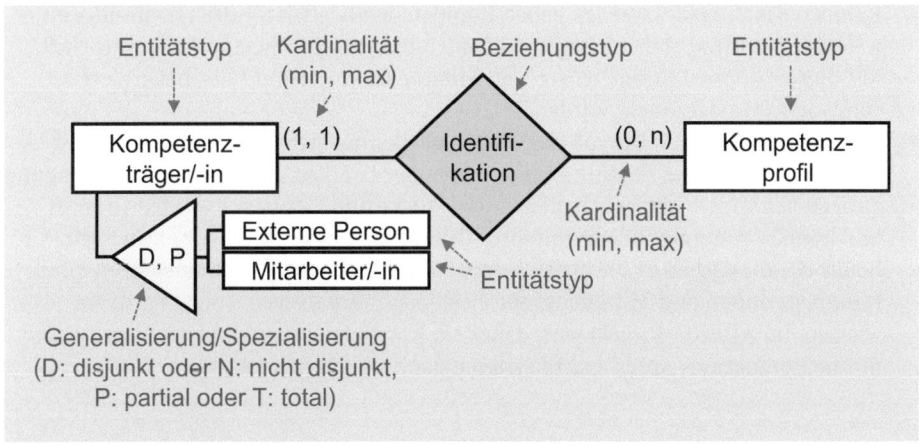

Abb. 11.2 Ausschnitt eines ERM

3. **Modellbildung und Betrachtung von Modellausschnitten:** Anschließend werden die Inhalte der ausgewählten Artefakte und deren Relationen zueinander modelliert, Modellausschnitte betrachtet und iterativ angepasst. Sind Anpassungen der Modellierungssprache oder -konventionen erforderlich, sind Rücksprünge in die vorherigen Schritte möglich.
4. **Vergleich von Modellausschnitten und Überwindung von Grenzen:** Liegen die Modelle vor, können diese ausschnittsweise miteinander verglichen werden. Somit ist es möglich, verschiedene Forschungsergebnisse gegenüberzustellen. Grenzüberschreitende Forschungsergebnisse können damit abgeleitet und Potenziale für Synergien aufgezeigt werden.

11.4 Modellierung ausgewählter Kompetenzmanagementsysteme zur Überwindung von Grenzen

Im Folgenden wird exemplarisch ein modellbasierter Vergleich beschrieben, indem ausgewählte Kompetenzmanagementsysteme aus der Forschung und der Praxis modelliert und gegenübergestellt werden. Die Struktur der Ergebnisdarstellung orientiert sich hier an dem in ▶ Abschn. 11.3 dargestellten Phasenmodell.

11.4.1 Festlegung des Betrachtungsfokus

Für den beispielhaften Vergleich legen wir den Betrachtungsfokus auf Kompetenzmanagementsysteme aus der Forschung und der Praxis als Instanzen in Form eines IT-Systems (Artefakt) fest.

Aus den Forschungsprojekten des Förderschwerpunktes wurden zwei Systeme der Projekte „ABEKO" und „In-K-Ha" ausgewählt, die zum Untersuchungszeitpunkt in ihrem Systemumfang besonders weit fortgeschritten waren. Zur Informationserhebung wurden Interviews mit den jeweiligen Projektverantwortlichen geführt und die prototypischen Systeme zugrunde gelegt:

- Das Projekt „In-K-Ha" (Nägele et al. 2015) ist auf das Handwerk ausgerichtet. Im Rahmen des Projektes werden neben Kompetenzmodellen für das Handwerk ein webbasiertes Kompetenzmanagementsystem namens Kompetenz-Navi entwickelt. Mit diesem können Kompetenzen von Mitarbeiterinnen und Mitarbeitern erfasst, verglichen und dargestellt werden.
- Das Projekt „ABEKO" (Straub et al. 2015) beschäftigt sich mit Produktions- und Logistiksystemen der Zukunft, da hier ein hoher Grad an Technologiedurchdringung zu erwarten ist. Objekte wie Behälter, Packstücke und Container werden vernetzt und können dadurch „smart" mit ihrer Umwelt interagieren. Daher entsteht ein hoher Handlungsbedarf für die Unternehmen dieser Branche, Kompetenzen ihrer Mitarbeiterinnen und Mitarbeiter für diese wissensintensiven Aufgaben zu entwickeln. Im ABEKO-Projekt wird daher ein Kompetenzmanagementsystem speziell für die Produktions- und Logistiksysteme der Zukunft entwickelt.

Ein modellbasierter Vergleich von softwaregestützten ...

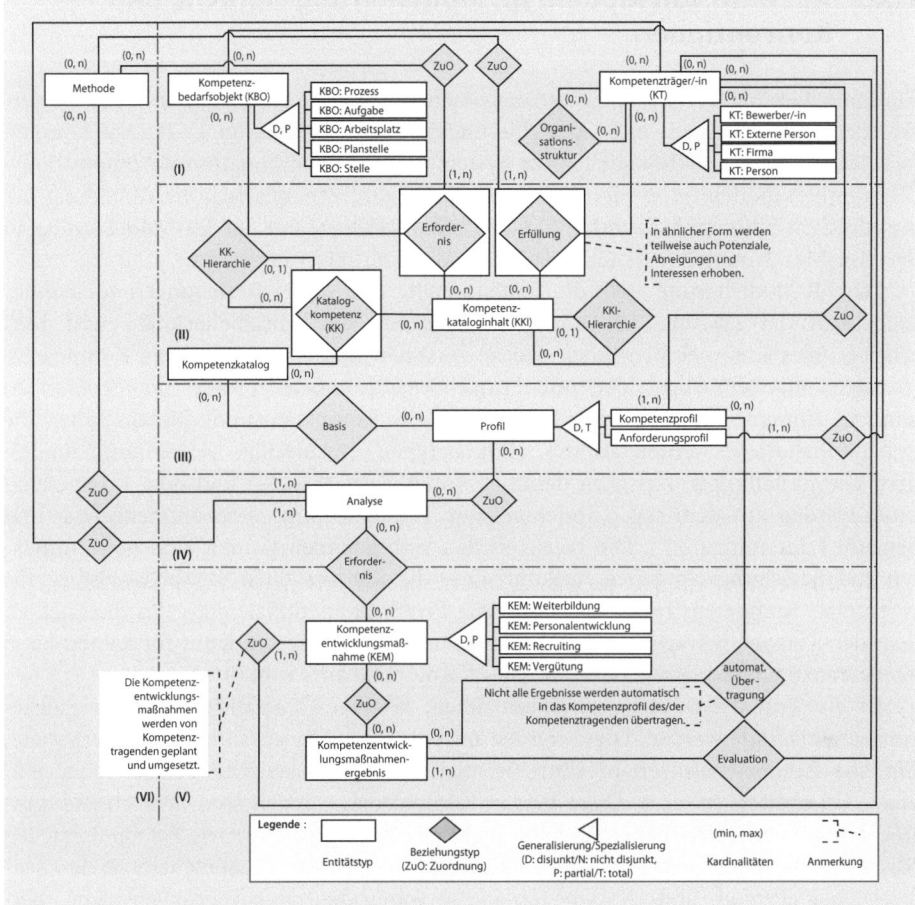

◘ **Abb. 11.3** Ausschnitt des Basismodells

Um die aktuellen Forschungsergebnisse in einen größeren Kontext zu stellen, wurde zusätzlich eine systematische Literaturrecherche (vom Brocke et al. 2009) durchgeführt. Hierfür wurde mithilfe verschiedener Suchbegriffe (z. B. Kompetenzmanagementsystem) bei Google Scholar nach einschlägiger Literatur gesucht. Dabei wurden Inhalte und Funktionalitäten von Kompetenzmanagementsystemen identifiziert und zueinander in Beziehung gesetzt. Um die Forschungsergebnisse auch mit in der Praxis erprobten Lösungen vergleichen zu können, wurden die wesentlichen Inhalte und Funktionalitäten des SAP® Talentmanagements identifiziert, das insbesondere vermehrt von Unternehmen des oberen Mittelstandes und Großunternehmen genutzt wird. Dieses System umfasst auch weitergehende Bereiche wie Recruiting, Entwicklungsplanung (Aus- und Weiterbildung) und Vergütungsgestaltung (Haßmann et al. 2009). Zur Informationserhebung wurde nicht nur auf Literatur zurückgegriffen, sondern auch eine Expertin befragt.

11.4.2 Auswahl von Modelltyp, Modellierungssprache und Konventionen

Zur Modellierung der Kompetenzmanagementsysteme eignen sich grundsätzlich verschiedene Modelltypen und Modellierungssprachen (▶ Abschn. 11.2). So könnten beispielsweise die Funktionalitäten der Systeme mithilfe von Funktionsdekompositionsdiagrammen modelliert werden. An dieser Stelle wird exemplarisch die Abbildung der wesentlichen Systeminhalte mithilfe von Datenmodellen und der ER-Modellierung in der Min-Max-Notation (z. B. Chen 1976; Becker et al. 2002) aufgezeigt.

Die ER-Modellierung stellt die Systeminhalte und deren Beziehungen zueinander modellhaft dar (◘ Abb. 11.2). Kompetenztragende wie Mitarbeiterinnen und Mitarbeiter eines Unternehmens oder externe Personen werden z. B. in einem Kompetenzmanagementsystem abgebildet, um dazugehörige Kompetenzprofile identifizieren zu können. Ein/eine Kompetenzträger/-in und ein Kompetenzprofil bilden daher die Systeminhalte und werden als sog. „Entitätstypen" (rechteckige Darstellung) modelliert. Die Beziehungen zwischen dem/der Kompetenztragenden und dem Kompetenzprofil werden mit dem sog. „Beziehungstyp" (rautenförmige...) zusammengefasst und benannt („Identifikation"). Die Werte an den verbindenden Kanten zwischen Entitätstyp und Beziehungstyp geben Auskunft über die Kardinalitäten. Beispielsweise ist für einen/eine Kompetenzträger/-in genau ein Profil zu identifizieren – Kardinalität an dem/der Kompetenzträger/-in (1, 1). Das selbe Profil wiederum kann für keinen bis n Kompetenztragende identifiziert werden – Kardinalität am Profil (0, n).

Ist ein Entitätstyp weiter zu spezifizieren, können Generalisierungen/Spezialisierungen eingeführt werden. Diese werden mithilfe eines Dreiecks im Modell dargestellt. Ein/eine Kompetenzträger/-in kann beispielsweise eine „externe Person" oder ein/eine „Mitarbeiter/-in" sein. Diese beiden Kompetenztragenden sind überschneidungsfrei, d. h. ein/eine Mitarbeiter/-in kann nicht gleichzeitig eine externe Person darstellen (disjunkt, abgekürzt mit einem D im Dreieck). Wären die Kompetenztragenden beispielsweise „Person" und „Mitarbeiter/-in", so wären die Spezialisierungen nicht überschneidungsfrei, da ein/eine Mitarbeiter/-in gleichzeitig eine Person darstellt (in dem Fall nicht disjunkt, abgekürzt mit einem N im Dreieck). Weiterhin sind die beiden Spezialisierungen nur Beispiele für Kompetenztragende und können weiter ausgeführt werden (partial, abgekürzt mit einem P im Dreieck). Beispielsweise könnte eine Firma als ein weiterer Kompetenzträger ergänzt werden. Wäre die Auflistung der Kompetenztragenden vollständig aufgeführt, so wäre die Spezialisierung mit „total" (abgekürzt mit einem T im Dreieck) zu markieren.

Um die Vergleichbarkeit der Modelle zu erhöhen, werden Modellierungskonventionen eingeführt, sodass u. a. Modellelemente einheitlich benannt (z. B. Benennung im Substantiv). Die Modelle werden in folgende Teilbereiche gegliedert:

I. **Ermittlung des Bezugsobjektes:** In einem Kompetenzmanagementsystem können verschiedenen Bezugsobjekten (z. B. ein/eine Kompetenzträger/-in oder Kompetenzbedarfsobjekt) Kompetenzen zugeordnet werden. Ein solches Bezugsobjekt muss zunächst bestimmt werden.

II. **Erstellung des Kompetenzkataloges:** Eine Sammlung aller erhobenen Kompetenzen entspricht einem Kompetenzkatalog. Dieser ist anfangs zu erstellen und fortlaufend zu aktualisieren.

III. **Profildefinition:** Die Strukturierung von Kompetenzen (North und Reinhardt 2005) entspricht einem Profil und kann für Kompetenzbedarfsobjekt und Kompetenztragende identifiziert werden.

IV. **Profilvergleich:** Ein Vergleich von Profilen (z. B. Soll- und Ist-Abgleich) wird als Profilvergleich bezeichnet.
V. **Maßnahmen:** Unterschiedliche Maßnahmen (z. B. Weiterbildungsmaßnahmen) können eingeleitet werden, um Kompetenzen zu gestalten.
VI. **Methoden:** Von der Erhebung von Kompetenzen bis hin zur Evaluation von Maßnahmen kommen innerhalb von Kompetenzmanagementsystemen verschiedene Methoden zum Einsatz.

11.4.3 Modellbildung und Betrachtung von Modellausschnitten

Insgesamt wurden vier ERM erarbeitet (literaturbasierte Herleitung, SAP®-Talentmanagement, ABEKO und In-K-Ha), die die Inhalte der ausgewählten Kompetenzmanagementsysteme darstellen. Um strukturellen Konflikten zwischen den einzelnen Modellen entgegenzuwirken (z. B. räumliche Anordnung ähnlicher Inhalte an unterschiedlichen Stellen im Modell) und somit den anschließenden Vergleich zu erleichtern, wurde von den beteiligten Wissenschaftlerinnen und Wissenschaftlern zunächst gemeinsam das literaturbasierte ERM entwickelt. Auf Grundlage dessen entstanden in Workshops der Wissenschaftlerinnen und Wissenschaftler die anderen drei ERM. Zeigten sich bei einem Kompetenzmanagementsystem bisher unberücksichtigte Inhalte, so wurde gemeinsam reflektiert, ob diese auch in den anderen Modellen vorhanden sind. Auf diese Weise wurde iterativ ein einheitlicher Detailierungsgrad erzielt.

Bei den Workshops zeigte sich u. a., dass über die Bereiche hinweg, selbst innerhalb eines einzelnen Bereiches, häufig Namenskonflikte auftreten. Es werden entweder unterschiedliche Begrifflichkeiten für die gleichen Konstrukte (z. B. Qualifikation vs. Talent vs. Kompetenz) oder gleiche Bezeichnungen für unterschiedliche Bedeutungen (z. B. Profilvergleich) eingeführt.

Im Folgenden werden ausschnittsweise die ERM der verschiedenen Kompetenzmanagementsysteme aufgezeigt. Da das Kompetenzmanagementsystem von SAP® (SAP®-Talentmanagement) über die Literatur hinausgeht, wurden beide Modelle als Vergleichsgrundlage zu einem ERM vereint und werden im Folgenden verkürzt als „Basismodell" bezeichnet.

11.4.3.1 Ausschnitt des Basismodells

Im Folgenden wird das Basismodell vorgestellt (◘ Abb. 11.3). Während in der Literatur häufig der Begriff „Kompetenz" Verwendung findet, wird in dem Praxisbeispiel durchgängig der Begriff „Qualifikation" als Synonym für Kompetenz genutzt.

(I) Ermittlung des Bezugsobjektes Es werden unterschiedliche Kompetenzträger/-innen berücksichtigt, die zu identifizieren sind und als Netzwerkorganisation zueinander in Beziehung stehen (Organisationsstruktur; Dittmann et al. 2005). Die wohl intuitivste Ausprägung Kompetenztragender stellt eine Person dar, deren Kompetenzen zu managen sind. Auch die Firma an sich bildet beispielsweise einen Kompetenzträger (Lindgren et al. 2004; Zeini et al. 2008). Weiterhin können Kompetenzbedarfsobjekte wie eine Aufgabe, ein Arbeitsplatz oder eine Stellenbeschreibung identifiziert werden (Haßmann et al. 2009).

(II) Erstellung des Kompetenzkataloges Zunächst sind Kompetenzkataloginhalte zu identifizieren: Dies sind zum einen Kompetenzen, die für ein Kompetenzbedarfsobjekt erforderlich sind (Dittmann et al. 2005) und zum anderen Kompetenzen, Potenziale, Abneigungen und Interessen Kompetenztragender (Dittmann et al. 2003; Lindgren et al. 2004; Pichlmair 2008; Haßmann et al. 2009). Diese Kompetenzkataloginhalte stehen ferner baumartig, hierarchisch zueinander in Beziehung (KKI-Hierarchie; Dittmann et al. 2003). Der Kompetenzkatalog umfasst ausgewählte Kompetenzkataloginhalte, die wiederum hierarchisch zueinander in Beziehung stehen (KK-Hierarchie), sodass katalogspezifische Strukturierungen der Kompetenzkataloginhalte abbildbar sind.

(III) Profildefinition Ein Profil wird auf Grundlage von Kompetenzkatalogen erstellt, sodass ausgewählte Kompetenzkataloginhalte strukturiert werden. Man unterscheidet zwischen einem Anforderungsprofil, das die zur Anforderungserfüllung erforderlichen Kompetenzen eines Kompetenzbedarfsobjektes (z. B. an einem Arbeitsplatz) aggregiert, und einem Kompetenzprofil, das die Kompetenzen, Potenziale, Abneigungen und Interessen einzelner Kompetenztragender zusammenfasst (Dittmann et al. 2003, 2005). Im Basismodell werden solche Anforderungsprofile für unterschiedliche Kompetenzbedarfsobjekte erstellt, zu denen z. B. Stellen, Planstellen, Arbeitsplätze oder Aufgaben gehören (Haßmann et al. 2009).

(IV) Profilvergleich Der Profilvergleich, auch unter dem Begriff „Matching" bekannt (Dittmann et al. 2005), bezeichnet sowohl den Abgleich eines Kompetenz- und Anforderungsprofils zur Ableitung eines Kompetenzentwicklungsbedarfs (Dittmann et al. 2005; Pichlmair 2008) als auch den Abgleich zwischen einzelnen Kompetenzprofilen. Auch kann ein Soll-Ist-Abgleich durchgeführt werden, um Kompetenzlücken zu identifizieren (Bergmann 2012; Dittmann et al. 2005) und Kompetenzentwicklungsbedarfe und -ziele aufzuzeigen (Simon, 2010). Im System werden sowohl einseitige Analysen (Welche Kompetenzen haben bestimmte Mitarbeitende?), zweiseitige Betrachtungen (Wie gut passen bestimmte Mitarbeitende zu einer Stelle?) als auch administrative Berichte, z. B. eine Liste aller im System hinterlegten Kompetenzen, erstellt (Haßmann et al. 2009). Solche Analysen werden für den/die Kompetenzträger/-in von anderen Kompetenztragenden durchgeführt.

(V) Maßnahmen Ausgehend von der vorhergehenden Analyse und dem identifizierten Kompetenzbedarf sind Kompetenzentwicklungsmaßnahmen erforderlich, die zu gestalten und umzusetzen sind (Dittmann et al. 2005; Pichlmair 2008; Simon 2010). Bei der Planung und Umsetzung von Kompetenzentwicklungsmaßnahmen ist ein Zusammenspiel mehrerer Kompetenztragender erforderlich, wobei das Kompetenzmaßnahmenergebnis letztlich von einem/einer Kompetenzträger/-in bewertet wird (Evaluation; Simon 2010). Im System kann eine erforderliche Kompetenzentwicklungsmaßnahme, z. B. eine Weiterbildung, direkt initiiert und verfolgt werden. Das Ergebnis wird dann ggf. automatisch an dem jeweiligen Kompetenzprofil hinterlegt. Ebenso können notwendige Rekrutierungsmaßnahmen oder auch Vergütungsänderungen mithilfe anderer Teilkomponenten des Systems automatisch veranlasst werden (Haßmann et al. 2009).

(VI) Methoden Innerhalb eines Kompetenzmanagementsystems kommen verschiedene Methoden zum Einsatz. Kompetenzen werden beispielsweise mithilfe bestimmter Methoden wie Methoden zur Selbst- und Fremdeinschätzung oder

Beobachtungen, die auch durch das System Unterstützung finden, identifiziert (Dittmann et al. 2003; Pichlmair 2008). Auch bei der Analyse von Profilen kann auf verschiedene Methoden wie die Lückenanalyse für einen Soll-Ist-Profilabgleich (Lindgren et al. 2004) zurückgegriffen werden.

11.4.3.2 Ausschnitte der Modelle von Kompetenzmanagementsystemen aus der Forschung

- **Ausschnitt des Datenmodells eines Kompetenzmanagementsystems für das Handwerk**

Dieses Modell wurde anhand des In-K-Ha-Projektes entwickelt. Den exemplarischen Modellausschnitt zeigt die ◘ Abb. 11.4.

(I) Ermittlung des Bezugsobjektes Das System erfasst einen/eine Kompetenzträger/-in, der/die entweder einen/eine Mitarbeiter/-in oder einen Betrieb darstellt. Wird ein/eine Mitarbeiter/-in erfasst, so ist dieser/diese einer bestimmten Gruppe zuzuordnen, z. B. der Gruppe der Auszubildenden oder Gesellen/Gesellinnen.

(II) Erstellung des Kompetenzkataloges Weiterhin kann im System ein Kompetenzmodell für den Betrieb angelegt werden, das einen Katalog an Kompetenzmodellinhalten umfasst. Die Kompetenzmodellinhalte werden mit Soll-Werten (Unter- und Oberwerte im Bereich 1–5) hinterlegt. Weiterhin sind die Kompetenzmodellinhalte

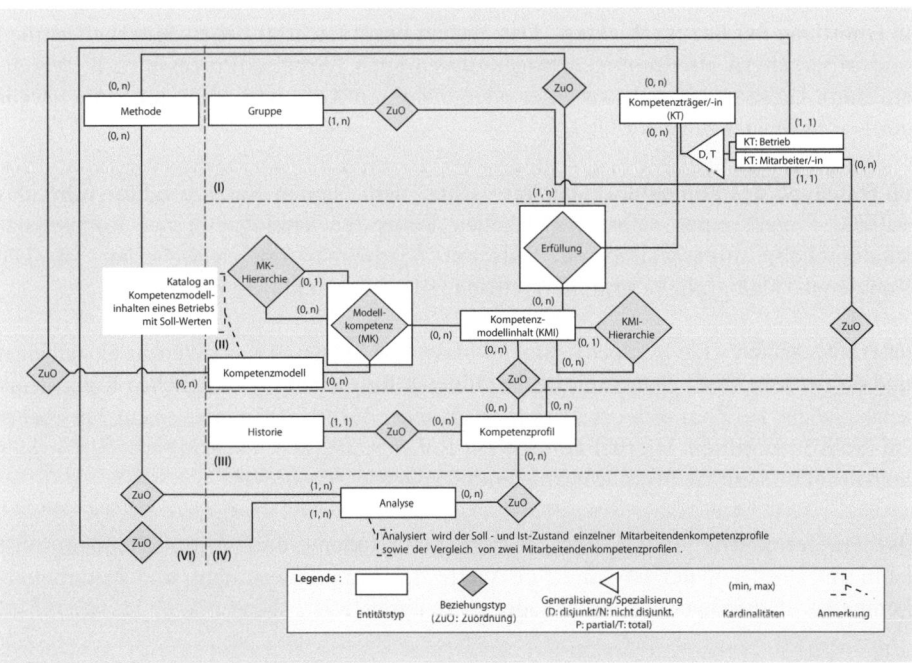

◘ **Abb. 11.4** Ausschnitt des Modells eines Kompetenzmanagementsystems für das Handwerk (In-K-Ha)

hierarchisch (KMI-Hierarchie) angeordnet, wobei die oberste Hierarchieebene ein sog. „Kompetenzcluster" darstellt und unter diesem Kompetenzen einer Kategorie zusammenfasst. Beispielsweise gruppiert das Kompetenzcluster „Handwerkliche Basiskompetenzen" Kompetenzen und Beschreibungen, z. B. „Kann Gelerntes und Gezeigtes schnell selbst umsetzen", der Kategorie „Handwerkliches Geschick".

(III) Profildefinition Die identifizierten Kompetenzmodellinhalte einer Mitarbeiterin oder eines Mitarbeiters werden zu einem Kompetenzprofil zusammengefasst. Entwickeln sich deren Kompetenzen im Laufe der Zeit weiter, so wird dies in einer Historie festgehalten.

(IV) Profilvergleich Das System ermöglicht zum einen den Vergleich von Kompetenzprofilen zweier Mitarbeiterinnen und Mitarbeiter. Zum anderen können die im Kompetenzprofil hinterlegten Ist- und Soll-Werte der Kompetenzen analysiert werden.

(VI) Methoden Beim Management der Kompetenzen kommen unterschiedliche Methoden zum Einsatz. Beispielsweise können die im Kompetenzprofil hinterlegten Kompetenzen mithilfe einer Selbsteinschätzung einer Mitarbeiterin oder eines Mitarbeiters sowie durch eine Fremdeinschätzung identifiziert werden.

- **Ausschnitt des Datenmodells eines Kompetenzmanagementsystems für die Produktion und Logistik**

Dieses Modell wurde anhand des ABEKO-Projektes entwickelt. Den exemplarischen Modellausschnitt zeigt die ◘ Abb. 11.5.

(I) Ermittlung des Bezugsobjektes Das System berücksichtigt neben Mitarbeiterinnen und Mitarbeitern als Kompetenzträger/-innen auch (Arbeits-)Prozesse (z. B. Wareneingang). Diese setzen sich aus einer oder mehreren Aufgaben zusammen, die jeweils gewisse Kompetenzen erfordern.

(II) Erstellung des Kompetenzkataloges Unter dem Namen Katalog-Editor führt das ABEKO-Projekt einen selbst entwickelten Kompetenzkatalog ein, der Kompetenzkataloginhalte umfasst und der jederzeit bearbeitbar oder erweiterbar ist. Die Kompetenzkataloginhalte sind hierarchisch (KKI-Hierarchie) aufgebaut.

(III) Profildefinition Ein Kompetenzprofil umfasst eine Menge an Kompetenzkataloginhalten und ordnet zum einen einer Aufgabe die zu deren Bearbeitung erforderlichen Kompetenzkataloginhalte zu. Zum anderen ist es möglich, einer Mitarbeiterin oder einem Mitarbeiter ein Profil zuzuordnen. Hierbei können ein Rollenprofil (z. B. Lagermitarbeiter/-in) als Soll-Profil und ein Ist-Profil Mitarbeitenden zugewiesen werden.

(IV) Profilvergleich Anhand der hinterlegten Rollen- und Mitarbeitendenprofile kann ein Vergleich der Ist- und Soll-Werte der Mitarbeiterinnen- und Mitarbeiterkompetenzen durchgeführt werden, der zu analysieren ist.

(VI) Methoden Zum Management der Kompetenzen kommen unterschiedliche Methoden zum Einsatz. Beispielsweise können die Kompetenzen mithilfe von Selbst- oder Fremdeinschätzungen einer Mitarbeiterin oder eines Mitarbeiters identifiziert werden.

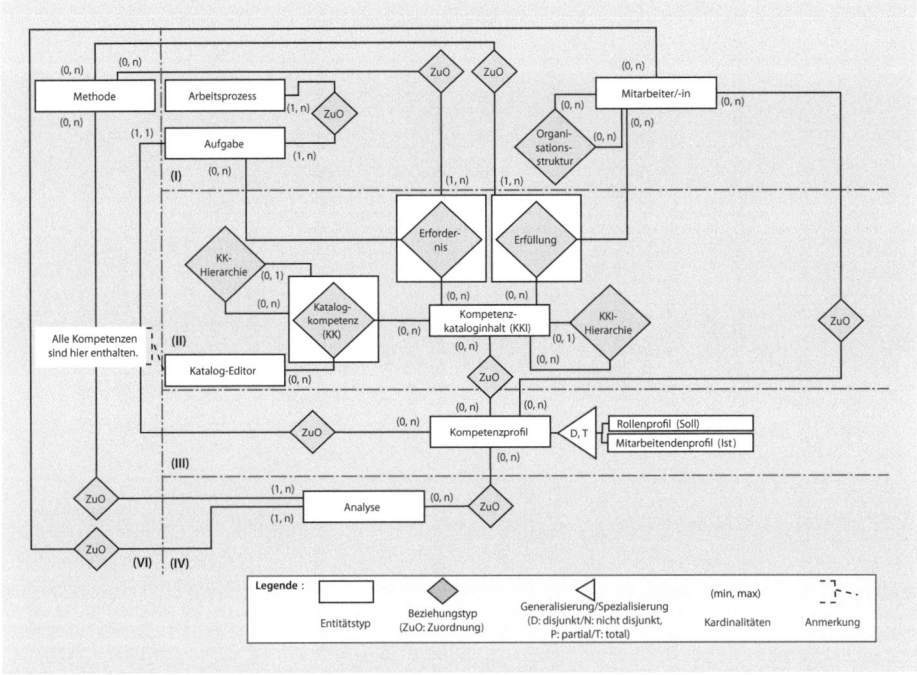

◘ **Abb. 11.5** Ausschnitt des Modells eines Kompetenzmanagementsystems für die Produktion und Logistik (ABEKO)

11.4.4 Vergleich von Modellausschnitten zur Überwindung von Grenzen zwischen ausgewählten Forschungsprojekten

Ausgehend von den drei zuvor dargestellten Modellen (▶ Abschn. 11.4.3) ist ein Vergleich der ausgewählten Kompetenzmanagementsysteme anhand der eingeführten Kategorien (I–VI) möglich. Dieser kann für die ausgewählten und sonstigen Projekte aus der Forschung und der Praxis unmittelbar als Anregung für gegenseitiges Lernen dienen. Im Zuge der wissenschaftlichen Begleitung können insbesondere in Forschungsprojekten Forschungsergebnisse miteinander verglichen, die eigenen Ergebnisse im Kontext eingeordnet und weitere Ideen für die Kompetenzmanagementsysteme abgeleitet werden. Ausgewählte Gemeinsamkeiten und Unterschiede und die daraus ableitbaren Querbezüge werden im Folgenden vorgestellt (◘ Tab. 11.1).

(I) Ermittlung des Bezugsobjektes Das Basismodell berücksichtigt eine Vielzahl unterschiedlicher Kompetenzträger/-innen, während die Projekte zunächst, entsprechend der jeweiligen Perspektive, eine beschränkte Anzahl an Kompetenztragenden fokussieren. ABEKO adressiert beispielsweise zunächst ausschließlich die Abbildung von Mitarbeiterinnen und Mitarbeitern als Kompetenzträger/-innen, um deren Kompetenzen vor dem Hintergrund zunehmender wissensintensiver Aufgaben in der Produktion und Logistik betrachten zu können. Das auf das Handwerk ausgerichtete Forschungsprojekt In-K-Ha bietet in seinem System die Möglichkeit, Kompetenztragende in Form von Mitarbeiterinnen und Mitarbeitern, Gruppen von Mitarbeiterinnen und Mitarbeitern

Tab. 11.1 Modellbasierter Vergleich von IT-Artefakten

	Basismodell	In-K-Ha	ABEKO
(I)	Kompetenzträger/-in: Bewerber/-in, externe Personen, Firma, Personen etc.	Kompetenzträger/-in: Mitarbeiter/-in, Gruppen von Mitarbeitenden, Betrieb	Kompetenzträger/-in: Mitarbeiter/-in
	Kompetenzbedarfsobjekte: Prozess, Aufgabe, Arbeitsplatz, Planstelle, Stelle etc.	–	Kompetenzbedarfsobjekte: Prozess (bezeichnet als Arbeitsprozess), Aufgabe
(II)	Kompetenzkataloginhalt von Kompetenzträger/-innen und Kompetenzbedarfsobjekt	Kompetenzkataloginhalt (bezeichnet als Kompetenzmodellinhalt) von Kompetenzträger/-innen	Kompetenzkataloginhalt von Kompetenzträger/-innen (in Form einer Mitarbeiterin oder eines Mitarbeiters) und Kompetenzbedarfsobjekt (in Form einer Aufgabe)
	Kompetenzkataloginhalt-Hierarchie, Katalogkompetenzhierarchie	Kompetenzkataloginhaltshierarchie (bezeichnet als Kompetenzmodellinhaltshierarchie), Katalogkompetenzhierarchie (bezeichnet als Modellkompetenzhierarchie)	Kompetenzkataloginhalthierarchie, Katalogkompetenzhierarchie
	Kompetenzkatalog umfasst Kompetenzen, Potenziale, Abneigungen etc. (Kompetenzkataloginhalte)	Kompetenzkatalog (bezeichnet als Kompetenzmodell) umfasst Kompetenzen für den gesamten Betrieb inklusive Soll-Werten für Kompetenzen (Kompetenzkataloginhalte)	Kompetenzkatalog (bezeichnet als Katalog-Editor) umfasst alle Kompetenzen (Kompetenzkataloginhalte)
	Erhebung und Identifikation von Kompetenzen mit Methoden	Erhebung und Identifikation von Kompetenzen mit Methoden	Erhebung und Identifikation von Kompetenzen mit Methoden
(III)	Profil für Kompetenzträger/-innen	Profil für Kompetenzträger/-innen	Profil für Kompetenzträger/-innen
	Profilspezialisierung: Kompetenz- und Anforderungsprofil	Profilspezialisierung: Historie von Kompetenzprofil einsehbar	Profilspezialisierung: Unterscheidung in Rollen- und Mitarbeitendenprofile
(IV)	Profilvergleich: Vergleich verschiedener Profile (z. B. Kompetenz- und Anforderungsprofil)	Profilvergleich: Vergleich zweier Mitarbeitendenkompetenzprofile	Profilvergleich: Vergleich von Rollen- und Mitarbeitendenprofilen
	Analyse eines einzelnen Profils	Analyse eines einzelnen Profils	Analyse eines einzelnen Profils
	Administrative Berichte	–	–

(Fortsetzung)

Tab. 11.1 (Fortsetzung)

	Basismodell	In-K-Ha	ABEKO
(V)	Maßnahmenplanung, -durchführung und -evaluation	–	–
	Teilweise automatische Übertragung von Kompetenzentwicklungsmaßnahmenergebnissen in Kompetenzprofile	–	–
(VI)	Methoden zur Profilerhebung und -identifikation und Analyse von Profilen und Kompetenzen	Methoden zur Profilerhebung und -identifikation und Analyse von Profilen und Kompetenzen	Methoden zur Kompetenzerhebung und -identifikation und Analyse von Profilen und Kompetenzen

sowie Betrieben abzubilden. In den nächsten Entwicklungsschritten der Kompetenzmanagementsysteme könnte im Rahmen des ABEKO-Projektes daher angelehnt an das In-K-Ha-Projekt abgewogen werden, ob eine erweiterte Betrachtung von Kompetenztragenden für deren Zielstellung von Interesse sein könnte. Gleichfalls kann die Vielzahl an Kompetenztragenden des Basismodells für die Projekte als Anregung zukünftiger Weiterentwicklungen dienen. Weiterhin berücksichtigen sowohl das Basis- als auch das ABEKO-Modell unterschiedliche Kompetenzbedarfsobjekte, die jeweils spezielle Kompetenzen zur Erfüllung verlangen. Das Basismodell bildet beispielsweise Prozesse, Aufgaben und Arbeitsplätze als Kompetenzbedarfsobjekte ab. Das ABEKO-Modell beschränkt sich hier auf die Abbildung von Arbeitsprozessen, die aus Aufgaben bestehen, die spezielle Kompetenzen verlangen. In einem nächsten Schritt könnte dies im In-K-Ha-Projekt beispielsweise als mögliche Anregung herangezogen werden, um ebenfalls Kompetenzbedarfsobjekte im System zu integrieren.

(II) Erstellung des Kompetenzkataloges Übergreifend ermöglichen alle Systeme eine hierarchische Anordnung der Kompetenzkataloginhalte, die in Kompetenzkatalogen zusammengefasst sind. Auch die systemintegrierte, methodisch unterstützte Erhebung von Kompetenzkataloginhalten (z. B. Fragebögen) wird von allen Systemen ermöglicht. Während im Rahmen der Projekte der Katalog als Sammlung aller Kompetenzen verstanden wird, wird in dem Basismodell der Katalog weitläufiger aufgefasst, der neben Kompetenzen beispielsweise auch Potenziale und Abneigungen Kompetenztragender als weitere Kompetenzkataloginhalte umfasst. Hier könnten die Projektverantwortlichen z. B. prüfen, ob solch ein erweiterter Kompetenzkatalog für die jeweilige Zielstellung ggf. auch von Interesse sein könnte.

(III) Profildefinition Ferner ermöglichen alle drei Systeme die Erstellung eines Kompetenzprofils für Kompetenztragende. Sowohl das Basis- als auch ABEKO-Modell unterscheiden hier zwischen verschiedenen Profilspezialisierungen (Kompetenz- und Anforderungsprofil beim Basismodell, Rollen- und Mitarbeitendenprofil bei ABEKO). Im In-K-Ha-System werden ferner Historien der Kompetenzprofile hinterlegt, was ggf. auch für die anderen Systeme von Interesse sein könnte.

(IV) Profilvergleich Weiterhin erlauben alle Systeme Profilvergleiche und -analysen.

(V) Maßnahmen Das Basismodell erweitert die Kompetenzanalyse um die Planung, Durchführung und Evaluation von Kompetenzentwicklungsmaßnahmen, was eine hohe Anschlussfähigkeit an andere betriebswirtschaftliche Bereiche (z. B. Personalentwicklung, Vergütung, Recruiting) ermöglicht. Aufgrund der hohen Integration der betriebswirtschaftlichen Bereiche innerhalb des Basismodells können z. B. direkt Weiterbildungsmaßnahmen in einem Schritt gebucht, höhere Vergütung automatisch nach erfolgreicher Weiterbildung in der Gehaltsabrechnung eingestellt oder auch Rekrutierungsmaßnahmen, z. B. eine Kampagnenschaltung, eingerichtet werden. Angelehnt an das Basismodell könnte im Rahmen der beiden Projekte in den nächsten Entwicklungsschritten abgewogen werden, ob beispielsweise solch eine automatische Überführung von Kompetenzentwicklungsmaßnahmen in angrenzende Bereiche für die eigenen Perspektiven interessant sein könnte.

(VI) Methoden Systemübergreifend werden verschiedene Methoden zur Kompetenzidentifikation und -analyse vorgeschlagen bzw. unterstützt. An dieser Stelle könnten die

Methoden der ausgewählten Systeme, z. B. mithilfe eines Funktionsdekompositionsdiagramms (▶ Abschn. 11.2), detailliert gegenübergestellt werden, um Querbezüge aufzuzeigen und voneinander zu lernen. Da der Schwerpunkt in diesem Kapitel auf einer exemplarischen Darlegung der wesentlichen Systeminhalte mithilfe von ER-Modellen liegt, wird an dieser Stelle auf mögliche weiterführende Vergleiche verwiesen.

11.5 Nutzen eines modellbasierten Vergleichs für die wissenschaftliche Begleitung und zukünftige Projekte

- Welche Erkenntnisse lassen sich für die wissenschaftliche Begleitforschung ableiten?

Der modellbasierte Vergleich von Kompetenzmanagementsystemen zeigt beispielhaft die Vorzüge der Modellierung als ein Instrument der wissenschaftlichen Begleitung. Er ermöglicht es, Querbezüge zwischen Forschungsergebnissen aufzuzeigen und Potenziale für Synergien abzuleiten und somit Grenzen zu überwinden.

Im Förderschwerpunkt „Betriebliches Kompetenzmanagement im demografischen Wandel" werden beispielhaft die vielfältigen Betrachtungsweisen (z. B. verschiedene Branchen wie Produktion und Handwerk, verschiedene Unternehmensgrößen wie kleinbetriebliche Strukturen) in Bezug auf ein gemeinsames Thema, den demografischen Wandel im betrieblichen Kompetenzmanagement, aufgezeigt. Mithilfe des modellbasierten Vergleichs ist die wissenschaftliche Begleitung in der Lage, solche unterschiedlichen Betrachtungsweisen einander näher zu bringen und ausgewählte Forschungsergebnisse gegenüberzustellen. Auf diese Weise werden unterschiedlichste Lösungsansätze miteinander verknüpft und neuartige Ideen angeregt. So erhalten die ausgewählten Forschungsprojekte „ABEKO" und „In-K-Ha" beispielsweise Einblicke in weitere Lösungsansätze, die sie bei der Weiterentwicklung der Systeme berücksichtigen können (▶ Abschn. 11.4.4).

Für die wissenschaftliche Begleitforschung lässt sich daher ableiten, dass weitere Methoden als Analyseinstrument von Forschungsergebnissen wie der hier aufgezeigte modellbasierte Vergleich unterstützen können. Die Methoden selbst müssen nicht neu entwickelt werden, da sie von anderen Disziplinen, in diesem Kapitel beispielsweise von der Wirtschaftsinformatik, bereits entwickelt und als Analyseinstrument etabliert sind. Für die Etablierung solcher Methoden in der wissenschaftlichen Begleitung ist eine Bereitstellung von Anwendungshinweisen anzustreben, um das disziplinspezifische Wissen auch für andere Disziplinen offenzulegen. So können die Ausführungen in diesem Kapitel beispielsweise als eine Art Anleitung für zukünftige modellbasierte Vergleiche dienen.

- Welche Erkenntnisse lassen sich für zukünftige Projekte in Forschung und Praxis ableiten?

Vor dem Hintergrund der branchenweiten, zunehmenden Digitalisierung sehen sich auch zukünftig Unternehmen mit einer geringen Mitarbeitendenzahl mit der Aufgabe konfrontiert, die Kompetenzen ihrer Mitarbeiterinnen und Mitarbeiter kontinuierlich zu analysieren und zu fördern, um im Wettbewerb bestehen zu können. Daher ist auch zukünftig mit weiteren spezialisierten Entwicklungen im Kompetenzmanagement zu rechnen.

Zukünftige Projekte sowohl aus der Forschung als auch aus der Praxis sollten vor Entwicklungsbeginn einen solchen modellbasierten Vergleich durchführen. So sind sie in der Lage, bereits vorhandene – auch disziplinübergreifende – Ergebnisse einzusehen und strukturiert gegenüberzustellen. Auf diese Weise können forschungs- und praxisrelevante Lücken aufgezeigt werden und neue Vorhaben an bereits existierenden Lösungsansätzen anknüpfen. Somit können basierend auf vergangenen Lösungen möglichst innovative Lösungsansätze entwickelt werden.

> **Fazit**
> Der in diesem Beitrag vorgestellte modellbasierte Vergleich zeigt beispielhaft die Vorzüge der Modellierung als Instrument der wissenschaftlichen Begleitung. Modelle eignen sich zur Strukturierung und Abbildung von Artefakten und dienen als Vergleichsgrundlage. Zunächst sollten ein Betrachtungsfokus (Welche Artefakte sollen betrachtet werden?) sowie ein Modelltyp, eine Modellierungssprache und -konventionen (Welche Regeln müssen eingehalten werden, um einheitliche Modelle zu erstellen?) festgelegt werden. Anschließend können die ausgewählten Artefakte (z. B. IT-Systeme) modellhaft abgebildet werden, um sie im Anschluss ausschnittsweise betrachten und vergleichen zu können. Auf diese Weise können Querbezüge zwischen den Forschungsergebnissen aufgezeigt und somit Grenzen überwunden werden. Sowohl für die Wissenschaft als auch für die Praxis kann daher der modellbasierte Vergleich unterstützen, Potenziale für Synergien aufzudecken.

Literatur

Becker, J., Delfmann, P., Knackstedt, R., & Kuropka, D. (2002). Konfigurative Referenzmodellierung. In J. Becker & R. Knackstedt (Hrsg.), *Wissensmanagement mit Referenzmodellen. Konzepte für die Anwendungs- und Organisationsgestaltung* (S. 25–144). Berlin: Springer.

Becker, J., Kugeler, M, & Rosemann, M. (Hrsg.). (2008). *Prozessmanagement: Ein Leitfaden zur prozessorientierten Organisationsgestaltung* (6. Aufl.). Berlin: Springer.

Bergmann, G. (2012). Strategisches Kompetenzmanagement – und wo bleibt die Strategie? In R. Reinhardt (Hrsg.), *Wirtschaftspsychologie und Organisationserfolg*. Lengerich: Pabst.

Chen, P. P.-S. (1976). The entity-relationship model – toward a unified view of data. *ACM Transactions on Database Systems, 1*, 9–36.

Dittmann, L., Peters, M., & Zelewski, S. (2003). Mitarbeitermotivation und Kompetenzmanagementsysteme. In U. Reimer, A. Abecker, S. Staab, & G. Stumme (Hrsg.), *WM 2003: Professionelles Wissensmanagement – Erfahrungen und Visionen* (S. 9–16). Bonn: Lecture Notes in Informatics Vol. P-28.

Dittmann, L., Peters, M. L., & Zelewski, S. (2005). Wissenstransfermotivation und ontologiebasierte Kompetenzmanagementsysteme. In J.-A. Meyer (Hrsg.), *Wissens- und Informationsmanagement in kleinen und mittleren Unternehmen*. Lohmar-Köln: EUL Verlag.

Gregor, S., & Hevner, A. R. (2013, Juni). Positioning and presenting design science research for maximum impact. *MIS Quarterly, 37*(2), 337–355.

Haßmann, R., Krämer, C., & Richter, J. (2009). *Personalplanung und -entwicklung mit SAP® ERP HCM*. SAP Press.

Keller, G., Nüttgens, M., & Scheer, A.-W. (1992). Semantische Prozeßmodellierung auf der Grundlage „Ereignisgesteuerter Prozeßketten (EPK)". In A.-W. Scheer (Hrsg.), *Veröffentlichungen des Instituts für Wirtschaftsinformatik*, Heft 89, Saarbrücken.

Knackstedt, R., Truschkat, I., Häußling, R., & Zweck, A. (Hrsg.). (2019). *Betriebliches Kompetenzmanagement im demografischen Wandel*. Berlin: Springer.

Kühnapfel, M., & Lucumi, A. (2017). Innovative, demografiesensible Lösungen für das betriebliche Kompetenzmanagement. *Praeview, 1*(2017), 4–6.

Lindgren, R., Henfridsson, O., & Schultze, U. (2004). Design principles for competence management systems: A synthesis of an action research study. *MISQ Quarterly, 28*(3), 435–472.

Muller, R. J. (1999). *Database design for smarties: Using UML for data modeling*. San Francisco: Morgan Kaufmann.

Nägele, L., Frerichs, F., Kauffeld, S., & Paulsen, H. (2015) *Kompetenzentwicklung im Handwerk – Herausforderungen für eine Arbeitswelt im Wandel*. Tagungsband 61. Arbeitswissenschaftlicher Kongress der Gesellschaft für Arbeit (GfA), Karlsruhe.abek.

North, K., & Reinhardt, K. (2005). *Kompetenzmanagement in der Praxis – Mitarbeiterkompetenzen systematisch identifizieren, nutzen und entwickeln. Mit vielen Fallbeispielen*. Wiesbaden: Gabler.

Pichlmair, M. (2008). Universitäres Kompetenzmanagementsystem – Entwicklung und Evaluierung eines Prototypen. Wien.

Scheer, A.-W. (1998). *ARIS – Vom Geschäftsprozess zum Anwendungssystem* (3. Aufl.). Berlin: Springer.

Straub, N., Kacumarek, S., & Drotleff, U. (2015). Demografiesensibles Kompetenzmanagement. Entwicklung eines Assistenzsystems zum demografiesensiblen betriebsspezifischen Kompetenzmanagement für Produktions- und Logistiksysteme der Zukunft (ABEKO). *Industrie Management, 3*(2015), 57–67.

Simon, B. (2010). Gestaltungstheoretische Überlegungen zu Kompetenzmanagementsystemen. *Wirtschaftsinformatik, 6*, 327–337.

Stachowiak, H. (1973). *Allgemeine Modelltheorie*. Wien: Springer.

vom Brocke, J., Simons, A., Niehaves, B., Reimer, K., Plattfaut, R., & Cleven, A. (2009). Reconstructing the Giant: On the Importance of Rigour in Documenting the Literature Search Process. *Proceedings of the European Conference on Information Systems* (ECIS), Paper 161.

Zeini, S., Malzahn, N., Hoppe, H. U., Hafkesbrink, J., Mill, U., Groh, G., Schauf, T., Westermaier, R., Pfeiffer, O., & Scholl, H. (2008). *Ansätze zur softwareunterstützten Kompetenzentwicklung in innovationsgetriebenen Berufen der Digitalen Wirtschaft* (S. 229–240). Dresden: GeNeMe '08 Gemeinschaft in neuen Medien.

Kristin Kutzner (Hrsg.) ist wissenschaftliche Mitarbeiterin (M. Sc.) am Institut für Betriebswirtschaft und Wirtschaftsinformatik an der Stiftung Universität Hildesheim. Sie forscht in den Bereichen Unternehmensmodellierung und digitale Transformation kultureller Artefakte, unter Anwendung unterschiedlicher Verfahren des maschinellen Lernens.

Andrea Lübke war mehrere Jahre als Unternehmensberaterin bei der IDS (Integrierte Datenverarbeitungs Systeme) Scheer tätig. Ihr Schwerpunktgebiet lag dort auf SAP-Einführungen im Vertrieb, z. B. im Maschinen- und Anlagenbau, sowie Consumer Products. Danach gestaltete sie bei der Hannoverschen Lebensversicherung strategisch und systembezogen das Controlling. Seit 2001 arbeitet sie für die iProCon GmbH in den Bereichen Organisation, Marketing und Recruiting.

Julien Hofer ist wissenschaftlicher Mitarbeiter (M. Sc.) am Institut für Betriebswirtschaft und Wirtschaftsinformatik der Stiftung Universität Hildesheim. Er forscht im Bereich Digitales Wissensmanagement und Design Thinking durch Community-Portale mit webbasierten Technologien.

Prof. Dr. Ralf Knackstedt (Hrsg.) ist Universitätsprofessor für Wirtschaftsinformatik am Institut für Betriebswirtschaft und Wirtschaftsinformatik der Stiftung Universität Hildesheim und leitet die Abteilung „Informationssysteme und Unternehmensmodellierung" (ISUM). Seine aktuellen Arbeitsschwerpunkte in der Forschung und Lehre liegen in den Bereichen Geschäftsprozessmanagement, Unternehmensmodellierung, betriebliche Informationssysteme, integrierte Produktion und Dienstleistung (hybride Wertschöpfung), Green Business Engineering, Design Thinking sowie Wissens- und Kompetenzmanagement.

Kompetenzen in der Unternehmensmodellierung – Konstruktion eines Bezugsmodells zur Förderung einer grenzüberschreitenden Entwicklung

Anna Kaufhold, Jennifer Kolomitchouk, Kristin Kutzner und Ralf Knackstedt

12.1 Grenzüberschreitung bei der Entwicklung eines Kompetenzmodells – 182

12.2 Begriffsbestimmungen – 183

12.3 Methodisches Vorgehen – 185

12.4 Entwicklung eines Bezugsmodells für die Unternehmensmodellierung – 187

12.5 Zuordnung von Kompetenzfeldern zu Bezugsmodellelementen – 193

12.6 Reflexion der Grenzüberschreitung bei der Entwicklung – 197

Literatur – 200

Zusammenfassung

Bei der Entwicklung von Kompetenzmodellen bietet es sich häufig an, auf bestehende Kompetenzmodelle aufzubauen, diese zu adaptieren und/oder zu integrieren. Dabei ist es vorteilhaft, Kompetenzanforderungen aus unterschiedlichen Disziplinen und Forschungsergebnissen zu einem neuen Lösungsansatz zusammenzuführen. Diese grenzüberschreitende Entwicklung eines Kompetenzmodells kann unterstützt werden, indem zunächst ein Bezugsmodell des Anwendungsbereichs des Kompetenzmodells entwickelt wird. Am Beispiel der Entwicklung eines Kompetenzmodells für die Unternehmensmodellierung wird in diesem Kapitel ein solches grenzüberschreitendes Vorgehen illustriert. Die Idee des Vorgehens basiert darauf, zunächst ein Bezugsmodell für den Anwendungsbereich des Kompetenzmodells zu entwickeln und in der Entwicklung des Bezugsmodells unterschiedliche Disziplinen zusammenzuführen. Von dieser grenzüberschreitenden Vorarbeit profitiert dann auch die weitere Entwicklung des eigentlichen Kompetenzmodells, indem den im Bezugsmodell verorteten und als grenzüberschreitend identifizierten Aufgaben passende Kompetenzen zugeordnet werden. Bei der Entwicklung des Bezugsmodells werden sowohl inhaltliche, methodische als auch personelle Grenzen überschritten. Im Anwendungsbeispiel wurden das Bezugsmodell und die zugeordneten Kompetenzen von einem interdisziplinären Team aus der Wirtschaftsinformatik und dem Bildungswesen entwickelt. Das Bezugsmodell basiert dabei auf Operatoren, Artefakten, Rollen und Aufgabenclustern der Unternehmensmodellierung.

12.1 Grenzüberschreitung bei der Entwicklung eines Kompetenzmodells

In diesem Kapitel wird die Vorgehensweise zur Erstellung eines Bezugsmodells als Grundlage für die Entwicklung eines Kompetenzmodells für die Unternehmensmodellierung erläutert. Diese Entwicklung erfolgte in Zusammenarbeit eines interdisziplinären Teams aus der Wirtschaftsinformatik und dem Bildungswesen. Diese Zusammenarbeit erscheint vielversprechend, weil sich die Wirtschaftsinformatik insbesondere vertieft mit der effektiven und effizienten Erstellung und Handhabung großer Modellsysteme auseinandergesetzt hat und damit ggf. Aspekte der Modellierung betrachtet, die in anderen Disziplinen bisher wenig Beachtung gefunden haben. Im Bildungswesen kommt der Modellierung ebenfalls in vielen Fächern eine große Bedeutung zu. Bei der Kompetenzbetrachtung wurde dabei auf internationale Bildungsstandards, Kompetenzniveaus und in Lehrplänen enthaltenen Kompetenzentwicklungsstrategien und -vorgaben für Schülerinnen und Schüler zurückgegriffen (u. a. Herzog 2013; Schott und Ghanbari 2012; Ziener 2009), die auch für Bereiche der Unternehmensmodellierung passend sein können. Um die verschiedenen Sichtweisen und Vorarbeiten für die Entwicklung eines Kompetenzmodells für die Unternehmensmodellierung nutzen zu können, war es förderlich, zunächst einen gemeinsamen Bezugspunkt für den interdisziplinären Austausch zu schaffen.

Das Ergebnis der Arbeit war ein aufgabenbasiertes Bezugsmodell, dem später einzelne Kompetenzen, die für die Unternehmensmodellierung relevant sind, zugeordnet wurden. Das Bezugsmodell bildete dabei die Basis einer grenzüberschreitenden Verständigung und ermöglichte es, die Detailspezifikationen der Kompetenzen auf einer zusätzlichen Modellebene zu strukturieren und so ergänzend Beziehungen zu explizieren. Im vorliegenden Anwendungsfall wurde das Bezugsmodell insbesondere dazu genutzt, eine gemeinsame Vorstellung vom Anwendungsgegenstand (also der Unternehmensmodellierung) des zu schaffenden Kompetenzmodells zu entwickeln.

Eine Grenzüberschreitung bei der bezugsmodellbasierten Entwicklung des Kompetenzmodells fand in dreierlei Hinsicht statt:

- **Personelle Grenzüberschreitung:** Die Entwicklung des Bezugsmodells und damit auch die Identifikation von Kompetenzen für die Unternehmensmodellierung erfolgte in einem interdisziplinären Team aus der Wirtschaftsinformatik und dem Bildungswesen.
- **Inhaltliche Grenzüberschreitung:** Die Literaturrecherche zur Entwicklung des Bezugsmodells erfolgte nicht allein in einer Disziplin. Um Modellierungsaufgaben und -kompetenzen zu spezifizieren, wurde Literatur aus der Didaktik der Mathematik, Biologie, Informatik und Religion sowie der Wirtschaftsinformatik zusammengeführt.
- **Methodische Grenzüberschreitung:** Es wurden Operatoren, die aus dem Bildungswesen bekannt sind, und Aufgabencluster, die für die Gliederung der Unternehmensmodellierung in der Wirtschaftsinformatik verbreitet sind, genutzt, um Aufgaben der Unternehmensmodellierung näher zu charakterisieren.

Die gemeinsame Arbeit brachte Antworten auf die Fragen: Welche Kompetenzen werden für einen typischen Modellierungsprozess für die Unternehmensmodellierung als relevant angesehen? Dafür wurde betrachtet, ob Kompetenzzuordnungen gemacht werden können, die Anforderungen konkretisieren und Handlungsziele präzisieren.

Im Folgenden werden zunächst für das Verständnis erforderliche Begriffe bestimmt und abgegrenzt (▶ Abschn. 12.2), bevor die Entwicklung des Bezugsmodells in den Kontext eines weiter gefassten methodischen Vorgehens eingeordnet wird (▶ Abschn. 12.3). Der Fokus des Kapitels liegt auf der Darstellung des Vorgehens der Entwicklung des Bezugsmodells (▶ Abschn. 12.4). Das Bezugsmodell umfasst vier Listen, die den Rahmen für die Identifizierung der Aufgaben der Unternehmensmodellierung bilden: eine Liste von Operatoren, eine Liste benutzter und benötigter Artefakte, eine Liste der beteiligten Rollen und eine Liste der zur Gliederung der Aufgaben genutzten Aufgabencluster. Ein Ausschnitt aus dem umfangreichen Bezugsmodell illustriert das Zusammenwirken dieser Strukturierungselemente. Anschließend wird skizziert, wie dem Bezugsrahmen Kompetenzfelder zugeordnet werden können (▶ Abschn. 12.5). Diese Zuweisung bildet die Grundlage für die grenzüberschreitende Entwicklung des eigentlichen Kompetenzmodells für die Unternehmensmodellierung. Abschließend wird die Förderung der Grenzüberschreitung durch das bezugsmodellbasierte Vorgehen nochmals ausführlich reflektiert (▶ Abschn. 12.6).

12.2 Begriffsbestimmungen

Modellierung und Modell Um zu verstehen, was Modellierungskompetenz ausmacht, ist es elementar, zunächst zu erläutern, worauf sich „Modellierung" bezieht. Unter „Modellierung" ist die Modellbildung zu verstehen, die abhängig vom Untersuchungsgegenstand und Zweck der Modellbildung ist. Ziel einer Modellierung kann es sein, einen realen oder gedachten Sachverhalt zu repräsentieren. Dabei entspricht die Repräsentation bzw. das Modell nicht 1 zu 1 dem zugrunde liegenden Original, sondern ist – Stachowiaks allgemeinem Modellbegriff folgend – ein verkürztes (Verkürzungsmerkmal) und damit abstrahiertes Abbild oder

Vorbild (Abbildungsmerkmal) und wird im Hinblick auf einen Verwendungs- bzw. Modellierungszweck geschaffen (pragmatisches Merkmal). Es kann mehr als ein Modell von ein und demselben realen Objekt geben, da ein Modell zweck-, zeit- und subjektorientiert erstellt wird. Inwiefern Attribute des Originals verkürzt werden, hängt von den Modellierenden ab (Modellsubjekt; Stachowiak 1973).

Es werden ikonische (anschauliche) und linguistische (sprachliche) Modelle unterschieden. Erstere weisen eine bildliche Ähnlichkeit mit dem abgebildeten Objekt auf. Die linguistischen Modelle dagegen verwenden als Abbildungsmittel die Sprache. Die Modellierungssprache besteht aus einer strukturierten Menge von Zeichen und den damit bezeichneten begrifflichen Vorstellungen. Modelle, die mit Schrift und Symbolen ausgedrückt werden, haben eine Notation. Die Notation besteht neben dem Zeichenvorrat auch aus Regeln für die Bildung von Zeichenstrukturen, der Syntax. Die Bedeutung der Zeichen, der ihnen zugeordneten begrifflichen Vorstellung, bezeichnet man als Semantik (Stachowiak 1973).

Unternehmensmodellierung und Unternehmensmodell Bei einem Unternehmensmodell handelt es sich um ein linguistisches Modell. Die Unternehmensmodellierung wird durch eine meist grafische Modellierungssprache umgesetzt. Dabei folgt eine Modellierungssprache zumeist einer festen Notation (Sandkuhl et al. 2013). Die Sprachen unterscheiden sich in ihrem Formalisierungsgrad, der insbesondere davon abhängig ist, inwieweit eine IT-basierte Auswertung und Transformation der Modelle vorgesehen ist. Gegenstand der Unternehmensmodellierung sind Organisationen und deren Gesamtsituation sowie die Identifikation und Konkretisierung von Verbesserungspotenzialen. Um diese Potenziale herausarbeiten zu können, müssen Probleme und deren Ursachen identifiziert werden. Dafür wird die Organisation aus verschiedenen Perspektiven betrachtet. Bedingt durch den Visualisierungszweck kann eine Organisation aus unterschiedlichen Sichten modelliert werden. Der Fokus kann z. B. auf Prozesse, IT-Systeme, Sach- und Dienstleistungen oder auch organisatorischen Strukturen liegen. Bei der Unternehmensmodellierung werden zudem klassischerweise zwei Ausprägungen von Modellen unterschieden: das Ist-Modell und das Soll-Modell. Ein Ist-Modell visualisiert den „Ist-Zustand" der Organisation. Auf Basis dieses Modells werden u. a. die Veränderungspotenziale identifiziert, die in einem Soll-Modell umgesetzt werden (Schütte 1998; Sandkuhl et al. 2013).

Kompetenzen der Unternehmensmodellierung Bei der Unternehmensmodellierung handelt es sich um ein aktives Tun, ein Konstruieren. Um die Unternehmensmodellierung auszuführen, sind Kompetenzen notwendig, die akteursabhängig ausgeprägt sind. Kompetenzen sind Fähigkeiten, Wissensbestände, Denkweisen, Eigenschaften und Fertigkeiten eines Subjektes. Kompetenz umfasst, was dieses Subjekt kann und weiß. Daher handelt es sich um ein individuelles Vermögen (Weinberg 2004). Nach Heyse und Erpenbeck (2009) werden vier Basiskompetenzen unterschieden, die dem
1. personalen,
2. aktivitäts- und umsetzungsorientieren,
3. sozial-kommunikativen sowie
4. fachlich-methodischen Kompetenzbereich

zugeordnet werden (Heyse und Erpenbeck 2009; Kuhlmann und Sauter 2008; Erpenbeck und von Rosenstiel 2007).

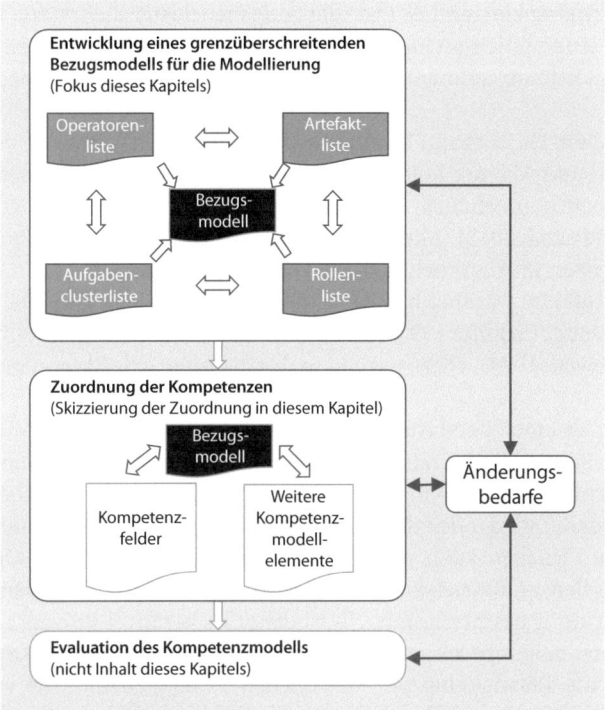

Abb. 12.1 Methodisches Vorgehen

12.3 Methodisches Vorgehen

Um ein Kompetenzmodell für die Unternehmensmodellierung grenzüberschreitend zu erarbeiten, wurde ein Vorgehen entwickelt, das mit der Entwicklung eines Bezugsmodells für die Aufgaben der Modellierung beginnt. Dieses Vorgehen lässt sich grob in die im Folgenden erläuterten drei Schritte gliedern (◘ Abb. 12.1). Es besteht zwischen allen drei Vorgehensschritten eine Verbindung: Änderungsbedarfe in einer der drei Schritte bedingen eine Änderung in den anderen (iteratives Vorgehen).

Im ersten Schritt, der **Entwicklung eines grenzüberschreitenden Bezugsmodells für die Modellierung,** wird ein Bezugsmodell entwickelt, das die Basis einer Verständigung bildet und es ermöglicht, Elemente auf einer zusätzlichen Modellebene zu strukturieren. Es wurden vier Listen entwickelt, die wesentlich zum Bezugsmodell beitragen:

— **Liste der Operatoren:** Die Liste der Operatoren bedient sich eines bildungswissenschaftlichen Konstruktes. Operatoren bündeln und konkretisieren Handlungsanforderungen (u. a. Baumann 2008; Beese et al. 2014; Strödter und Fothe 2011). Die Liste der Operatoren wurde zunächst auf Grundlage von Operatorenlisten verschiedener Disziplinen wie der Informatik erarbeitet (u. a. Schulministerium NRW 2015; Niedersächsischer Bildungsserver 2018). Um Handlungsanforderungen herauszuarbeiten, wurde disziplinübergreifend literaturbasiert recherchiert (u. a. Kahl 2009; Heddier 2014; Becker et al. 2012a).

- **Liste der Aufgabencluster:** Die Liste der Aufgabencluster dient dazu, Bezugsmodellelemente in eine zeitlich-sachlogische Reihenfolge bringen zu können. Sie orientiert sich an dem Ordnungsrahmen des Geschäftsprozessmanagements nach Becker et al. (2012a).
- **Liste der Rollen:** Da in einem Unternehmensmodellierungsprozess verschiedene Akteurinnen und Akteure Rollen, z. B. Modellierer/-in oder Domänenexperte/-expertin, innehaben, wird die Liste der Rollen berücksichtigt (Knothe 2010; Wagner und Patzak 2015). Akteurinnen und Akteure, die diese Rollen wahrnehmen, führen Aufgaben im Unternehmensmodellierungsprozess aus.
- **Liste der Artefakte:** Darüber hinaus werden im Unternehmensmodellierungsprozess Artefakte erzeugt (Schütte 1998; Sandkuhl et al. 2013; vom Brocke 2003; Becker et al. 2000; Stachowiak 1973). Diese werden in der Liste der Artefakte aufgeführt.

Eine Änderung in einer der Listen bedingt Anpassungsbedarf in den anderen. Wenn beispielsweise ein neuer Operator hinzugefügt wird, um so eine neue Handlungsanforderung formulieren zu können, kann sich ein neues Artefakt ergeben, das in dieser Handlung verwendet wird, oder aber eine neue Rolle führt diese Handlung aus und muss ergänzt werden. Daneben kann Änderungsbedarf in den Listen der Operatoren, Aufgabencluster, Rollen und Artefakte wiederum zu Änderungen in diesen Listen führen. Auch die Entwicklung des Bezugsmodells ist damit als iterativer Prozess zu verstehen.

Das Bezugsmodell wird im zweiten Schritt, der **Zuordnung der Kompetenzen,** als Grundlage für die Entwicklung des eigentlichen Kompetenzmodells verwendet. Ausgehend von den Bezugsmodellelementen mit ihren Operatoren werden Kompetenzfelder den Operatoren als Bündelung von Handlungsanforderungen zugeordnet. Die Benennung der Felder erfolgt hier gemäß den Basisgruppen des Kompetenzatlas von Heyse und Erpenbeck (2009). Bei der Zuordnung der Operatoren zu den Basisgruppen ergeben sich Schnittmengen. Diese Schnittmengen zeigen Operatoren auf, die zwei Basisgruppen zugeordnet werden können (Heyse und Erpenbeck 2009; Kuhlmann und Sauter 2008). Bei der Einordnung in die Kompetenzfelder werden die Operatoren überprüft, und es kann eine Anpassung der Operatorenliste und damit des Bezugsmodells folgen. Die Vorgehensschritte selbst sind damit wiederum als Bestandteile eines iterativen Prozesses aufzufassen.

Anschließend werden die Kompetenzfacetten erarbeitet, indem zunächst ausgehend von den Bezugsmodellelementen eine Literaturrecherche betrieben wird. Hierbei wird das Ziel verfolgt, zu untersuchen, welche einzelnen Kompetenzmodelle oder Kompetenzen bereits in der Literatur beschrieben werden, um so diese Beschreibungen mit in die einzelnen Bausteine des Kompetenzmodells einfließen zu lassen (u. a. Ulrich 2016; Zabava Ford et al. 2000; Behrens 2010).

Die entwickelten und dem Bezugsmodell zugeordneten Bausteine des Kompetenzmodells sollen im dritten Schritt, der **Evaluation des Kompetenzmodells,** überprüft werden. Als Ergebnis können sich erneut Änderungsbedarfe ergeben, die sowohl auf die Kompetenzfelder als auch auf das Bezugsmodell Auswirkungen haben können. Hierdurch werden weitere Iterationen der Entwicklung angestoßen. Die Evaluation sollte unterschiedliche Vorgehensweisen nutzen. Es können z. B. eine Expertinnen- und Expertenbefragung und die Anwendung des Kompetenzmodells in der Praxis erfolgen. Eine Anwendung in der Praxis kann dabei beispielsweise durch Fremd- und Selbsteinschätzung von Kompetenzen vorgenommen werden (u. a. Stufflebeam et al. 2000; Sanders 2006).

12.4 Entwicklung eines Bezugsmodells für die Unternehmensmodellierung

Das Bezugsmodell hat zum Ziel, möglichst alle Schritte eines Modellierungsprozesses für die Unternehmensmodellierung abzudecken. Dabei wird auf verschiedene Methoden wie die Anwendung von modellgetriebener Architektur („model driven architecture"; Kleppe et al. 2003), Metamodellen (Scheer 2013; vom Brocke 2003; Becker und Schütte 2004), Modellierungstechniken (Schütte 1998) und Referenzmodellen (vom Brocke 2003; Becker und Knackstedt 2013), aber auch die Dokumentation des Modellierungsprozesses oder die Organisation des Modellierungsprojektes (Sandkuhl et al. 2013) eingegangen. Das Bezugsmodell wurde – wie im methodischen Vorgehen beschrieben – in mehreren iterativen Schritten erarbeitet. Dafür wurden vier Listen geschaffen, die sich untereinander bedingen.

- **Liste der Operatoren**

Die Auflistung der Operatoren von A bis Z reicht von „Abgrenzen des Betrachtungsgegenstands" über „Konzipieren", „Simulieren" und „Präsentieren" bis hin zu „Ziele setzen" und „Zuordnen". Sie wird in ◘ Tab. 12.1 ausschnittsweise wiedergegeben (vgl. u. a. Schulministerium NRW 2015; Niedersächsischer Bildungsserver 2018).

- **Liste der Aufgabencluster**

Die Liste der Aufgabencluster umfasst zum Zeitpunkt des Verfassens dieses Kapitels fünf Phasen der Unternehmensmodellierung, die iterativ durchgeführt werden können. Die fünf Phasen wurden angelehnt an Becker et al. (2012a) abgegrenzt. Becker et al. definieren in ihrem Ordnungsrahmen des Prozessmanagements sieben Phasen von der „Vorbereitung der Prozessmodellierung", der „Strategie- und Ordnungsrahmenentwicklung", der „Ist-Modellierung und -Analyse", der „Soll-Modellierung und Prozessoptimierung" bis hin zur „prozessorientierten Aufbauorganisation" und „Einführung der Prozesse". Die siebte Phase umfasst das „kontinuierliche Prozessmanagement" (Becker et al. 2012a; Becker und Meise 2012). Im Bezugsmodell für die Entwicklung eines Kompetenzmodells zur Unternehmensmodellierung wurden die Phasen auf (zunächst) fünf reduziert und teilweise umbenannt, da sich die Aufgabencluster nicht allein auf die Prozessmodellierung beziehen sollten:

1. Vorbereitung der Modellierung
2. Entwicklung der Modellarchitektur
3. Modellierung
4. Analyse des Modells
5. Umsetzung des Modells

Zunächst wird das Modellierungsprojekt vorbereitet. Dabei wird z. B. ein Team gebildet, die Projektinfrastruktur aufgebaut, die Modellierungstechnik ausgewählt, und es werden Modellierungskonventionen vorgegeben. Anschließend wird die Modellarchitektur entwickelt, indem z. B. ein Ordnungsrahmen entwickelt wird, der eine schrittweise Entwicklung des Modells und die Einordnung des Modells ermöglicht. In der Modellierung werden das eigentliche Modell bzw. die eigentlichen Modelle konstruiert (als Ist- und/oder Soll-Modelle). Das Ergebnis der Modellierung, das Modell, wird analysiert. Hierbei sollen insbesondere Verbesserungsmöglichkeiten

Tab. 12.1 Ausschnitt aus der Auflistung der Operatoren in alphabetischer Sortierung

Operator	Erläuterung zum Operator
Abgrenzen des Betrachtungsgegenstands	Gegenstand der Modellierung abgrenzen
Aktives Zuhören	Informationen durch aktives Zuhören beschaffen
Analysieren	Bestimmte Sachverhalte systematisch erkennen
Analogien bilden	Ähnlichkeiten zwischen zwei Sachverhalten, Modellen etc. bilden
Anwenden	Methoden und Werkzeuge einsetzen, gebrauchen, verwenden
Auswählen	Auf Basis von Kriterienausprägungen Werkzeuge, Methoden etc. prüfend aussuchen und zusammenstellen
Befragen	Akteuren Fragen stellen, um Informationen zu beschaffen
Begründen	Argumente hervorbringen, um Sachverhalte zu rechtfertigen
Beobachten	Informationen durch aktives Zusehen beschaffen
Beschreiben	Sachverhalte unterschiedlich detailliert festhalten – von einer Skizze bis hin zum ausführlichen Protokoll
Bewerten	Gegen Zielkriterien ein Werturteil formulieren
Definieren	Den Inhalt eines Begriffes auseinanderlegen und erklären
Entscheiden	Nach Prüfen, Vergleichen oder kurzem Besinnen in einem Entschluss auf etwas festlegen
Erkennen von Gemeinsamkeiten	Gleichartigkeit zweier Sachverhalte, Modelle etc. aufgrund bestimmter Merkmale ausmachen
Ideen entwickeln	Ideen entwickeln, die als Grundlage für ein Konzept dienen
Kommunizieren	Mit anderen verständigen und sich mitteilen
Kontakte aufbauen/pflegen	Kontakt zu bestimmten für die Modellierung erforderlichen Akteurinnen und Akteuren aufbauen und nachhaltig pflegen
Konzipieren	Von einer bestimmten Vorstellung/Idee ausgehend etwas planen, entwerfen, entwickeln
Organisieren	Das Modellierungsprojekt sorgfältig und systematisch vorbereiten, aufbauen sowie für einen bestimmten Zweck einheitlich gestalten
Präsentieren	(Zwischen-)Ergebnisse der Modellierung zeigen, vorführen, vorstellen, bekannt machen
Prüfen	Einen Sachverhalt im Hinblick auf Regeln kontrollieren
Prognostizieren	Voraussichtlichen Aufwand/Ertrag des Modellierungs(teil)projektes prognostizieren
Programmieren	Ein funktionsfähiges Softwareprogramm erstellen
Recherchieren	Sachverhalte, Informationen ermitteln, herausfinden
Sich Einbringen	Am Modellierungsprozess aktiv mitwirken und Impulse geben
Simulieren	Sachverhalte, Vorgänge mit technischen, naturwissenschaftlichen Mitteln modellhaft zu Übungs-, Erkenntniszwecken nachbilden, wirklichkeitsgetreu nachahmen

(Fortsetzung)

Tab. 12.1 (Fortsetzung)

Operator	Erläuterung zum Operator
Standpunkt verteidigen	Die eigene Meinung zu einem Problem argumentativ verteidigen
Team bilden	Ein Modellierungsteam zusammenstellen und bilden
Verfügen über Grundlagenwissen, Spezialwissen	Grundlegende und spezielle Sachverhalte kennen
Zeichnen	Mit Papier und Software zeichnen
Ziele setzen	Ziele beispielsweise gemäß der SMART-Regel setzen
Zuordnen	Spezialisierungs- und Generalisierungsbeziehungen entwickeln

identifiziert werden. Das Modell wird abschließend umgesetzt, z. B. werden Prozesse oder sonstige organisatorische Strukturen im Unternehmen verändert (Becker et al. 2012a; Becker und Meise 2012).

- **Liste der Rollen**

Im Folgenden wird ein Ausschnitt aus der Liste der Rollen mit zwölf Ausprägungen wiedergegeben, wobei jede Rolle von verschiedenen Akteurinnen und Akteuren ausgefüllt werden kann (Knothe 2010):
− Auftraggeber/-in
− Modellierer/-in
− Potenzieller/potenzielle Modellierer/-in
− Methodenexperte/-expertin
− Domänenexperte/-expertin
− Akteur/-in der Domäne
− Modellnutzer/-in
− Potenzieller/potenzielle Modellnutzer/-in
− Moderator/-in
− Fachpromotor/-in
− Machtpromotor/-in
− Projektmanager/-in

Ein/eine Auftraggeber/-in gibt das Modellierungsprojekt in Auftrag und steckt die Rahmenbedingungen für das Projekt ab. Modellierer/-innen erstellen das Modell an sich. Welche Methoden es für die Modellierung gibt und wie sie angewendet werden, wissen Methodenexperte/-expertinnen. Schulungen und Bereitstellungen von Dokumentationen und Anleitungen adressieren auch potenzielle Modellierer/-innen, die bisher noch nicht in die Modellierung eingebunden sind. Der Modellierungsgegenstand ist einer Domäne zuzuordnen. Domänenexperte/-expertinnen können Informationen zum (zukünftigen) Inhalt des Modells geben. Darüber hinaus gibt es weitere Akteurinnen und Akteure der Domäne, deren Expertise ggf. als geringer eingeschätzt wird. Das Ergebnis der Modellierung wird von Modellnutzer/-innen genutzt und ist für potenzielle Modellnutzer/-innen zur Verwendung vorgesehen. Informationen von Domänenexpertinnen und Domänenexperten können beispielsweise in Workshops durch einen/eine Moderator/-in erhoben werden. Das Modellierungsprojekt wird durch Macht- und Fachpromotorinnen und -promotoren unterstützt und ggf. in der Organisation durchgesetzt. Ein/eine Projektmanager/-in organisiert das Modellierungsprojekt (Knothe 2010).

- **Liste der Artefakte**

Die Liste der Artefakte stellt eine Liste der Erzeugnisse von Modellierungsvorhaben dar (vgl. u. a. Stachowiak 1973; Scheer 2013; vom Brocke 2003; Becker und Schütte 2004; Becker et al. 2009; Knackstedt et al. 2009; Kahl 2009; Schütte 1998; Kleppe et al. 2003; Becker et al. 2012b; Sandkuhl et al. 2013). Die folgende Aufzählung gibt einen Ausschnitt aus dieser Liste wieder:

- Modell
- Metamodell
- Reifegradmodell
- Referenzmodell
- Modellarchitektur
- Modellierungstechnik
- Syntaktische Modellierungsregel
- Technik zur Modelltransformation
- Qualitätskriterium für Modelle
- Analyseergebnis
- Methode
- Werkzeug für die Modellierung
- Werkzeug für Dokumentation des Modellierungsprozesses
- Werkzeug für die Präsentation des Modells
- Werkzeug für die Analyse des Modells
- Dokumentation
- Präsentation
- Fragetechnik
- Begriffsdefinition
- Evaluationsframework
- Simulation
- Modellierungsprojektbeschreibung
- Modellierungszieldefinition
- Modellierungszweckbeschreibung
- Abgrenzung des Modellierungsgegenstands
- Aufwandschätzung
- Ertragsschätzung

Die Aufzählung berücksichtigt verschiedene Zwecke, zu denen Modelle zum Einsatz kommen können, indem neben dem Modell an sich auch das Metamodell (Scheer 2013; vom Brocke 2003; Becker und Schütte 2004), das Reifegradmodell (Becker et al. 2009; Knackstedt et al. 2009; Kahl 2009) und das Referenzmodell (vom Brocke 2003; Becker und Knackstedt 2013) aufgeführt werden. Das Ergebnis der Modellierung, das Modell, weist eine Modellarchitektur auf, z. B. einen hierarchischen Aufbau aus verschiedenen Ebenen (Scheer 2013). Das Modell wird basierend auf einer Modellierungstechnik erstellt, die syntaktische Modellierungsregeln beinhalten kann (Schütte 1998). Es kann angestrebt werden, das Modell durch eine bestimmte Technik,

z. B. gemäß der modellgetriebenen Architektur, zu transformieren (Kleppe et al. 2003). Wenn das Modell anhand von Qualitätskriterien analysiert wird, entsteht ein Analyseergebnis (Becker et al. 2012b). Während des Modellierungsvorhabens werden verschiedene Methoden angewendet, beispielsweise für die Dokumentation der Ergebnisse, die Präsentation oder für Workshops. Die Modellerstellung, Dokumentation des Modellierungsprozesses, die Präsentation und Analyse des Modells kann technologisch durch ein Werkzeug unterstützt werden (Rosemann 2012). Dabei stellen die Dokumentation und die Präsentation selbst ebenfalls Artefakte dar (Becker et al. 2012a). Um benötigte Informationen für die Modellierung zu erhalten, können Fragetechniken angewendet werden (Hohl 2000). Um die im Modell benutzten Begriffe einheitlich und der Domäne angepasst zu verwenden, können Begriffe definiert werden (Rosemann 2012). Das Modell kann evaluiert werden. Dafür wird ein Evaluationsframework, beispielsweise der von Gemino und Wand (2004), benötigt. Das konzipierte Modell kann simuliert werden. Für die Ausrichtung des Modellierungsvorhabens kann eine Modellierungsprojektbeschreibung, eine Modellierungszieldefinition, eine Modellierungszweckbeschreibung, eine Abgrenzung des Modellierungsgegenstands sowie eine Schätzung des Aufwandes und Ertrages erfolgen (Sandkuhl et al. 2013; Becker et al. 2012a).

- **Zusammenführung im Bezugsmodell**

Das Bezugsmodell führt die Elemente dieser vier Listen in einer zentralen Tabelle zusammen, deren Spalten jeweils auf Elemente jeder Liste verweisen und in deren zusätzlicher fünfter Spalte eine ausführliche Beschreibung der identifizierten Aufgabe der Unternehmensmodellierung ergänzt wird. Für die iterative Entwicklung dieses Bezugsmodells hat es sich bewährt, diese Tabelle in unterschiedlichen Sortierungen darzustellen, um sukzessive die Vollständigkeit des Bezugsmodells zu prüfen.

Bei einer alphabetischen Sortierung der Tabelle des Bezugsmodells nach Operatoren wird ersichtlich, welche Handlungsanforderungen in der Unternehmensmodellierung denkbar sind und durch wen (Rolle) diese mit welchen Artefakten in welcher Phase (Aufgabencluster) durchgeführt werden können. Diese Betrachtungsweise auf das Bezugsmodell beantwortet die Frage nach dem **Was**.

Der Ausschnitt in ◘ Tab. 12.2 dokumentiert, dass bei der Unternehmensmodellierung zur Vorbereitung der Modellierung der/die Projektmanager/-in fähig sein muss, eine „Abgrenzung des Betrachtungsgegenstands" vorzunehmen, um den Modellierungsauftrag eingrenzen zu können. Modelliererinnen und Modellierer sollten zudem „Aktives Zuhören" beherrschen, um die nötigen Informationen über die zu repräsentierenden Sachverhalte erfragen zu können. Der Operator „Auswählen" wird im Ausschnitt mehrfach benötigt: In den Aufgabenbereich der Modelliererinnen und Modellierer fällt es, geeignete Referenzmodelle auszuwählen, um bei der Modellierung ggf. nicht ganz von vorne beginnen zu müssen und stattdessen Modelle als Ausgangsbasis für die weitere Konstruktionsarbeit nutzen zu können. Methodenexpertinnen und -experten werden herangezogen, um eine fundierte Auswahl der zu nutzenden Modellierungstechnik(en) treffen zu können. Die Sortierung und Anordnung der Spalten legt es nahe, zu prüfen, ob Operatoren fehlen bzw. ob bereits aufgeführte Operatoren nicht auch noch in anderen Aufgabenclustern, bei der Erstellung anderer Artefakte oder durch weitere Rollen beherrscht werden müssen.

Tab. 12.2 Ausschnitt aus dem Bezugsmodell mit alphabetischer Sortierung nach Operatoren

Operator	Aufgabe	Rolle	Artefakt	Aufgabencluster
Abgrenzen des Betrachtungsgegenstands	Umfang der Modellierung zu Beginn des Projektes festlegen	Projektmanager/-in	Abgrenzung des Modellierungsgegenstands	Vorbereitung der Modellierung
Aktives Zuhören	Informationen für die Modellbildung durch aktives Zuhören einholen	Modellierer/-in	Modell	Modellierung
Auswählen	Zur Domäne passendes Referenzmodell für die Nutzung in der Modellierung auswählen	Modellierer/-in	Abgrenzung des Modellierungsgegenstands, Modellierungszweckbeschreibung, Referenzmodell	Modellierung
	Modellierungstechnik begründet auswählen	Methodenexperte/-expertin	Abgrenzung des Modellierungsgegenstands, Modellierungszweckbeschreibung, Spezifikation der Modellierungstechnik	Vorbereitung der Modellierung

Eine weitere Darstellungsmöglichkeit des Ausschnitts aus dem Bezugsmodell ergibt sich, wenn eine chronologische Sortierung nach Aufgabenclustern vorgenommen wird (Tab. 12.3). Damit wird erkennbar, wann (Aufgabencluster) welche Handlungsanforderungen (Operatoren) durch wen (Rollen) mit welchen Artefakten durchgeführt werden. Diese Sortierung beantwortet die Frage nach dem **Wann**. So wird gemäß dem Bezugsmodell beispielsweise bereits während der „Vorbereitung der Modellierung" die Modellierungstechnik durch den/die Methodenexperten/-expertin ausgewählt. Die Darstellungsvariante des Bezugsmodells unterstützt es, zu prüfen, ob Aufgabencluster fehlen und ob zu jedem Aufgabencluster alle relevanten Operatoren, alle aktiven Rollen und alle entstehenden bzw. genutzten Artefakte aufgeführt sind.

Ebenfalls hilfreich ist die alphabetische Sortierung nach Rollen, sodass ersichtlich wird, wer (Rolle) welche Handlungsanforderungen (Operatoren) wann (Aufgabencluster) mit welchen Artefakten durchführen können soll (Tab. 12.4). Mit dieser Darstellungsweise wird die Frage nach dem **Wer** beantwortet. Der Ausschnitt aus dem Bezugsmodell macht u. a. deutlich, dass „Modelliererinnen und Modellierer" unterschiedliche Aufgaben wie das Erheben von Informationen durch aktives Zuhören und das modellierungsgegenstand- und -zweckadäquate Auswählen eines Referenzmodells

Tab. 12.3 Ausschnitt aus dem Bezugsmodell mit chronologischer Sortierung nach Aufgabencluster

Aufgabencluster	Aufgabe	Operator	Rolle	Artefakt
Vorbereitung der Modellierung	Umfang der Modellierung zu Beginn des Projektes festlegen	Abgrenzen des Betrachtungsgegenstands	Projektmanager/-in	Abgrenzung des Modellierungsgegenstands
	Modellierungstechnik begründet auswählen	Auswählen	Methodenexperte/-expertin	Abgrenzung des Modellierungsgegenstands, Modellierungszweckbeschreibung, Spezifikation der Modellierungstechnik
Modellierung	Informationen für die Modellbildung durch aktives Zuhören einholen	Aktives Zuhören	Modellierer/-in	Modell
	Zur Domäne passendes Referenzmodell für Nutzung in der Modellierung auswählen	Auswählen	Modellierer/-in	Abgrenzung des Modellierungsgegenstands, Modellierungszweckbeschreibung, Referenzmodell

beherrschen sollten. Diese Darstellungsform unterstützt die Prüfung, ob alle Rollen der Unternehmensmodellierung berücksichtigt werden und ob die Tätigkeitsbereiche dieser Rollen vollständig spezifiziert sind.

Auch die alphabetische Sortierung nach den Artefakten ist sinnvoll, um aufzuzeigen, welche Artefakte bei welchen Handlungsanforderungen (Operatoren) wann (Aufgabencluster) durch wen (Rollen) benutzt werden (◘ Tab. 12.5). Diese Darstellungsweise beantwortet die Frage nach dem **mit Was** und unterstützt die Prüfung, ob alle erzeugten und genutzten Artefakte und ihre jeweiligen Erzeugungs- bzw. Nutzungskontexte im Bezugsmodell vollständig erfasst sind.

12.5 Zuordnung von Kompetenzfeldern zu Bezugsmodellelementen

Für die im Bezugsmodell festgehaltenen Operatoren können passende Kompetenzen identifiziert werden. Dafür werden die Operatoren den Basiskompetenzen in Anlehnung an Heyse und Erpenbeck (2009) zugeordnet (◘ Abb. 12.2):

Tab. 12.4 Ausschnitt aus dem Bezugsmodell mit alphabetischer Sortierung nach Rollen

Rolle	Aufgabe	Operator	Artefakt	Aufgabencluster
Methoden-experte/-in	Modellierungs-technik begründet auswählen	Auswählen	Abgrenzung des Modellierungs-gegenstands, Modellierungs-zweck-beschreibung, Spezifikation der Modellierungs-technik	Vorbereitung der Modellierung
Modellie-rer/-in	Informationen für die Modellbildung durch aktives Zuhören einholen	Aktives Zuhören	Modell	Modellierung
	Zur Domäne passendes Referenz-modell für Nutzung in der Modellierung auswählen	Auswählen	Abgrenzung des Modellierungs-gegenstands, Modellierungs-zweck-beschreibung, Referenzmodell	Modellierung
Projekt-manager/-in	Umfang der Model-lierung zu Beginn des Projektes fest-legen	Abgrenzen des Betrachtungs-gegenstands	Abgrenzung des Modellierungs-gegenstands	Vorbereitung der Modellierung

- **Personale Kompetenz (P)** beschreibt die Bereitschaft einer Person, reflexiv selbstorganisiert zu handeln. Die Person schätzt sich selbst ein, entfaltet eigene Begabungen und Motivationen und lebt sich kreativ aus. Hierzu lassen sich die Handlungsanforderungen „Aktives Zuhören", „Beobachten" und „Sich einbringen" zuordnen.
- **Aktivitäts- und Handlungskompetenz (A)** beinhaltet die Bereitschaft, aktiv und gesamtheitlich selbstorganisiert zu handeln und so Pläne umzusetzen. „Ideen entwickeln" lässt sich dieser Basiskompetenz zuordnen.
- **Sozial-kommunikative Kompetenz (S)** umfasst die Fähigkeit, kommunikativ und kooperativ selbstorganisiert zu handeln und sich gruppen- und beziehungsorientiert zu verhalten. Daher kann die Handlungsanforderung „Kommunizieren" hier eingeordnet werden.
- **Fach- und Methodenkompetenz (F)** beinhaltet, kreative Lösungen für Probleme zu finden und fachliche und methodische Kenntnisse gezielt einzusetzen (Heyse und Erpenbeck 2009; Erpenbeck und von Rosenstiel 2007). Da für die Unternehmensmodellierung viele methodische und fachliche Kompetenzen erforderlich sind, lassen sich hier mehrere Handlungsanforderungen zuordnen: „Abgrenzen des Betrachtungsgegenstands", „Analogien bilden", „Anwenden", „Auswählen",

◘ **Tab. 12.5** Ausschnitt aus dem Bezugsmodell mit alphabetischer Sortierung nach Artefakten

Artefakt	Aufgabe	Operator	Rolle	Aufgabencluster
Abgrenzung des Modellierungsgegenstands	Umfang der Modellierung zu Beginn des Projektes festlegen	Abgrenzen des Betrachtungsgegenstands	Projektmanager/-in	Vorbereitung der Modellierung
	Zur Domäne passendes Referenzmodell für Nutzung in der Modellierung auswählen	Auswählen	Modellierer/-in	Modellierung
	Modellierungstechnik begründet auswählen	Auswählen	Methodenexperte/-expertin	Vorbereitung der Modellierung
Modell	Informationen für die Modellbildung durch aktives Zuhören einholen	Aktives Zuhören	Modellierer/-in	Modellierung
Modellierungszweckbeschreibung	Zur Domäne passendes Referenzmodell für Nutzung in der Modellierung auswählen	Auswählen	Modellierer/-in	Modellierung
	Modellierungstechnik begründet auswählen	Auswählen	Methodenexperte/-expertin	Vorbereitung der Modellierung
Referenzmodell	Zur Domäne passendes Referenzmodell für Nutzung in der Modellierung auswählen	Auswählen	Modellierer/-in	Modellierung
Spezifikation der Modellierungstechnik	Modellierungstechnik begründet auswählen	Auswählen	Methodenexperte/-expertin	Vorbereitung der Modellierung

„Begründen", „Beschreiben", „Definieren", „Erkennen von Gemeinsamkeiten", „Konzipieren", „Prognostizieren", „Programmieren von Software", „Prüfen", „Recherchieren", „Simulieren", „Verfügen über Grundlagen und Fachwissen", „Zeichnen" sowie „Zuordnen".

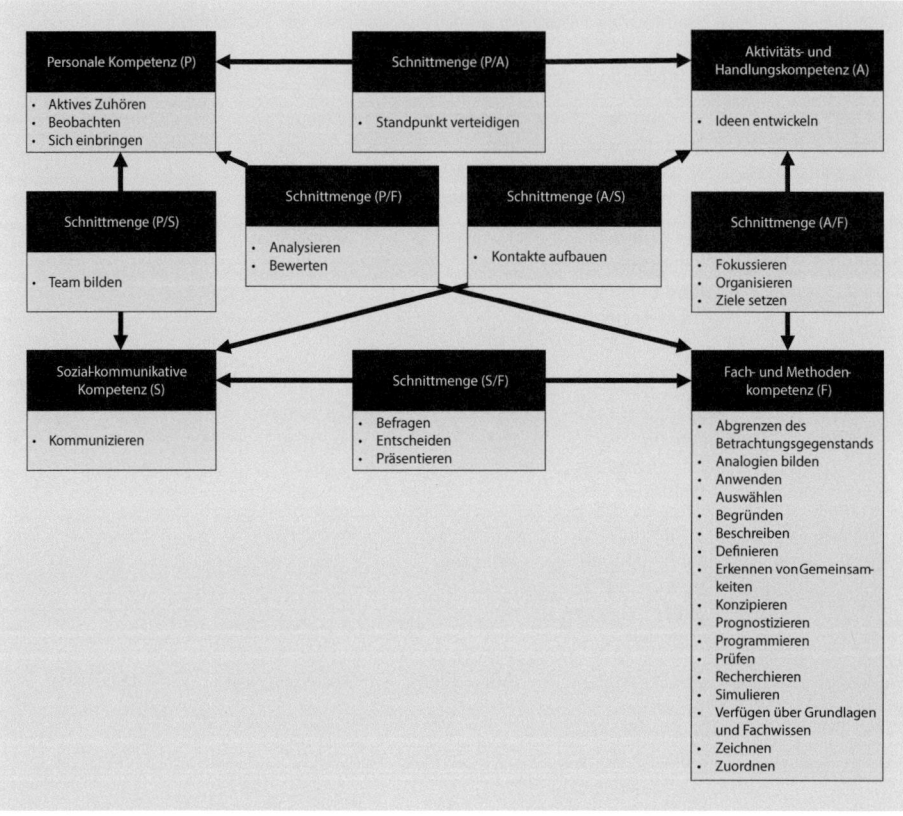

■ Abb. 12.2 Kompetenzfelder nach Heyse und Erpenbeck: Zuordnung von Bezugsmodellelementen (Operatoren) zu Kompetenzbasisgruppen

Darüber hinaus gibt es Schnittmengen zwischen diesen Basiskompetenzen beispielsweise „Standpunkt verteidigen" kann als Schnittmenge zwischen (P) personaler und (A) Aktivitäts- und Handlungskompetenz eingeordnet werden.

Einzelne Handlungsanforderungen, denen Kompetenzfacetten zugeordnet werden können, werden in der Literatur beschrieben. Dafür werden in ■ Tab. 12.6 exemplarisch fünf Operatoren des Bezugsmodells aufgezählt und auf die entsprechende Literatur verwiesen, in der passende Kompetenzen im Detail beschrieben werden und in der jeweils ein einschlägiges Kompetenzmodell zu finden ist.

Auf diese und ähnliche Quellen kann zurückgegriffen werden, um das Kompetenzmodell für die Unternehmensmodellierung um Kompetenzfacetten zu ergänzen. So beschreiben Ibezim und Chukwujekwu (2017) Teilkompetenzen, die für die Softwareprogrammierung erforderlich sind. Kompetenzen für die Softwareprogrammierung als Gegenstand des Software Engineerings werden durch Colomo-Palacios et al. (2013) erörtert. Ein weiterer Baustein, der für die Unternehmensmodellierung notwendig ist, ist die Präsentation des Modells. Die „Präsentationskompetenz" wird beispielsweise bei Ulrich (2016) beleuchtet. Diese Kompetenz steht in Beziehung mit der „Kommunikationskompetenz", die durch Spitzberg (1983) sowie Kulgemeyer und Schecker (2013) erläutert und durch Becker-Mrotzek (2009) in Form der Gesprächskompetenz

Tab. 12.6 Ausgewählte Operatoren des Bezugsmodells mit Verweis auf literaturbasierte Kompetenzmodellbausteine

Kompetenzbasisgruppe nach Heyse und Erpenbeck	Handlungsanforderung (Operator)	Verweis auf Kompetenzmodellbaustein
Fach- und Methodenkompetenz	Präsentieren	Ulrich (2016)
	Programmieren	Ibezim und Chukwujekwu (2017); Colomo-Palacios et al. (2013)
Personale Kompetenz	Aktives Zuhören	Zabava Ford et al. (2000); Behrens (2010)
Sozial-kommunikative Kompetenz	Kommunizieren	Spitzberg (1983); Kulgemeyer und Schecker (2013); Becker-Mrotzek (2009)
	Team bilden	Figl und Motsching (2008)

spezialisiert wird. Als ein Teil der Kommunikationskompetenz kann die Kompetenz des aktiven Zuhörens betrachtet werden. Die „Zuhörkompetenz" wird in Zabava Ford et al. (2000) sowie Behrens (2010) erörtert. Notwendige Kompetenzen, um ein Team zu bilden, stehen in Verbindung zur „Teamkompetenz", die Figl und Motsching (2008) näher beleuchten.

12.6 Reflexion der Grenzüberschreitung bei der Entwicklung

Die Entwicklung des Bezugsmodells der Unternehmensmodellierung erfolgte grenzüberschreitend und iterativ. Die grenzüberschreitende Zusammenarbeit in einem interdisziplinären Team förderte zum einen die grenzüberschreitende Nutzung von Operatoren als Mittel zur Bündelung von Handlungsanforderungen und zum anderen die Ergänzung von Modellierungsaspekten, die in einzelnen Disziplinen unterrepräsentiert oder gar nicht berücksichtigt werden. Es wurden sowohl methodische und inhaltliche als auch personelle Grenzen überschritten (▶ Abschn. 12.1). Im Folgenden wird am Beispiel des Vergleichs ausgewählter Kompetenzmodelle zur Modellierung die inhaltliche Grenzüberschreitung vertieft betrachtet.

Der Bezugsrahmen kann als Grundlage für einen Vergleich zwischen Kompetenzmodellen zur Modellierung aus verschiedenen Disziplinen genutzt werden. In ◘ Tab. 12.7 wird ein weiterer Ausschnitt aus dem Bezugsrahmen dargestellt. Basierend auf diesem werden fünf Beiträge aus der
a) Informationsmodellierung (Frederiks und van der Weide 2006),
b) Didaktik der Informatik (Linck et al. 2013),
c) Religion (Riegger 2012),
d) Biologie (Upmeier zu Belzen und Krüger 2010) und
e) Mathematik (Borromeo Ferri et al. 2013)

gegenübergestellt. Alle fünf Beiträge untersuchen und erläutern Modellierungskompetenzen.

◘ Tab. 12.7 Ausschnitt aus dem Bezugsmodell zur Gegenüberstellung ausgewählter Beiträge. O = im Beitrag genannt; X = ausführlich erläutert

Operator	Rolle	Artefakt	Funktionscluster	Beitrag				
				a	b	c	d	e
Analysieren	Analyst/-in	Analyseergebnis	Analyse der Modellierung	O				X
Aktives Zuhören	Moderator/-in	Dokumentation	Modellierung					X
Auswählen	Methodenexperte/-expertin	Referenzmodell	Strategie- und Ordnungsrahmenentwicklung					
	Methodenexperte/-expertin	Syntaktische Modellierungsregel	Strategie- und Ordnungsrahmenentwicklung		X			
	Methodenexperte/-expertin, Analyst/-in	Evaluationsframework	Analyse der Modellierung	O			O	
Präsentieren	Moderator/-in, Modellierer/-in	Präsentation	Einführung der Modellierung	O				O
Programmieren	Methodenexperte/-expertin	Werkzeug für die Modellierung	Modellierungsvorbereitung					
	Methodenexperte/-expertin	Werkzeug für die Dokumentation	Modellierung	X	O	O		
	Methodenexperte/-expertin	Werkzeug für die Präsentation	Einführung der Modellierung					
	Methodenexperte/-expertin	Werkzeug für die Analyse des Modells	Analyse der Modellierung	X				
Team bilden	Projektmanager/-in	Modellierungsprojektbeschreibung	Modellierungsvorbereitung					

a Informationsmodellierung (Frederiks und van der Weide 2006)
b Didaktik der Informatik (Linck et al. 2013)
c Religion (Riegger 2012)
d Biologie (Upmeier zu Belzen und Krüger 2010)
e Mathematik (Borromeo Ferri et al. 2013)

Im Vergleich zeigt sich, dass kein Beitrag alle Aspekte des Bezugsrahmens für die Modellierungskompetenzen in der Unternehmensmodellierung abdeckt (◘ Tab. 12.7). Einige Aspekte werden kurz erwähnt (in der Tabelle mit einem „O" gekennzeichnet), andere ausführlich erläutert (in der Tabelle mit einem „X" gekennzeichnet), viele Aspekte bleiben aber unerwähnt (in der Tabelle durch ein leeres Feld erkennbar).

Diese exemplarische Untersuchung ausgewählter Quellen legt es nahe, dass die (notwendigen) unterschiedlichen Schwerpunktsetzungen einzelner Arbeiten kein vollständiges Bild der Kompetenzanforderungen liefern können. Damit besteht in einem grenzüberschreitenden Vorgehen die Herausforderung, Ergebnisse aus unterschiedlichen Veröffentlichungen, Projekten und ggf. auch Disziplinen zusammenzuführen. Die bisherigen Untersuchungsergebnisse legen es nahe, dass die Konzeptionen von Modellierungsprozessen der Wirtschaftsinformatik erweiternde kompetenzentwickelnde Operatoren für die Schulmathematik liefern. So wird die in der Wirtschaftsinformatik etablierte Anforderung, Modellierungskonventionen in sog. „(elektronischen) Modellierungshandbüchern" festzulegen, in keinem der untersuchten Beiträge berücksichtigt. Diese Aufgabe und die damit verbundenen Kompetenzen könnten auch bei der Modellierung in anderen Fächern beachtet und angewendet werden. Eine grenzüberschreitende Betrachtung bei der Definition, Identifikation und Anwendung von Modellierungskompetenzen kann daher hilfreich sein.

Abschließend sei auf eine Limitation der vorgestellten Entwicklungsarbeit explizit hingewiesen. Die dem Bezugsmodell zugeordneten Kompetenzfelder samt der Kompetenzfacetten wurden noch nicht evaluiert. In dem in ◘ Abb. 12.1 skizzierten Vorgehensmodell wird die Bedeutung einer solchen Evaluation betont.

> **Fazit**
> In diesem Beitrag wurde ein Bezugsmodell für die Unternehmensmodellierung erarbeitet, dem in einem zweiten Schritt Kompetenzen zugeordnet wurden. Die Erarbeitung des Bezugsmodells und der Kompetenzen erfolgte grenzüberschreitend. Elementar dabei waren neben der iterativen Erarbeitung der Listen, die dem Bezugsmodell zugrunde liegen, die disziplinübergreifende Grenzüberschreitung bei der Literaturrecherche sowie die disziplinübergreifende Zusammenarbeit im wissenschaftlichen Team. Die Zusammenarbeit von Wissenschaftlerinnen und Wissenschaftlern sowie Praktikerinnen und Praktikern aus Wirtschaftsinformatik und Bildungswesen hat es ermöglicht, die Listen aus mehreren Perspektiven zu erarbeiten, zu diskutieren und zu spezifizieren. Das Benutzen von Operatoren, um Handlungsanforderungen zu formulieren und zu bündeln, sowie die Zuordnung der Kompetenzen zu diesen ist eher aus dem Bildungswesen bekannt, wurde aber hier für die Strukturierung des Bezugsrahmens genutzt. Aus der Wirtschaftsinformatik wurden Aufgabencluster erweiternde Aufgabenspezifikationen übernommen, die in verbreiteten Darstellungen der Modellierung eher unterrepräsentiert sind. Die Erstellung des Bezugsmodells war hilfreich, um die disziplinspezifischen Sichtweisen auf die Modellierung systematisch zusammenführen zu können.
> Das grenzüberschreitende Vorgehen bei der Erarbeitung des Bezugsmodells für ein Kompetenzmodell kann aus der Sicht der Autorinnen und des Autors als bereichernd angesehen werden. Auch in der Praxis ist dieses Vorgehen möglich. Zum einen kann zunächst ein interdisziplinäres Team gebildet werden, dass ein Kompetenzmodell

entwickeln und anwenden soll. Durch die interdisziplinäre Zusammensetzung kann es zu einem Austausch von Methoden, Erwartungen, Vorgehensweisen, Vorkenntnissen und zur Erweiterung des Kompetenzverständnisses kommen. Gerade der Austausch des Kompetenzverständnisses aus dem Bildungswesen und aus der Wirtschaft kann zu einer neuen organisationsinternen Definition von Kompetenz oder zur Entwicklung neuer Methoden der Kompetenzmessung führen. Darüber hinaus kann in der Praxis auch der Ansatz angewendet werden, Aufgaben kleinteilig zu definieren, diese beispielsweise zeitlich-sachlogisch, rollengebunden, artefaktgebunden oder operatorenbasiert zu strukturieren und diesen dann Kompetenzfelder und spezifische Kompetenzfacetten zuzuordnen. Dies könnte beispielsweise die Grundlage für kompetenzorientierte Stellenbeschreibungen darstellen. Des Weiteren könnte die Beschreibung der Schritte der Unternehmensmodellierung und die Zuordnung von Kompetenzen als Grundlage für Lehr- und Lernprozesse in der Modellierung verwendet werden, da eine kompetenzorientierte Wissensvermittlung ermöglicht wird. Das Bezugsmodell kann außerdem als Grundlage genutzt werden, um zu entscheiden bzw. um anschaulich zu machen, welche Kompetenzen der Modellierung in der jeweiligen Situation vermittelt werden sollen.

Literatur

Baumann, R. (2008). Probleme der Aufgabenkonstruktion gemäß Bildungsstandards. Überlegungen zu Kompetenzstufen und Operatoren. *Log in: informatische Bildung und Computer in der Schule, 28*, 54–59.

Becker, J., & Knackstedt, R. (2013). *Wissensmanagement im Referenzmodellen: Konzepte für die Anwendungssystem- und Organisationsgestaltung.* Berlin: Springer.

Becker, J., & Schütte, R. (2004). *Handelsinformationssysteme. Domänenorientierte Einführung in die Wirtschaftsinformatik* (2. Aufl.). Frankfurt: Redline Wirtschaft.

Becker, J., Knackstedt, R., & Pöppelbuß, J. (2009). Entwicklung von Reifegradmodellen für das IT-Management. *Wirtschaftsinformatik, 51*(3), 249–260.

Becker, J., & Meise, V. (2012). Strategie und Ordnungsrahmen. In J. Becker, M. Kugeler, & M. Rosemann (Hrsg.), *Prozessmanagement – Ein Leitfaden zur prozessorientierten Organisationsgestaltung* (S. 113–163). Berlin: Springer.

Becker, J., Kugeler, M., & Rosemann, M. (Hrsg.). (2012a). *Prozessmanagement – Ein Leitfaden zur prozessorientierten Organisationsgestaltung.* Berlin: Springer.

Becker, J., Probandt, W., & Verig, O. (2012b). *Grundsätze ordnungsmäßiger Modellierung – Konzeption und Praxisbeispiele für ein effizientes Prozessmanagement.* Berlin: Springer.

Becker-Mrotzek, M. (2009). *Mündlichen Kommunikation und Gesprächsdidaktik.* Hohengehren: Schneider.

Beese, M., Benholz, C., Chlosta, C., Gürsoy, E., Hinrichs, B., Niederhaus, C., et al. (2014). *Sprachbildung in allen Fächern.* München: Klett-Langenscheidt.

Behrens, U. (2010). Aspekte eines Kompetenzmodells zum Zuhören und Möglichkeiten einer Testung. In V. Bernius & M. Imhof (Hrsg.), *Zuhörkompetenz im Unterricht und Schule. Beiträge aus Wissenschaft und Praxis* (S. 31–50). Göttingen: Vandhoeck & Ruprecht.

Borromeo Ferri, R., Greefrath, G., & Kaiser, G. (Hrsg.). (2013). *Mathematisches Modellieren für Schule und Hochschule. Theoretische und didaktische Hintergründe.* Wiesbaden: Springer Spektrum.

Colomo-Palacios, R., Casado-Lumbres, C., Soto-Acosta, P., Garcia-Penalvo, F. J., & Tovat-Caro, E. (2013). Competence gaps in software personnel: A multi-organizational study. *Computers in Human Behavior, 29*(2), 456–461.

Erpenbeck, J., & von Rosenstiel, L. (2007). *Handbuch Kompetenzmessung. Erkennen, verstehen und bewerten von Kompetenzen in der betrieblichen, pädagogischen und psychologischen Praxis* (2. Aufl.). Stuttgart: Schäffer-Poeschel.

Figl, K., & Motsching, R. (2008). Researching the development of team competencies in computer science courses. *Proceedings of 38th ASEE/IEEE Frontiers in Education Conference*. Saratoga Springs, New York.

Frederiks, P. J. M., & van der Weide, T. P. (2006). Information modeling: The process and the required competencies of its participants. *Data & Knowledge Engineering, 58*(1), 4–20.

Heddier, M. (2014). *Interdisziplinäre Kommunikation von Visualisierung von Recht – Forschungsagenda, empirische Forschungsergebnisse und methodische Unterstützung durch Konzepte der Wirtschaftsinformatik*.

Herzog, W. (2013). *Bildungsstandards*. Stuttgart: Kohlhammer.

Heyse, V., & Erpenbeck, J. (2009). *Kompetenztraining – Informations- und Trainingsprogramme* (2. Aufl.). Stuttgart: Schäffer-Poeschel.

Hohl, J. (2000). Das qualitative interview. *Zeitschrift für Gesundheitswissenschaften, 8*(2), 142–148.

Ibezim, N. E., & Chukwujekwu, C. I. (2017). Computer programming competencies required by computer graduates for sustainable employment. *Review of European Studies, 9*(2), 106–114.

Kahl, T. (2009). Das Information Maturity Model – Ein Reifegradmodell für die Informationsmodellierung. In P. Loos (Hrsg.), *Wirtschaftsinformatik – Theorie und Anwendung* (Bd. 17). Berlin: Logos.

Kleppe, A. G., Warmer, J., & Bast, W. (2003). *MDA explained. The model driven architecture: Practice and promise*. Boston: Addison-Wesley.

Knackstedt, R., Pöppelbuß, J., & Becker, J. (2009). Vorgehensmodell zur Entwicklung von Reifegradmodellen. In R. H. Hansen, D. Karagiannis, & H.-G. Fill (Hrsg.), *Business Services: Konzepte, Technologien, Anwendungen* (Bd. 1). Wien: Österreichische Computer Gesellschaft.

Knothe, T. (2010). Einführung Prozessmanagement. In R. Jochem, K. Mertins, & T. Knothe (Hrsg.), *Prozessmanagement. Strategien, Methoden, Umsetzung* (S. 195–220). Düsseldorf: Symposium Publishing.

Kuhlmann, A., & Sauter, W. (2008). *Innovative Lernsysteme: Kompetenzentwicklung mit Blended Learning und Social Software*. Berlin: Springer.

Kulgemeyer, C., & Schecker, H. (2013). Schülerinnen und Schüler erklären Physik – Modellierung, Diagnostik und Förderung von Kommunikationskompetenz im Physikunterricht. In M. Becker-Mrotzek, K. Schramm, E. Thürmann, & H. Vollmer (Hrsg.), *Sprache im Fach. Sprachlichkeit und fachliches Lernen* (S. 225–240). Münster: Waxmann.

Linck, B., Ohrndorf, L., Schubert, S., Magenheim, J., Nelles, W., & Schaper, N. (2013). Competence model for informatics modelling and system comprehension. *Proceedings of 2013 IEEE Global Engineering Education Conference*, 85–93.

Niedersächsischer Bildungsserver. (2018). Liste der Operatoren für das Fach Informatik. *Niedersächsisches Landesinstitut für schulische Qualitätsentwicklung*. ► http://www.nibis.de/nli1/gohrgs/operatoren/operatoren_ab_2010_2011/operatoren_informatik.pdf. Gesehen am 21. Juli 2018.

Riegger, M. (2012). Kompetenz statt träges theologisches Wissen. Religiöse Kompetenzen für den Religionsunterricht modellieren auf der Basis eines Kompetenzstrukturmodells. *Münchener Theologische Zeitschrift, 63*(1), 25–36.

Rosemann, M. (2012). Vorbereitung der Prozessmodellierung. In J. Becker, M. Kugeler, & M. Rosemann (Hrsg.), *Prozessmanagement – Ein Leitfaden zur prozessorientierten Organisationsgestaltung* (S. 45–89). Berlin, Heidelberg: Springer.

Sandkuhl, K., Wißotzki, M., & Stirna, J. (2013). *Unternehmensmodellierung: Grundlagen, Methode und Praktiken*. Berlin: Springer.

Scheer, A.-W. (2013). *ARIS – Vom Geschäftsprozess zum Anwendungssystem* (4. Aufl.). Berlin: Springer.

Schott, F., & Ghanbari, S. A. (2012). *Bildungsstandards, Kompetenzdiagnostik und kompetenzorientierter Unterricht zur Qualitätssicherung des Bildungswesens. Eine problemorientierte Einführung in die theoretischen Grundlagen*. Waxmann Studium.

Schulministerium NRW. (2015). Informatik – Übersicht über die Operatoren. Ministerium für Schule und Weiterbildung des Landes Nordrhein-Westfalen. ► https://www.standardsicherung.schulministerium.nrw.de/cms/zentralabitur-wbk/faecher/getfile.php?file=2282. Zugegriffen: 20. Juli 2018.

Schütte, R. (1998). *Grundsätze ordnungsmäßiger Referenzmodellierung: Konstruktion konfigurations- und anpassungsorientierter Modelle*. Wiesbaden: Gabler.

Spitzberg, B. H. (1983). Communication competence as knowledge, skill, and impression. *Journal of Communication Education, 32*(3), 323–329.

Stachowiak, H. (1973). *Allgemeine Modelltheorie*. Wien, New York: Springer.

Strödter, C., & Fothe, M. (2011). Experimente zur Verwendung von Operatoren in Aufgabenstellungen im Fach Informatik. informatica didactica, Heft 9.

vom Brocke, J. (2003). Referenzmodellierung. Gestaltung und Vertiefung von Konstruktionsprozessen. In J. Becker, H. L. Grob, S. Klein, H. Kuchen, U. Müller-Funk, & G. Vossen (Hrsg.), *Advances in Information Systems and Management Science. Bd. 4*. Berlin: Logos Verlag.

Ulrich, I. (2016). *Gute Lehre in der Hochschule. Praxistipps zur Planung und Gestaltung von Lehrveranstaltungen*. Wiesbaden: Springer.

Upmeier zu Belzen, A., & Krüger, D. (2010). Modellkompetenz im Biologieunterricht. *Zeitschrift für Didaktik der Naturwissenschaften, 16*, 41–57.

Wagner, K. W., & Patzak, G. (2015). *Performance Excellence – Der Praxisleitfaden zum effektiven Prozessmanagement* (2. Aufl.). München: Hanser.

Zabava Ford, W. S., Wolvin, A. D., & Chung, S. (2000). Students' self-perceived listening competencies in the basic speech communication course. *International Journal of Listening, 14*(1), 1–13.

Ziener, G. (2009). *Bildungsstandards in der Praxis – Kompetenzorientiert unterrichten*. Seelze: Kallmeyer.

Anna Kaufhold ist Prozessberaterin (M. Sc.) bei der Hochschul-Informations-System (HIS) eG, wodurch sie deutschlandweit Hochschulen in Softwareeinführungsprojekten berät. Sie forscht zu Modellierungskompetenzen an der Stiftung Universität Hildesheim.

Jennifer Kolomitchouk ist Konrektorin an der Grund- und Schwerpunktschule Bitburg Süd und Fortbildungsbeauftragte des Bistums Trier.

Kristin Kutzner (Hrsg.) ist wissenschaftliche Mitarbeiterin (M. Sc.) am Institut für Betriebswirtschaft und Wirtschaftsinformatik an der Stiftung Universität Hildesheim. Sie forscht in den Bereichen Unternehmensmodellierung und digitale Transformation kultureller Artefakte, unter Anwendung unterschiedlicher Verfahren des maschinellen Lernens.

Prof. Dr. Ralf Knackstedt (Hrsg.) ist Universitätsprofessor für Wirtschaftsinformatik am Institut für Betriebswirtschaft und Wirtschaftsinformatik der Stiftung Universität Hildesheim und leitet die Abteilung „Informationssysteme und Unternehmensmodellierung" (ISUM). Seine aktuellen Arbeitsschwerpunkte in der Forschung und Lehre liegen in den Bereichen Geschäftsprozessmanagement, Unternehmensmodellierung, betriebliche Informationssysteme, integrierte Produktion und Dienstleistung (hybride Wertschöpfung), Green Business Engineering, Design Thinking sowie Wissens- und Kompetenzmanagement.

 springer.com

Kompetenzmanagement in Organisationen

A. C. Bullinger-Hoffmann (Hrsg.)
Zukunftstechnologien und Kompetenzbedarfe
Kompetenzentwicklung in der Arbeitswelt 4.0
1. Aufl. 2019, Etwa 250 S., 31 Abb.,
Softcover
29,99 € (D) | 30,83 € (A) | *CHF 33,50
ISBN 978-3-662-54951-3

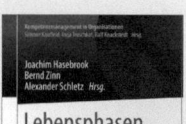

J. Hasebrook, B. Zinn, A. Schletz (Hrsg.)
Lebensphasen und Kompetenzmanagement
Ein Berufsleben lang Kompetenzen erhalten und entwickeln
1. Aufl. 2018, XXVII, 199 S. 73 Abb.,
Softcover
29,99 € (D) | 30,83 € (A) | *CHF 31,00
ISBN 978-3-662-55157-8

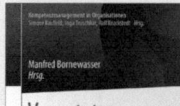

M. Bornewasser (Hrsg.)
Vernetztes Kompetenzmanagement
Gestaltung von Lernprozessen in organisationsübergreifenden Strukturen
1. Aufl. 2018, XXIV, 194 S. 58 Abb.,
Softcover
34,99 € (D) | 35,97 € (A) | *CHF 36,00
ISBN 978-3-662-54953-7

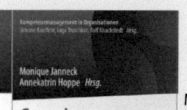
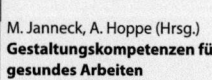

M. Janneck, A. Hoppe (Hrsg.)
Gestaltungskompetenzen für gesundes Arbeiten
Arbeitsgestaltung im Zeitalter der Digitalisierung
1. Aufl. 2018, XIX, 140 S. 42 Abb.,
Softcover
34,99 € (D) | 35,97 € (A) | *CHF 36,00
ISBN 978-3-662-54949-0

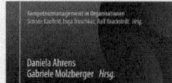

D. Ahrens, G. Molzberger (Hrsg.)
Kompetenzentwicklung in analogen und digitalisierten Arbeitswelten
Gestaltung sozialer, organisationaler und technologischer Innovationen
1. Aufl. 2018, XXII, 202 S. 74 Abb.,
Softcover
37,99 € (D) | 39,05 € (A) | *CHF 39,50
ISBN 978-3-662-54955-1

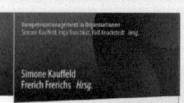

S. Kauffeld, F. Frerichs (Hrsg.)
Kompetenzmanagement in kleinen und mittelständischen Unternehmen
Eine Frage der Betriebskultur?
1. Aufl. 2018, XXI, 223 S. 43 Abb.,
Softcover
37,99 € (D) | 39,05 € (A) | *CHF 39,50
ISBN 978-3-662-54829-5

€ (D) sind gebundene Ladenpreise in Deutschland und enthalten 7 % MwSt. € (A) sind gebundene Ladenpreise in Österreich und enthalten 10 % MwSt. Die mit * gekennzeichneten Preise sind unverbindliche Preisempfehlungen und enthalten die landesübliche MwSt. Preisänderungen und Irrtümer vorbehalten.

Jetzt bestellen: springer.com/shop

MIX
Papier aus verantwortungsvollen Quellen
Paper from responsible sources
FSC® C105338

If you have any concerns about our products,
you can contact us on
ProductSafety@springernature.com

In case Publisher is established outside the EU,
the EU authorized representative is:
**Springer Nature Customer Service Center GmbH
Europaplatz 3, 69115 Heidelberg, Germany**

Printed by Libri Plureos GmbH
in Hamburg, Germany